LES **73** JOURNÉES

DE LA

COMMUNE

CATULLE MENDÈS

LES 73 JOURNÉES

DE LA

COMMUNE

(DU 18 MARS AU 29 MAI 1871)

QUATRIÈME ÉDITION.

PARIS

E. LACHAUD, ÉDITEUR-LIBRAIRE

4, PLACE DU THÉATRE-FRANÇAIS

1871

AU LECTEUR

Un Parisien, resté à Paris malgré la Commune, écrivait chaque soir ce qu'il avait vu et entendu dans la journée. Il guettait les événements, interrogeait les opinions, observait la ville, puis il écrivait. De là un assez grand nombre de feuillets, récits, réflexions, impressions notées à la hâte. Je les ai réunis, et j'en ai fait ce volume. Il eût été possible, d'après ces notes comparées et condensées, de composer un véritable livre ; j'ai préféré publier simplement un *Journal*. En attendant que le moment soit venu, pour un autre ou pour moi, d'une œuvre définitive, vous trouverez ici une histoire au jour le jour de nos misères, un tableau, retouché à chaque heure, de Paris pendant la Commune, et, çà et là, les pensées d'un esprit sincère et sans parti pris.

30 mai 1871.

C. M.

LES 73 JOURNÉES

DE

LA COMMUNE

I.

Que veut dire ceci? où allons-nous? Qui nous mène? D'où vient le vent qui souffle? Est-ce une tempête qui va tout bouleverser profondément, n'est-ce qu'une rafale soudaine et peu durable? S'agit-il, en un mot, d'une révolution ou simplement d'une émeute?

Aujourd'hui 18 mars, vers quatre heures du matin, j'ai été réveillé par un bruit de pas nombreux. De ma fenêtre, dans le brouillard terne, entre les maisons closes, j'ai vu passer une escouade de soldats. Ils marchaient lentement, enveloppés dans leurs capotes grises ; quelques-uns rasaient les murs. Il tombait une petite pluie fine. Je suis descendu à la hâte et j'ai interrogé deux traînards.

— Où allez-vous? ai-je demandé.

— Nous ne savons pas, a répondu l'un.

— Il paraît que nous allons à Montmartre, a dit l'autre.

Ils allaient à Montmartre, en effet. Dès cinq heures du matin, le 88ᵉ de ligne a occupé le plateau de la butte et les petites rues avoisinantes. Plus d'un, parmi ces pauvres lignards, connaissaient ces ruelles pour les avoir gravies le dimanche en compagnie de quelque payse aux joues de pomme, en service chez des bourgeois du quartier. On se promenait sur la place Saint-Pierre, on s'arrêtait devant la barraque du tir, admirant l'adresse des uns, raillant la maladresse des autres. Quand on avait deux sous dans la poche, on jetait une grosse boule dans la gueule d'un monstre imaginaire peint sur une planche carrée ; la payse trouvait les macarons excellents. Mais ce matin il n'y avait ni payse ni jeux de macarons sur la place Saint-Pierre. Il a fallu se tenir immobile, l'arme au pied, dans la boue. Ces pauvres diables de lignards ne devaient pas être contents.

Ah ! les canons de la garde nationale, ces maudits canons ! Qu'ils aient beaucoup servi contre les Prussiens, c'est ce que personne ne saurait affirmer. Ils se sont tenus coi pendant le siége ; on n'entendait parler d'eux que le jour où on les payait et le jour où on les baptisait. Ils étaient neufs, élégants et jolis, et ne semblaient pas le moins du monde avoir envie de se noircir de poudre. On pouvait du moins espérer qu'ils garderaient toujours leur attitude pacifique, et que, n'ayant

pu être utiles, ils ne seraient jamais dangereux. Eh bien !
pas du tout. Le mal qu'ils n'ont pas fait à la Prusse,
c'est à la France qu'ils le font. Ironie cruelle ! ces canons, c'était Paris lui-même, tout entier, qui s'était fait
bronze pour se défendre. On avait fabriqué ces pièces
de sept, de huit, de vingt-quatre, ces mitrailleuses amé-
ricaines, avec l'épargne des ménagères riches ou pauvres, avec les louis des hommes opulents et les liards
des meurt-de-faim ; les artistes avaient offert leurs ta-
lents, les poëtes leurs vers, les marchands leurs recettes, pour qu'on achetât des canons, des canons encore. Toutes les bouches à pain s'étaient privées pour
qu'on eut des bouches à feu. Et voici que maintenant ces
engins de guerre, qui n'ont pas servi pour la guerre nationale, causent la discorde civile, et au lieu de sauver
Paris, le ruinent.

Ce sont ces canons que le 88e de ligne est allé chercher à Montmartre. Il les a pris d'abord, mais on les lui
a repris, ou, pour mieux dire, il les a rendus. A qui ? à
la foule, à des femmes, à des enfants. Quant aux chefs,
on ne sait ce qu'ils sont devenus. On raconte pourtant
que le général Lecomte a été fait prisonnier et conduit
au Château-Rouge. Place Pigalle, à neuf heures, des
chasseurs d'Afrique font une charge assez vigoureuse
les gardes nationaux répondent par un feu de peloton.
Un officier de chasseurs s'avance ; il tombe, frappé d'une
balle. Ses soldats s'enfuient, la plupart chez les marchands
de vins, où ils fraternisent avec les patriotes qui offrent à
boire. On m'affirme à l'instant même que le général Vinoy
était à ce moment tout près de la place Pigalle, à cheval. Des femmes ont fait cercle autour de lui et l'ont

hué. Un enfant lui a lancé une pierre, un autre lui a jeté sa casquette à la tête. Le général, piquant des deux, a disparu. Gardes nationaux et soldats se promènent bras dessus, bras dessous, à Montmartre et sur les boulevards extérieurs. Ils commencent à se répandre dans Paris. Je viens de voir passer un groupe passablement aviné. Toute cette affaire ressemble un peu à ces duels qui se terminent par des déjeuners.

Que va devenir ceci? Nul ne saurait le dire. A qui la faute? aux maladroits.

Certainement, les gardes nationaux de Montmartre n'avaient pas le droit de garder des canons qui appartenaient à la garde nationale tout entière ; ils n'avaient pas le droit d'inquiéter la tranquillité renaissante, le commerce refleurissant, les étrangers revenus, Paris enfin, par ces gueules de bronze tournées vers nos maisons, et le gouvernement, en bonne justice, pouvait et même devait faire cesser cet état de choses. Mais l'emploi de la force était-il indispensable pour parvenir à ce résultat? Avait-on épuisé tous les moyens de conciliation? Ne pouvait-on espérer encore que, gagnés par la lassitude, les citoyens de Montmartre finiraient par abandonner les canons qui, déjà, étaient à peine gardés, et, gênés eux-mêmes par leurs propres barricades, repaveraient leurs places et leurs rues? M. Thiers et ses ministres n'ont pas été de cet avis ; ils ont préféré agir et sévir. Fort bien. Mais quand on prend de telles résolutions, il faut être sûr de les accomplir. Dans des circonstances d'une telle gravité, ne pas réussir, c'est avoir eu tort de tenter.

Eh! dira-t-on, le gouvernement pouvait-il supposer

que les lignards lèveraient la crosse en l'air, que les chasseurs, après avoir perdu un seul officier, ne songeraient plus qu'à tourner le dos, et que tous les exploits des troupes régulières se borneraient à de copieuses bombances en compagnie des insurgés? Non-seulement le gouvernement aurait pu supposer cela, mais je ne conçois pas qu'il ait pu un seul instant espérer un dénouement qui ne fût pas absolument celui-là. Comment! depuis bien des jours déjà, les soldats oisifs erraient dans les rues avec les gardes nationaux; ils logeaient chez les Parisiens, mangeaient leur soupe, courtisaient leurs femmes, leurs filles ou leurs bonnes. Déshabitués de la discipline par le relâchement que la défaite avait introduit dans l'organisation militaire, désabusés du prestige que les chefs essayent en vain de conserver après des désastres, importunés de leur uniforme qui désormais ne pouvait plus leur inspirer de fierté, ils devaient évidemment être tentés de se mêler à la population, de se confondre parmi ceux à qui l'humiliation de la défaite incombait moins directement. Le soldat vaincu voulait se cacher dans le citoyen. D'ailleurs, les généraux, les colonels, les capitaines ne connaissaient-ils pas l'esprit des troupes? Faut-il admettre qu'ils se soient grossièrement trompés à ce sujet, ou qu'ils aient trompé le gouvernement? Donc celui-ci pouvait et par conséquent devait être en situation de prévoir le résultat de sa tentative de répression. Il avait peut-être le droit de sévir, mais il n'avait pas celui d'ignorer qu'il n'en avait pas le pouvoir. Maintenant, cent mille fusils, chassepots, tabatières et pistons, trinquent chez les vendeurs de vins frelatés et d'alcool. Le gouvernement se tirera-t-il de l'impasse où il s'est précipité tête baissée?

II.

A trois heures, il y avait un groupe assez considérable — soldats, gardes, femmes, enfants — dans une des rues avoisinant l'Elysée-Montmartre. La personne qui m'a raconté ceci ne se rappelle pas le nom de la rue. On pérorait vivement, avec de grands gestes. Il était surtout question du général Lecomte, accusé d'avoir par trois fois ordonné à ses troupes de faire feu sur la milice citoyenne.

— Il a bien fait, dit un vieillard qui était là, écoutant.

Il y eut à ces mots une tempête de jurons et d'imprécations.

— Il avait reçu de ses chefs l'ordre de s'emparer des canons et de disperser les attroupements, reprit le vieillard avec calme; il devait obéir.

Les hurlements redoublèrent. Une femme, une cantinière, s'approcha de l'homme qui s'exposait ainsi à la fureur de la foule, le regarda sous le nez et dit :

— C'est Clément Thomas !

C'était, en effet, le général Clément Thomas ; il n'était pas en uniforme. Les injures les plus grossières lui furent adressées par cent bouches à la fois, et, selon toute apparence, la colère du groupe ne se serait pas bornée à des paroles si un homme ne s'était écrié :

— Ah! tu défends ce scélérat de Lecomte? eh bien, nous allons te mettre avec lui. Ça fera une jolie paire de.....

Ce projet fut approuvé, et M. Clément Thomas fut conduit, non sans avoir à subir plus d'un outrage, au Château-Rouge, où le général Lecomte était enfermé depuis le matin.

A partir de ce moment, le récit que j'ai recueilli diffère peu des différentes versions qui circulent dans la ville.

Vers quatre heures les deux généraux furent tirés de leur prison par une centaine de gardes nationaux. On avait attaché les mains du général Lecomte. M. Clément Thomas n'avait pas de liens. On les conduisit sur le sommet de la butte Montmartre. On s'arrêta devant le n° 6 de la rue des Rosiers. C'est une petite maison que j'ai été voir depuis; il y a un jardin devant; elle a l'air bourgeois et paisible. Ce qui se passa dans cette maison ne sera peut-être jamais su. Etait-ce là que siégeait alors le Comité central de la garde nationale? Le Comité s'y trouvait-il tout entier, ou n'y était-il représenté que par quelques-uns de ses membres? Plusieurs personnes supposent que la maison n'était pas occupée, et que les gardes y firent entrer les prisonniers pour faire croire à la foule qu'on allait procéder à un jugement, et pour donner ainsi une apparence de légalité à l'exécution qu'ils préméditaient.

Il faut ajouter que, d'après certains témoignages, il y avait des lignards parmi les gardes qui entouraient les généraux.

Le procès — en supposant qu'il y ait eu procès — ne fut pas long.

A l'un des bouts de la rue, il y a un mur de clôture; c'est là que furent conduits les condamnés.

Dès qu'on eut fait halte, un officier de la garde nationale saisit violemment M. Clément Thomas par le collet de son habit, le secoua à plusieurs reprises, et enfin lui plaça un revolver sur la gorge.

— Avoue, dit-il, que tu as trahi la République.

M. Clément Thomas ne répondit que par un mouvement d'épaules. Alors l'officier se retira.

Le général se trouvait seul et debout devant la muraille.

Qui donna le signal? On ne sait. Une vingtaine de détonations éclatèrent à la fois. M. Clément Thomas tourna sur lui-même et tomba, la face en avant.

— A ton tour! dit un des assistants au général Lecomte.

Celui-ci, de lui-même, sortit des rangs, enjamba le cadavre de Clément Thomas, s'adossa au mur, et attendit.

— Feu! cria un officier.

Il y a une heure, j'ai rencontré rue des Acacias une vieille femme qui offrait pour 3 francs une balle qu'elle avait retirée du plâtre de la muraille, au bout de la rue des Rosiers.

III.

Il est dix heures du soir. Si je n'étais point si las, je me dirigerais vers l'Hôtel de Ville. On dit que la garde nationale s'en est emparée; le 18 mars continue le 31 octobre. Mais cette journée m'a horriblement fatigué, j'ai à peine la force d'écrire ce que je viens de voir et d'entendre çà et là.

Sur les boulevards extérieurs, les débits de liqueurs regorgent d'ivrognes. Il y a des badauds pour regarder boire ces hommes qui se vantent d'avoir fait une révolution. Quand « le coup » a réussi, il se trouve toujours un tas de chenapans pour dire : « C'est moi qui ai fait le coup ». On cause, on rit, on chante. A chaque pas des fusils en faisceaux. Au coin du passage de l'Elysée-des Beaux-Arts s'amoncelait, quand je suis passé, un tas grouillant d'hommes couchés. Plus loin, j'ai vu tout un bataillon, l'arme au pied, prêt à se mettre en marche. A l'entrée de la rue Blanche et de la rue Fontaine, quelques pavés posés les uns sur les autres voudraient avoir l'air d'une barricade. Rue des Abbesses, j'ai compté trois canons ; une mitrailleuse menace la rue des Martyrs. Rue des Acacias, un homme a été arrêté et conduit au poste par une patrouille de gardes nationaux ; j'ai entendu dire qu'il avait volé. Arrêter un ou deux voleurs, c'est une des traditions de l'émeute parisienne. D'ailleurs, le désordre n'est pas excessif. Si tous les hommes ne portaient pas l'uniforme, on pourrait croire que c'est un soir de fête populaire ; les vainqueurs s'amusent.

Il y avait peu de soldats, ce soir, parmi les fédérés : ils sont peut-être rentrés dans les casernes, par habitude, pour manger la soupe.

Sur les grands boulevards, des groupes tumultueux commentent les événements de la journée. Au coin de la rue Drouot, un officier du 117e bataillon lit à haute voix, ou plutôt récite (car il a l'air de la savoir par cœur !) la proclamation de M. Picard, affichée dans l'après midi :

« Le gouvernement vous appelle à défendre votre cité, vos foyers, vos familles, vos propriétés.

1.

« Quelques hommes égarés, se mettant au-dessus des lois, n'obéissant qu'à des chefs occultes, dirigent contre Paris les canons qui avaient été soustraits aux Prussiens.

« Ils résistent par la force à la garde nationale et à l'armée.

« Voulez-vous le souffrir?

« Voulez-vous, sous les yeux de l'étranger prêt à profiter de vos discordes, abandonner Paris à la sédition?

« Si vous ne l'étouffez pas dans son germe, c'en est fait de la République et peut-être de la France!

« Vous avez leur sort entre vos mains.

« Le gouvernement a voulu que vos armes vous fussent laissées.

« Saisissez-les avec résolution pour rétablir le régime des lois, sauver la République de l'anarchie qui sera sa perte; groupez-vous autour de vos chefs. C'est le seul moyen d'échapper à la ruine et à la domination de l'étranger.

« Le ministre de l'intérieur,

« Ernest PICARD. »

Le groupe écoute avec attention, crie deux ou trois fois : « Aux armes ! » et se dissipe. Un instant je crois qu'il va s'armer en effet. Il va tout simplement renforcer un autre groupe formé sur l'autre trottoir.

Cette inaction des amis de l'ordre a été, il faut bien le reconnaître, générale aujourd'hui. Paris est divisé depuis le matin en deux portions : l'une qui agit et l'autre qui laisse faire.

A vrai dire, quand même elle l'aurait voulu, je ne sais trop comment la partie paisible de la population parisienne aurait pu s'y prendre pour résister à l'émeute. « Groupez-vous autour de vos chefs ! » conseille la proclamation. Fort bien ! cela est facile à dire, c'est moins aisé à faire. Pour se grouper autour des chefs, il faut savoir où ils sont. Où étaient-ils aujourd'hui? La scission produite dans la garde nationale par le coup d'Etat du Comité central a eu pour conséquence première de désorganiser les commandements. Comment distinguer, à quoi reconnaître, où trouver les capitaines, les commandants, les colonels qui sont restés fidèles à la cause de l'ordre ? On sonne, il est vrai, le rappel et l'on bat la générale dans tous les quartiers de Paris. Mais qui fait battre la générale et qui fait sonner le rappel ? Le Gouvernement régulier ou le Comité révolutionnaire ? Plus d'un bon bourgeois, prêt à faire son devoir — car, à Paris, nul n'est lâche — et qui avait déjà endossé sa vareuse et bouclé son ceinturon, ne s'est pas décidé à obéir au clairon ou au tambour, de peur que, par suite d'une confusion probable, il n'allât grossir les forces de l'émeute au lieu de se joindre aux défenseurs de la loi. Il est naturel de rester chez soi quand on ne sait pas où l'on irait. D'ailleurs, l'armée a lâché pied. Les mauvais exemples sont contagieux. Est-il équitable de demander à des pères de famille, à des négociants, à des bourgeois enfin, soldats par occasion, un effort devant lequel de vrais soldats ont reculé ? Ajoutons à ces considérations que le Gouvernement est en fuite. Il reste peut-être quelques ministres à Paris, mais, depuis plusieurs heures déjà, le bruit s'est répandu que la plupart de nos gouvernants sont allés rejoindre l'Assemblée à Versailles. Je ne blâme pas ce départ un peu précipité ; il était peut-être indispensable, mais que voulez-vous ? on aime à avoir auprès de soi les gens dont on défend la cause et on se bat mal pour des absents.

Cependant, de la Madeleine au Gymnase, les cafés regorgent de filles et de gandins. Tandis qu'on se saoûle sur les boulevards extérieurs, on se grise ou à peu près sur ce qu'on nomme les grands boulevards. Toute la différence gît dans les qualités différentes des boissons. Quel peuple sommes-nous, bon Dieu !

IV.

C'est aujourd'hui le lendemain. J'avais hâte de savoir ce qui s'était passé cette nuit et quelle attitude avait prise Paris revenu de sa première surprise. Qui sait ? La nuit avait peut-être porté conseil. Le Gouvernement et le Comité central avaient peut-être réglé leurs différends ; il se pouvait que tout fût fini.

Dans la rue matinale, tout était paisible. Les boutiques étaient ouvertes comme à l'ordinaire. Cuisinières et ménagères allaient et venaient. J'ai rencontré un brave homme avec lequel je causais parfois, les nuits de garde, du temps où l'on allait aux remparts.

— Eh bien ! lui ai-je demandé, qu'y a-t-il de nouveau ?

— De nouveau ? je ne sais pas. Ah ! oui, il paraît qu'il y a eu quelque chose hier à Montmartre.

Ceci me fut répondu au centre même de la ville, dans la rue de la Grange-Batelière. Il y a à Paris de ces prodigieux indifférents. Je parie qu'en cherchant un peu on finirait par découvrir dans quelque quartier reculé un homme qui se croit encore gouverné par Napoléon III et qui n'a entendu parler de la guerre avec la Prusse que comme d'une éventualité improbable.

Sur les boulevards, peu d'agitation. Des enfants crient des journaux. Je n'aime pas à être renseigné par les feuilles publiques. Si impartial, si sincère que soit un reporter, il ne peut présenter les faits que d'après la façon dont il en a été impressionné. Or, il m'est presque impossible d'évaluer l'importance d'un fait d'après des impressions étrangères.

Je me suis dirigé vers la rue Drouot, prévoyant des affiches. Que d'affiches, en effet ! et des affiches blanches, s'il vous plaît ! Ceci indiquait que Paris avait un gouvernement, le blanc étant la couleur officielle, même sous la République rouge.

J'ai pris un crayon et j'ai copié à la hâte les proclamations de nos nouveaux maîtres. Je crois que j'ai agi prudemment. Tout est si vite oublié, les proclamations et les hommes ! Où sont les affiches d'antan ?

RÉPUBLIQUE FRANÇAISE.

LIBERTÉ, ÉGALITÉ, FRATERNITÉ.

Au Peuple.

« CITOYENS,

« Le peuple de Paris a secoué le joug qu'on essayait de lui imposer. »

Quel joug, messieurs du Comité, pardon, citoyens ? Je vous assure que moi, qui, pourtant, fais partie du peuple, je ne me suis pas le moins du monde aperçu qu'on essayât de m'imposer un joug. Il s'agissait, si j'ai bonne mémoire, de quelques canons, et il n'y avait pas le moindre joug dans toute cette affaire. Et puis, cette expression : « le peuple de Paris » est singulièrement exagérée. Certainement les habitants de Montmartre et leurs frères des quartiers excentriques font partie du peuple, et n'en sont pas, je suis tout disposé à le reconnaître, la portion la moins saine ni la moins digne d'intérêt, (j'ai toujours préféré un charbonnier de la chaussée Clignancourt à un gandin de la rue Taitbout), mais enfin, ils ne sont pas le peuple tout entier. Donc, votre phrase ne signifie pas grand'chose ; et en outre, avec sa métaphore démodée, elle est d'une rhétorique un peu vieillotte. Je crois qu'il eût mieux valu dire tout simplement :

« Citoyens, les habitants de Montmartre et de Belleville ont gardé les canons qu'on voulait leur prendre. »

Mais cela n'aurait pas eu l'air d'une proclamation.
Chose extraordinaire ! on a beau bouleverser le pays
tout entier, le style officiel demeure inébranlable. On
triomphe des gouvernements, on ne peut pas triompher
des lieux communs. Continuons à lire :

« Calme, impassible dans sa force, il a attendu, sans
crainte comme sans provocation, les fous éhontés qui
voulaient toucher à la République. »

La République ? encore une expression improper :
c'est aux canons qu'on voulait toucher.

« Cette fois, nos frères de l'armée... »

Ah ! vos frères de l'armée ! Ce sont vos frères parce
qu'ils ont levé la crosse en l'air. Dans ces familles-là,
on n'est parent que lorsqu'on est du même avis.

« Cette fois, nos frères de l'armée n'ont pas voulu
porter la main sur l'arche sainte de nos libertés. »

Allons, bon ! les canons sont « l'arche sainte » à présent ! Métaphore bien biblique d'ailleurs pour des gens
qui ne doivent pas aimer les calotins.

« Merci à tous, et que Paris et la France jettent ensemble les bases d'une République acclamée avec toutes ses conséquences, le seul gouvernement qui fermera
pour toujours l'ère des invasions et des guerres civiles.

« L'état de siége est levé.

« Le peuple de Paris est convoqué dans ses sections

pour faire ses élections communales. La sûreté de tous les citoyens est assurée par le concours de la garde nationale.

« Hôtel de ville de Paris, le 19 mars 1871.

« *Le Comité central de la garde nationale :*

« Assy, Billioray, Ferrat, Labitte, Ed. Moreau, Ch. Dupont, Varlin, Boursier, Mortier, Gouhier, Lavallette, Fr. Jourde, Rousseau, Ch. Lullier, Blanchet, G. Grillard, Barroud, H. Geresme, Fabre, Pougeret. »

Par exemple, il y a un reproche qu'on ne pourra pas adresser à la nouvelle émeute parisienne : c'est celui d'avoir mis à sa tête des gens d'une incapacité démontrée. Celui qui oserait affirmer que chacun des personnages nommés ci-dessus n'a pas plus de génie qu'il n'en faut pour sauver deux ou trois nations, m'étonnerait considérablement. Il est dit dans un drame d'Hugo qu'un enfant sans parents prouvés, doit être supposé gentilhomme ; un inconnu peut, au même titre, passer pour un homme de génie.

Mais il y avait sur les murs de la rue Drouot bien des proclamations encore :

RÉPUBLIQUE FRANÇAISE.

LIBERTÉ, ÉGALITÉ, FRATERNITÉ.

Aux gardes nationaux de Paris

« Citoyens,

« Vous nous aviez chargés d'organiser la défense de Paris et de vos droits. »

Ah ! pour cela, non, mille fois non ! Je vous ai accordé — parce que vous paraissiez y tenir — que des canons étaient une arche sainte, mais, sous aucun prétexte, je n'avouerai que je vous aie chargé d'organiser n'importe quoi ! Je ne vous connais pas, je n'ai jamais entendu parler de vous, il n'est personne que j'ignore au monde autant que Ferrat et Labitte, si ce n'est Grillard et Pougeret (cependant j'étais garde national et je ne me suis pas plus mal enrhumé qu'un autre, sur les remparts, pour le roi de Prusse), je ne sais ni ce que vous voulez, ni où vous conduisez ceux qui vous suivent, et je puis vous affirmer qu'il y a bien à Paris une centaine de mille hommes qui, eux aussi, se sont parfaitement enrhumés, et qui, à l'heure qu'il est, sont absolument, à votre endroit, dans le même cas que votre serviteur.

« Nous avons conscience d'avoir rempli cette mission. »

Vous êtes bien bons d'avoir pris cette peine, mais du diable si je me souviens de vous avoir donné aucune mission d'aucune espèce !

« Aidés par votre courage et votre sang-froid !... »

Ah ! messieurs ! vous me flattez.

« Nous avons chassé ce gouvernement qui vous trahissait. »

« A ce moment, notre mandat est expiré... »

Le mandat que je vous avais donné, toujours ?

« Et nous vous le rapportons, car nous ne prétendons pas prendre la place de ceux que le souffle populaire vient de renverser.

« Préparez donc et faites de suite vos élections communales, et donnez-nous pour récompense, la seule que nous ayons jamais espérée : celle de vous voir établir la véritable République.

« En attendant, nous conservons, au nom du peuple, l'Hôtel de Ville.

« Hôtel de Ville, Paris, 19 mars 1871.

> « *Le Comité central de la garde nationale,*
>
> « Assy, Billioray, etc... etc... etc... »

A côté de cette affiche, il y en a eu une autre non moins signée des citoyens Assy, Billioray et autres, et annonçant que les élections communales auront lieu mercredi prochain 22 mars, c'est-à-dire dans trois jours.

Voilà donc le résultat de ce qui s'est passé hier, et la

révolution du 18 mars peut être racontée en quelques paroles :

Il y avait des canons à Montmartre ; le Gouvernement a voulu les prendre et n'a pas pu, grâce à la fraternité couarde des lignards. Une société secrète, composée de quelques délégués de quelques bataillons, a profité de cette occasion pour affirmer hautement quelle représentait la population tout entière, et pour lui ordonner d'élire — qu'elle l'ait désiré ou non — la Commune de Paris.

Que va faire Paris, entre ces dictateurs sortis l'on ne sait d'où, et le gouvernement réfugié à Versailles ?

V.

Paris ne fait rien. Il regarde les événements comme on regarde couler l'eau. D'où vient cette indifférence ? La surprise, la disparition des chefs pouvait, hier, excuser son inaction. Mais une nuit s'est passée. Chaque homme a eu le temps d'interroger sa conscience et d'en recevoir une réponse. On a eu le temps de se reconnaître, de se concerter, on aurait eu le temps d'agir. Pourquoi n'a-t-on rien fait ? pourquoi ne fait-on rien ? Les généraux Clément Thomas et Lecomte ont été assassinés, cela est aussi incontestable qu'odieux. Paris tout entier veut-il partager avec les criminels la responsabilité du crime ? Le gouvernement régulier a été chassé ; Paris consent-il à cette expulsion ? Des hommes sans mandat, ou du moins munis d'un mandat insuffisant, ont usurpé le pouvoir. Paris s'abandonne-t-il lui-même au point de ne pas résister à cette usurpation ? Non, certes ; il exècre le crime, il n'approuve pas l'expulsion du gouvernement de la République, et il ne reconnaît pas aux membres du Comité central le droit de lui imposer leurs volontés. Pourquoi donc reste-t-il immobile et patient ? Ne craint-il pas qu'on lui applique le proverbe : Qui ne dit mot consent ? D'où vient que moi-même, au lieu d'écrire sur ces feuilles volantes mes impressions passagères, je ne prends pas un fusil pour punir les criminels, et résister au despotisme ? Ah ! c'est que la situation, nous le sentons tous, est singulièrement complexe. Le gouvernement qui s'est retiré à Versailles a commis de telles fautes, qu'il est difficile de se ranger de son parti sans arrière-pensée. La faiblesse, la maladresse qu'ont montrées pendant le siége la plupart de ceux qui le composent, leur opiniâtreté à demeurer sourds aux vœux légitimes de la capitale, nous ont mal disposés à défendre un état de choses qu'il nous était impossible d'approuver sans réserve. En somme, ces révolutionnaires inconnus, coupables à coup sûr, mais sincères peut-être, revendiquent pour Paris des droits que Paris presque tout entier est porté à réclamer. Il nous est impossible de ne pas reconnaître que les franchises municipales sont désirées et désormais nécessaires. Voilà pourquoi, bien qu'épouvantés par les excès qu'ont déjà commis et que commettront encore les dictateurs du 18 mars, bien que révoltés à la seule idée du sang qui a coulé et qui coulera encore, — voilà pourquoi nous demeurons sans prendre parti. Les torts anciens du gouvernement légitime de Versailles refroidissent notre zèle pour lui, et quelques idées justes formulées par le gouvernement illégitime de l'Hôtel de Ville diminuent notre horreur de ses crimes et notre appréhension de ses forfaits.

Puis — pourquoi ne pas oser le dire? — Paris, impressionnable, nerveux, romanesque, admire toutes les audaces, et n'a qu'une sympathie modérée pour les prudences. On peut sourire, comme je le faisais tout-à-l'heure, des proclamations emphatiques du Comité central, mais cela n'empêche pas de reconnaître que sa puissance est réelle, et que la façon farouche dont il l'a tout-à-coup révélée, ne manque pas d'un certain caractère de grandeur. On a pu remarquer avec malignité que plus d'un patriote, hier soir, sur les boulevards extétérieurs et aux environs de l'Hôtel de Ville, avait bu un peu plus que de raison en l'honneur de la République et de la Commune; mais cela n'a pas empêché d'éprouver une surprise voisine de l'admiration à la vue de ces bataillons accourus de plusieurs quartiers à un signal invisible, et, en définitive, prêts à se faire tuer pour défendre... quoi? des canons, mais des canons qui, à leurs yeux, étaient le symbole palpable de leurs droits et de leurs libertés. Pendant ce temps, l'Assemblée nationale légiférait à Versailles et le Gouvernement allait la rejoindre. Paris ne suit pas ceux qui fuient.

<h2 style="text-align:center">VI.</h2>

La butte Montmartre est en fête. Le temps est admirable: on va voir les canons et considérer les barricades.

Hommes, femmes, enfants, gravissent les rues à pic ; tout ce monde paraît très-joyeux... de quoi ? il ne le sait pas lui-même. A Paris, on ne peut pas résister au soleil ; s'il pleuvait, la ville serait en deuil. On a fermé sa boutique, on a mis ses plus beaux habits, on ira dîner au cabaret. Qui fait cela ? les ennemis-nés du désordre, les petits négociants, les petits bourgeois. Contradiction étrange ! mais que voulez-vous, il fait si beau ! Hier, on n'a pas travaillé à cause de l'insurrection ; c'était comme un dimanche. Aujourd'hui on fait le lundi de l'émeute.

VII

Enfin, au milieu de ces troubles, où chacun va sans savoir où, entre le Comité central qui fait des proclamations et le gouvernement de Versailles qui réunit des troupes, il s'est trouvé des hommes qui ont prononcé quelques paroles raisonnables.

Ces hommes, dès à présent, peuvent être certains qu'ils sont approuvés et qu'ils seront obéis par Paris, — par le Paris honnête et intelligent, par le Paris prêt à favoriser celui des deux partis qui prouvera que la justice est avec lui.

Les députés et les maires de Paris ont fait afficher la proclamation suivante :

RÉPUBLIQUE FRANÇAISE.

LIBERTÉ, ÉGALITÉ, FRATERNITÉ.

« Citoyens,

« Pénétrés de la nécessité absolue de sauver Paris et la République en écartant toute cause de collision, et convaincus que le meilleur moyen d'atteindre ce but suprême est de donner satisfaction aux vœux légitimes du peuple, nous avons résolu de demander aujourd'hui même à l'Assemblée nationale l'adoption de deux mesures qui, nous en avons l'espoir, contribueront, si elles sont adoptées, à ramener le calme dans les esprits.

« Ces deux mesures sont : l'élection de tous les chefs de la garde nationale et l'établissement d'un conseil municipal élu par tous les citoyens.

« Ce que nous voulons, ce que le bien public réclame, en toute circonstance, et ce que la situation présente rend plus indispensable que jamais, c'est l'ordre dans la liberté et par la liberté.

« Vive la France ! Vive la République !

« Les représentants de la Seine :

« Louis Blanc, V. Schœlcher, Edmond Adam, Floquet, Martin Bernard, Langlois, Édouard Lockroy, Farcy, Brisson, Greppo, Millière.

« *Les maires et adjoints de Paris :*

« **1ᵉʳ Arrondissement** : Ad. ADAM , MELINE, adjoints. — **2ᵉ Arrondissement** : TIRARD, maire, représentant de la Seine; Ad. BRELAY, CHÉRON, LOISEAU-PINSON, adjoints.— **3ᵉ Arrondissement** : BONVALET, maire; Ch. MURAT, adjoint.—**4ᵉ Arrondissement** : VAUTRAIN , maire; LOISEAU, CALLON, adjoints. — **5ᵉ Arrondissement** : JOURDAN, adjoint.— **6ᵉ Arrondissement** : HÉRISSON, maire; A. LEROY, adjoint. — **7ᵉ Arrondissement** : ARNAUD (de l'Ariége), maire, représentant de la Seine. — **8ᵉ Arrondissement** : CARNOT, maire, représentant de la Seine. — **9ᵉ Arrondissement** : DESMARET, maire. — **10ᵉ Arrondissement** : DUBAIL, maire; A. MURAT, DEGOUVES-DENUNQUES, adjoints. — **11ᵉ Arrondissement** : MOTU, maire, représentant de la Seine; BLANCHON, POIRIER, TOLAIN, représentant de la Seine.—**12ᵉ Arrondissement** : DENIZOT, DUMAS, TURILLON, adjoints. — **13ᵉ Arrondissement** : Léo MEILLET, COMBES, adjoints. — **14ᵉ Arrondissement** : HÉLIGON, adjoint. — **15ᵉ Arrondissement** : JOBBE-DUVAL, adjoint. — **16ᵉ Arrondissement** : Henri MARTIN, maire et représentant de la Seine. — **17ᵉ Arrondissement** : François FAVRE, maire; MALOU, VILLENEUVE, CACHEUX, adjoints. — **18ᵉ Arrondissement : Clémenceau, maire et représentant du peuple; J.-B. Lafont, Dereure, Jaclard, adjoints. »

Il y a deux heures que cette proclamation a été affichée, et je n'ai pas encore rencontré une seule personne qui ne l'approuve entièrement. Les députés de la Seine et les maires de Paris, par suite de la fuite à Versailles du Gouvernement, sont, naturellement, nos chefs légitimes. Nous les avons élus ; qu'ils nous dirigent. C'est à eux qu'il appartient de réconcilier l'Assemblée avec la Cité ; et il nous semble qu'ils ont pris le meilleur moyen d'opérer cette conciliation, en dégageant des exagérations de l'émeute tout ce que ses réclamations ont de légitime et de pratique. Donc, qu'ils soient loués pour cette tentative vraiment patriotique ! Et qu'ils se hâtent d'obtenir de l'Assemblée la reconnaissance de nos droits. En cédant à la demande de nos députés et de nos maires, le Gouvernement ne pactisera pas avec l'insurrection ; bien au contraire, il en triomphera radicalement, puisqu'il lui enlèvera tout prétexte d'existence et éloignera d'elle, d'une façon définitive, tous les hommes à qui la justice de quelques parties de son programme fermait les yeux sur la façon illégale et violente dont ce programme est formulé.

Si l'Assemblée consent, il ne restera plus du 18 mars que le souvenir, pénible sans doute, d'une journée sanglante, et d'un grand mal sera sorti un grand bien.

Quoi qu'il arrive, nous sommes résolus — nous, c'est-à-dire tous ceux qui, sans avoir suivi le Gouvernement à Versailles et sans avoir pris une part active à l'insurrection, désirent également le rétablissement du pouvoir légitime et le développement des libertés municipales — nous sommes résolus à suivre où ils nous conduiront nos députés et nos maires. Ils représentent en ce moment la seule autorité légale qui nous semble avoir équitablement apprécié les difficultés de la situation, et si, tout espoir de conciliation étant perdu, ils nous disaient de prendre les armes, nous les prendrions.

VIII

Ce soir, 21 mars, Paris a je ne sais quel air de contentement; il espère, il espère dans les députés et les maires, il espère même dans l'Assemblée nationale. On parle de la manifestation des amis de l'ordre, on l'approuve. Un étranger, un Russe, M. A. J., habitant Paris depuis dix ans et par conséquent Parisien, m'offre les renseignements suivants dont je prends note à la hâte :

« Aujourd'hui, à une heure et demie, un groupe dont je faisais partie s'est formé place du Nouvel-Opéra. Nous étions vingt personnes à peine, nous avions un drapeau sur lequel était écrit : « Réunion des amis de l'ordre. » Ce drapeau était porté par un soldat de la ligne, employé, disait-on, de la maison Siraudin. Nous avons monté les boulevards jusqu'à la rue Richelieu; sur notre passage les fenêtres s'ouvraient; on criait : « Vive l'ordre ! vive l'Assemblée nationale ! à bas la Commune ! » Très-peu nombreux au départ, nous fûmes bientôt trois cents puis cinq cents, puis mille. Notre troupe suivit la rue Richelieu, grossissant toujours. Place de la Bourse, un capitaine de la garde nationale, à la tête de sa compagnie, voulut nous arrêter. Nous passâmes outre ; la compagnie présenta les armes à notre drapeau, et **les tambours battirent aux champs**. Après avoir parcouru, de plus en plus nombreux, les rues qui avoisinent la Bourse, nous revînmes sur les boulevards, où éclata autour de nous le plus vif enthousiasme. Devant la rue Drouot on fit halte ; la mairie du IXe arrondissement était occupée par un bataillon affilié au Comité, par le 229e bataillon, je crois. Bien qu'une collision fût possible, nous nous engageâmes dans la rue, résolus à faire notre devoir, qui était de protester contre **le renversement de l'ordre et le mépris des lois établies, mais il ne nous fut fait aucune résistance**. Les gardes nationaux accourus devant la porte de la mairie nous présentèrent les armes, et nous allions continuer notre chemin, lorsque quelqu'un fit remarquer que notre drapeau, où, comme je l'ai dit, on lisait : « Réunion des amis de l'ordre, » pouvait nous exposer à être pris pour des « réactionnaires, » et qu'il fallait y ajouter ces mots : « Vive la République ! » Les personnes qui marchaient en tête de la manifestation firent halte ; quelques-unes d'entre elles entrèrent dans un café, et là, écrivirent à la craie, sur le drapeau : « Vive la République ! » Puis, nous nous remîmes en marche, suivant les voies les plus larges, de plus en plus nombreux et acclamés de toutes parts. Un quart d'heure plus tard, nous arrivâmes rue de la Paix, nous dirigeant vers la place Vendôme, où étaient réunis, en foule, des bataillons du Comité, et où siége, comme on sait, l'état-major de la garde nationale. Là, comme devant la mairie Drouot, les tambours battirent aux champs et on nous présenta les armes ; bien plus, un officier vint prévenir les chefs de la manifestation qu'un délégué du Comité central les priait de se rendre à l'état-major. C'était moi, en ce moment, qui portais le drapeau. Nous nous avançâmes en silence. Quand nous fûmes arrivés sous le balcon, entourés par les gardes nationaux, dont l'attitude, en général, était pacifique, nous vîmes paraître sur ce balcon un homme assez jeune, sans uniforme, mais ceint d'une écharpe rouge et entouré de plusieurs officiers supérieurs; il prit la parole et dit : « Citoyens, au nom du Comité central... » Dès lors il fut interrompu par des sifflets innombrables et par ces cris : « Vive l'ordre ! vive l'Assemblée nationale ! vive la République ! » Malgré ces interruptions hardies, nous ne fûmes l'objet d'aucune violence, ni même d'aucune menace, et, sans plus nous inquiéter du délégué, nous fîmes le tour de la colonne, et, après avoir regagné le boulevard, nous allâmes vers la place de la Concorde. Là, quelqu'un émit l'avis de se rendre chez l'amiral Saisset, qui habitait rue Pauquet, quartier des Champs-Élysées. Un homme à la figure grave, à cheveux gris, fit observer que l'amiral Saisset était à Versailles.

« — Mais, ajouta-t-il, il y a parmi vous plusieurs amiraux.

« Il se nomma. C'était l'amiral De Chaillé. A partir de ce moment, il se tint à la tête de la manifestation, qui traversa le pont de la Concorde et gagna le faubourg Saint-Germain.

« Toujours acclamée, toujours plus considérable, elle

parcourut successivement les rues principales de ce quartier. Chaque fois qu'elle passait devant un poste, les gardes présentaient les armes.

« Place Saint-Sulpice, un bataillon se rangea pour nous laisser passer.

« Nous descendîmes ensuite le boulevard Saint-Michel et le boulevard de Strasbourg. Pendant ce trajet, un groupe assez nombreux se joignit à nous; il était précédé d'un drapeau tricolore sur lequel on lisait : « Vive l'Assemblée nationale! » Désormais, les deux drapeaux flottèrent près l'un de l'autre en avant de la manifestation renforcée.

« Comme nous allions déboucher sur le boulevard Bonne-Nouvelle, un homme, vêtu d'une redingotte et coiffé d'un chapeau de feutre gris, se précipita sur moi qui portais l'étendard des « Amis de l'ordre. » Un nègre, vêtu de l'uniforme de la garde nationale et qui marchait à mon côté, me rendit le service de le repousser. Alors, l'homme au chapeau de feutre se retourna contre la personne qui portait l'autre étendard, saisit le drapeau, et, avec une force assez extraordinaire, il en cassa sur son genou la lance qui paraissait fort solide pourtant.

« De ceci, il résulta quelque tumulte. L'homme fut empoigné, emporté, enlevé. Je crains qu'il n'ait été maltraité trop gravement. Nous remontâmes les boulevards.

« A notre aspect, l'enthousiasme des promeneurs était vraiment excessif, et l'on peut dire sans exagération que nous étions environ trois ou quatre mille personnes quand nous fûmes de retour sur la place du Nouvel-Opéra où nous devions nous séparer.

2.

« Un zouave grimpa à un arbre devant le Grand-Hôtel, et attacha notre drapeau à la branche la plus élevée.

« Il fut convenu qu'on se réunirait le lendemain, en uniforme, mais sans armes, à la même place. »

Ce récit diffère un peu de ceux qui ont été publiés dans les journaux ; mais j'ai d'excellentes raisons pour le considérer comme absolument véridique.

Que produira cette manifestation ? Les gens qui désirent : « l'ordre par la liberté et dans la liberté, » réussiront-ils à se réunir en assez grand nombre pour réduire à la raison, sans avoir recours à la force, les nombreux et puissants partisans de la future Commune ? Quoi qu'il arrive, cette manifestation prouve que Paris n'entend pas qu'on dispose de lui sans son consentemnnt. Jointe à la tentative, auprès de l'Assemblée nationale, de nos députés, elle n'aura pas été inutile à la pacification prochaine. Il circule ce soir, dans les groupes moins amers, je ne sais quelles espérances heureuses de concorde et de calme.

<h2 style="text-align:center">IX.</h2>

Des feux de peloton ! Sur qui ? sur les Prussiens ? Non, sur des Français, sur des gens qui passent, sur des gens qui crient : « Vive la République et vive l'ordre ! » des hommes blessés ou morts qui tombent, des femmes qui fuient, les boutiques qui se ferment avec un bruit de fusillade, Paris entier qui s'effare, voilà ce que je viens de voir et d'entendre ! C'en est donc fait de nous cette fois ?

Nous verrons dans nos rues les barricades sanglantes, nous rencontrerons les sinistres brancards d'où pendent des mains noircies de poudre, et chaque femme pleurera, le soir, quand le mari tardera à rentrer, et les mères auront peur. La France, hélas ! la France, cette mère douloureuse aussi, succombera, tuée par ses propres enfants.

Je sortais du passage Choiseul. J'allais, en compagnie d'un ami, vers les Tuileries, occupées depuis hier par un bataillon dévoué au Comité central. Arrivés au coin de la rue Saint-Roch et de la rue Neuve-des-Petits-Champs, nous vîmes, au bout de cette dernière, dans la direction de la rue de la Paix, une foule assez compacte.

— Que se passe-t-il donc? demandai-je à mon ami.

— Je crois, me dit-il, que c'est une manifestation sans armes qui se rend à la place Vendôme. Tout-à-l'heure, elle est passée sur le boulevard, en criant : « Vive l'ordre ! »

En parlant ainsi, nous nous étions rapprochés de la rue de la Paix. Tout-à-coup un bruit horrible éclata. C'était la fusillade ! Une fumée blanche s'éleva le long des murs, et, de toutes parts, on crie, on s'épouvante, on fuit, et, à cent pas devant nous, je vois tomber une femme. Est-elle blessée ou morte? Qu'est-ce que ce massacre? Que s'est-il passé, à Paris, en plein jour, sous ce grand soleil joyeux? Nous avons à peine le temps de gagner une rue transversale, et nous suivons la foule qui s'échappe, et les magasins se ferment, et la sinistre nouvelle se répand de toutes parts dans Paris consterné.

Elle se répand avec une rapidité extraordinaire, mais très-diversement; ici on atténue, plus loin on exagère.

« Il y a deux cents victimes, » dit l'un. « Il n'y avait pas de balles dans les fusils, » dit l'autre. Sur la cause du conflit les opinions varient singulièrement. Peut-être ne saura-t-on jamais d'une manière certaine ce qui s'est passé sur la place Vendôme et dans la rue de la Paix. J'étais à la fois trop près et trop loin du théâtre de l'événement ; trop près, car j'ai failli être tué ; trop loin, car je n'ai rien vu que la fumée de la poudre et la fuite des passants.

Ce qu'il y a de certain, c'est que la manifestation d'hier, qui avait réussi à grouper un très-grand nombre de citoyens autour de son drapeau, a voulu renouveler aujourd'hui sa tentative de pacification par le nombre désarmé. Trois ou quatre mille personnes s'engagèrent vers deux heures de l'après-midi dans la rue de la Paix, en criant : « L'ordre ! l'ordre ! vive l'ordre ! » Le Comité central avait sans doute donné des consignes sévères, car les premières sentinelles de la place, loin de présenter les armes à la manifestation comme elles l'avaient fait hier, refusèrent formellement de lui laisser continuer sa route. Alors, que se passa-t-il ? Deux foules étaient en présence, l'une sans armes, l'autre armée, surexcitées toutes les deux, l'une voulant aller en avant, l'autre décidée à barrer le chemin. Un coup de pistolet fut tiré. Ce fut un signal. Les chassepots s'abaissèrent. La foule armée fit feu et la foule sans armes se dispersa dans une fuite désespérée, laissant sur son chemin des morts et des blessés.

Mais, ce coup de pistolet, qui l'a tiré ? « Un des citoyens de la manifestation, et, en outre, on a arraché leurs fusils aux sentinelles, » affirment les partisans du Comité central, et ils produisent, entre autres témoignages, celui

d'un général étranger qui, d'une fenêtre de la rue la Paix,
aurait assisté à l'événement. Leur assertion est peu sou-
tenable pourtant. Quel esprit sérieux admettra qu'une foule
évidemment pacifique ait commis un pareil acte d'agression? Quel homme eût été assez stupide pour exposer
une telle quantité de personnes sans armes et pour s'exposer lui-même, par un défi aussi criminellement inutile,
à d'inévitables représailles? Le récit d'après lequel le coup
de pistolet aurait été tiré sur la place Vendôme, au pied
de la colonne, par un officier de la garde fédérée, donnant ainsi le signal de faire feu aux citoyens placés sous
ses ordres, ce récit, si improbable que paraisse un tel
excès de froide barbarie, est de beaucoup le plus vraisemblable.

Et maintenant des femmes pleurent leurs maris, leurs
fils, morts, blessés. Combien de victimes? On ne sait
pas encore le nombre exact. Un lieutenant de la garde
nationale, M. Barle, a reçu une balle dans le ventre.
M. Gaston Jollivet, qui a eu autrefois le tort grave à nos
yeux de publier une ode comique où il s'efforçait de railler
mon illustre et bien-aimé maître Victor Hugo, mais qui
n'avait pas tort d'être au nombre de ceux qui réclamaient
l'ordre et souhaitaient la concorde, a eu, dit-on, le bras
gauche fracassé. M. Otto Hottinger, un des régents de la
Banque de France, est tombé, frappé de deux balles, au
moment où il relevait un blessé.

Un de mes amis m'affirme que, une demi-heure après
la fusillade, il a essuyé le feu de deux gardes nationaux
au guet, au moment où il sortait d'une porte cochère.

Au coin de la rue de la Paix et de la rue Neuve-des-
Petits-Champs, gisaient encore, à quatre heures, un

vieillard en blouse tombé en croix sur le cadavre d'une cantinière, et un soldat de la ligne dont la main morte, crispée, serrait la hampe d'un drapeau tricolore.

Ce soldat, serait-ce celui dont m'a parlé mon ami M. A. J. dans son récit de la première manifestation, et qui était, disait-on, un employé de la maison Siraudin?

Bien d'autres victimes encore! M. de Pène, directeur du *Paris-Journal*, dangereusement blessé par une balle qui lui a traversé la cuisse; M. Portet, lieutenant aux éclaireurs Franchetti, très-gravement atteint au cou et au pied droit; M. Bernard, un négociant, qui est mort; M. Giroud, un agent de change, qui est mort aussi. A chaque instant, des noms nouveaux s'ajoutent à la funèbre liste.

Où nous conduira cette révolution, qui a commencé par le meurtre de deux généraux et continue par l'assassinat des passants?

X.

Au milieu de ces effrois et de ces horreurs, j'ai vu une chose triste aussi, souriante pourtant. Imaginez une idylle qui serait une élégie. Trois carosses de louage descendaient la rue de Notre-Dame-de-Lorette; c'était une noce. Dans la première voiture, il y avait la mariée, assez jolie et toute jeune, qui pleurait. Le marié, dans le second véhicule, n'avait pas l'air content. Les chevaux marchant très-lentement à cause de la descente, je me suis approché et j'ai interrogé un garçon d'honneur. Il s'était passé quelque chose de bien désagréable. On était allé à la mairie, pour être unis, mais à la mairie il y avait, au lieu de maire ou d'adjoints, un poste de gardes nationaux. Le sergent avait offert de remplacer le magistrat municipal, les grands parents n'avaient pas consenti à cet arrangement, et on s'en retournait fiancés comme devant. Cela était bien malheureux.

— Bah! dit une commère qui passait, ils se mariront demain. On a toujours le temps de se mettre la corde au cou.

Sans doute, ils se mariront demain; mais ils auraient voulu être mariés aujourd'hui, ces enfants. Cela ne les regarde pas, les révolutions. Qu'est-ce que cela aurait fait à la Commune que ces amants eussent été époux aujourd'hui? Est-on sûr, d'ailleurs, de retouver le bonheur échappé? Ah! cette émeute, je la hais à cause des cadavres et des veuves; je lui en veux aussi à cause de ces jolis yeux qui pleurent sous une couronne de fleurs d'orangers.

XI.

La mairie du IIe arrondissement semble destinée à devenir le centre de la résistance au Comité central. Les fédérés n'ont pas pu ou n'ont pas osé l'occuper. Place de la Bourse, rue du Quatre-Septembre, place des Victoires, sont réunis des gardes nationaux du quartier, amis de l'ordre. Assez peu nombreux hier matin, 23 mars, ils ont été renforcés par des bataillons venus un à un de tous les points de Paris. Ils obéissent, disent-ils, à l'amiral Saisset, élevé au commandement supérieur de la garde nationale de la Seine. Ils croient qu'il y a des mitrailleuses dans le palais de la Bourse et dans la cour des Messageries. Le massacre de la rue de la Paix a décidé les plus timorés. On éprouve un désir réel d'en finir, par n'importe quels moyens, avec des tyrans qui, ne représentant, en somme, qu'une partie de la population parisienne, veulent dominer la cité tout entière. Ces préparatifs de résistance se font entre l'Hôtel de Ville, où siégent, formidablement défendus, les membres du Comité, et la place Vendôme, regorgeant d'insurgés. Est-ce la guerre civile, l'affreuse guerre civile qui va commencer? Une compagnie de mobiles est accourue se joindre aux bataillons de l'ordre. Des élèves de l'École polytechnique vont et viennent, de la mairie du IIᵉ arrondissement au Grand-Hôtel, où se trouvent, dit-on, l'amiral Saisset et son état-major. Un triple cordon de gardes nationaux, du côté du boulevard, défend l'entrée de la rue Vivienne aux voitures et à toutes les personnes étrangères au quartier. Néanmoins, un grand nombre de curieux triomphe de la consigne. Sur la place de la Bourse, le long des faisceaux dont les baïonnettes étincèlent au soleil, il y a une foule qui se promène, parle, gesticule. Je remarque que les poches des gardes nationaux sont singulièrement gonflées; on a distribué un nombre considérable de cartouches.

La consigne est précise : personne ne doit quitter son poste. Il y a pourtant des hommes qui sont là, debout, sans sommeil, depuis vingt-quatre heures. Même pour aller dîner, on ne s'éloigne pas du camp des Amis de l'Ordre. On se nourrit où on peut. Ceux qui n'ont pas d’argent, reçoivent des vivres ou vont manger au compte de la mairie dans un restaurant de la rue des Filles-Saint-Thomas. La soupe, le bœuf, un plat de viande, des légumes, et une bouteille de vin. « Quand les fédérés, dit quelqu’un, sauront que non-seulement on nous paye la solde, mais qu’encore on nous fait dîner comme des princes, ils reviendront tous à nous. »

On est très-décidé à obéir aux maires et aux députés de Paris. On s’étonne seulement de ne pas voir le vice-amiral Saisset. Puisqu’il a accepté le commandement, il devrait se montrer. Quelques alarmistes vont jusqu’à insinuer que le vice-amiral hésite encore à organiser la résistance. Mais on ne les écoute pas. En somme, une grande résolution et une certaine confiance. « Nous sommes nombreux, nous sommes dans notre droit, nous triompherons. »

Vers quatre heures, une alarme très-chaude. On crie : Aux armes ! de toutes parts, le tambour bat, le clairon sonne, les compagnies se groupent. On entend le cric-cric des fusils à piston déjà chargés, auxquels on ajoute la capsule et dont on fait redescendre le chien. Le moment de la lutte est arrivé. « Nous sommes plus de dix mille hommes bien armés, bien décidés. » Personne ne reculera. La compagnie de mobiles, au pas de course, va renforcer la ligne de gardes nationaux qui défend l’entrée de la rue Vivienne.

La cause de ce tumulte est un bataillon de Belleville, qui défile sur le boulevard, avec trois pièces de canon.

Que va-t-il se passer ? Arrivés devant la rue Vivienne, les insurgés semblent hésiter, on dirait qu’ils vont faire halte. En un clin d’œil, les boulevards, tout-à-l’heure encombrés de badauds, sont vides ; il n'y a plus un seul café ouvert.

A ce moment, il suffirait d'un coup de fusil tiré par mégarde, — le fait s'est produit deux ou trois fois depuis le matin ; au coin de la rue Saint-Marc, une femme accoudée à la fenêtre a failli être tuée par un maladroit ; — il suffirait même d'un cri inopportun, d'un geste de menace, pour que la bataille éclatât. Personne ne bouge ni ne parle, un *qui vive* silencieux ; je me sens frémir devant la possibilité d'un irréparable désastre. Ce moment a été, je l'affirme, terrible et solennel.

Mais le bataillon de Belleville continue son chemin en présentant les armes le premier ; nous lui rendons les mêmes honneurs. Il passe, le danger s'éloigne avec lui, un soupir de soulagement sort de toutes les poitrines ; deux secondes plus tard, il y avait foule sur les boulevards.

XII.

Il est deux heures du matin. M'ennuyant de la longueur des heures, j'écris ces quelques lignes assis sur le seuil d'une porte, en face du restaurant Catelain, à la lueur d'un réverbère.

Dès la nuit tombante, on a pris des précautions. Qui nous commande? Nous ne savons pas au juste, mais il nous semble qu'il y a un plan de défense sérieux et exécuté avec prudence. Est-ce l'amiral Saisset qui est à notre tête? On l'espère. Les Parisiens, si souvent trompés par leurs chefs, ont cependant un irrésistible besoin d'avoir confiance en quelqu'un. Ce soir, on croit en l'amiral. De temps en temps, les chefs de bataillon vont se concerter à la mairie et reviennent avec des ordres précis. Nous sommes une véritable armée, dont le centre est place de la Bourse et dont les ailes s'étendent dans les rues environnantes. Des lignes de gardes nationaux barrent toutes les issues ; à soixante pas devant eux, se promènent des sentinelles avancées, prêtes à se replier à la première alarme et à donner l'éveil. Derrière les lignes qui défendent l'entrée des rues, il semble qu'il n'y ait personne : le silence, la solitude. Mais les maisons sont occupées ; toutes les portes, par ordre, sont restées ouvertes ; les fenêtres des premiers étages sont entrebaillées. Chaque compagnie, divisée en trois ou quatre escouades commandées par des sergents, s'est emparée d'une ou de plusieurs maisons. Au premier signal, les portes donnant sur la rue seraient fermées, on se précipiterait aux fenêtres et de là on pourrait faire feu sur les assaillants. Un chef de bataillon nous a dit : « Il est possible que nous soyons attaqués, tenez-vous prêts. A l'approche de l'ennemi, les gardes qui sont aux abords de la rue se replieront sous le feu et trouveront asile dans les maisons. Vous, des fenêtres, vous tirerez sans relâche, vous efforçant d'atteindre les insurgés qui attaqueraient les portes des maisons qui se trouvent en face de vous. Pendant ce temps, le gros de nos forces s'ébranlera et viendra à votre secours, précédé par des mitrailleuses qui balayeront la rue. » Nous attendons, résolus à obéir, assez calmes en général, mais priant Dieu,—on se souvient du

Ciel dans ces heures terribles, — de ne pas avoir à employer les armes détestées. La nuit est très-belle. Quelques-uns causent à voix basse sous les portes ; d'autres dorment, dans leurs couvertures, sur les carreaux, la nuque sur la première marche de l'escalier. Aux derniers étages des maisons, quelques habitants curieux veillent encore ; on voit de la lumière à travers les rideaux blancs ; le reste des maisons est sombre. Pas un bruit, sinon quelquefois, sur le boulevard, le son lourd d'une charrette, — c'est peut-être un canon qu'on traîne, — et plus près de nous, le bruit d'un fusil qui glisse le long de la muraille et tombe sur la pierre. D'heure en heure, des pas nombreux et réguliers : c'est notre compagnie de gardes mobiles qui va faire une patrouille ; quand ils reviennent, on les interroge.

— Rien de nouveau ?

— Rien.

— Jusqu'où avez-vous été ?

— Jusqu'à la rue de la Paix.

— Croyez-vous qu'ils attaqueront ?

Et les patrouilles passent, les causeurs reprennent leur conversation, les dormeurs se rendorment. Nous attendons toujours. Veuille le ciel que ce soit en vain !

XIII.

Jamais je n'ai vu avec plus de joie le jour se lever. Tous les hommes, à la suite d'un grand malheur, ont eu de ces nuits lugubres, où il semble que les ténèbres seront éternelles, et où le désir de la clarté devient un désespoir. Mais jamais aurore ne m'a été plus douce que celle qui a suivi cette horrible nuit. Tout danger de collision disparaissait-il avec l'ombre ? Non certes. Il se pouvait que les fédérés, pour nous attaquer, eussent attendu le matin, c'est-à-dire l'heure où la fatigue est la plus grande, la somnolence presque invincible, et la surveillance, par conséquent, moins active. Cependant le jour nous rassurait ; il nous semblait que le crime de la guerre civile n'oserait pas se produire en pleine clarté. Nous avions eu peur de la nuit ; la nuit était passée ; nous nous sentions plus légers, presque heureux.

Pourtant, tout le monde ne partageait pas cette confiance. Je me souviens d'un incident qui m'a fait sourire.

Un peu avant le jour, un de nos compagnons, couché à côté de moi, s'était levé. Il fit longtemps les cent pas dans la rue, comme pour secouer le froid du matin. Par distraction, je le suivais des yeux ; il marchait sur le trottoir des maisons qui s'adossent au passage des Panoramas. De temps en temps, il jetait un coup-d'œil au delà des portes ouvertes. Je le vis entrer dans une maison et ressortir d'un air mécontent ; il renouvela trois ou quatre fois la même manœuvre. Enfin, après avoir séjourné pendant quelques secondes dans un corridor, à côté du restaurant Catelain, il reparut dans la rue en se frottant les mains d'un air satisfait, et se dirigea de mon côté.

— Monsieur, me dit-il à voix basse, de façon à ne pas être entendu de nos voisins, est-ce que vous approuvez ce plan de bataille qui consisterait, en cas d'attaque, à tirer des fenêtres sur les assaillants?

— C'est la guerre des rues, répondis-je; espérons que nous n'aurons pas à la faire.

— Oh! oui, espérons-le, fit-il avec un soupir. Moi, j'aurais préféré qu'on prît d'autres dispositions.

— Et pourquoi cela?

— Dame, vous comprenez; quand nous serons enfermés dans les maisons, les insurgés essayeront d'y pénétrer.

— C'est probable.

— Et s'ils y pénètrent?

— Il nous arrivera du renfort de la place de la Bourse avant qu'ils puissent forcer les portes.

— Sans doute, sans doute; mais quelquefois le renfort arrive trop tard, et si les fédérés avaient le temps d'entrer, ils nous fusilleraient comme des chiens dans les chambres sans issues.

— Ce serait fort désagréable. Mais que voulez-vous? Il faut avoir du cœur; quand on se bat, on risque d'être tué.

— Vous croyez donc, monsieur, qu'on agirait comme un poltron en essayant de se ménager une porte de sortie, comme on dit, pour le cas où les insurgés s'empareraient des maisons?

— Comme un poltron, non, mais comme un homme très-prudent.

— Eh bien! monsieur, je suis prudent, moi! s'écria mon camarade avec un air de triomphe; et je crois que j'ai trouvé.....

— La porte de sortie?

— Justement. Vous voyez ce corridor en face de nous ? Au bout de ce corridor, il y a une porte qui donne..... devinez où ?

— Dans le passage des Panoramas, je pense.

— Oui, monsieur, dans le passage. Vous comprenez le reste ?

— Médiocrement.

— Je m'explique. Les insurgés arrivent ; nous nous précipitons dans ce corridor, nous fermons la porte de la rue, nous gagnons notre poste aux fenêtres du premier étage, et, ma foi, nous faisons feu sur les fédérés jusqu'à la dernière cartouche. Mais ces diables, pendant ce temps, ont essayé d'enfoncer la porte à coups de crosse. Elle n'est pas très-forte, la porte ; ils sont beaucoup plus nombreux que nous, ils vont entrer, ils entrent. Alors, que faisons-nous ?

— Nous nous plaçons au sommet de l'escalier, et si nous n'avons plus de cartouches, nous les recevons à la baïonnette.

— Ah ! vous croyez que nous faisons cela ?

— Il le faut bien.

— Eh bien ! moi, je croyais, continua-t-il un peu honteux, qu'on aurait pu, par la porte qui ouvre sur le passage.....

— S'enfuir ?

— Oh ! non, se mettre en sûreté.

— Si nous en venons là, répondis-je, vous agirez à votre fantaisie. Mais laissez-moi vous dire que votre plan ne vaut rien ; le passage est occupé par une centaine des nôtres, et toutes les issues en sont fermées.

— Pas toutes.

— Pas toutes?

— Non, et c'est justement pour cela que je suis venu vous parler. Vous êtes journaliste, n'est-ce pas?

— Oh! si peu.

— Mais enfin, vous l'êtes?

— Si cela peut vous être agréable.

— Et vous connaissez des acteurs, vous allez leur rendre visite quelquefois, le soir, dans les chambres où ils se costument, pendant qu'on joue la comédie?

Je regardais mon brave camarade avec une stupéfaction réelle.

— Vous devez donc connaître les dispositions intérieures des théâtres, les couloirs, les trappes?

— Quand même je connaîtrais tout cela, en quoi ma science pourrait-elle vous être utile?

— Elle me sauverait, monsieur! Nous traversons le passage, nous gagnons la galerie où se trouve l'entrée des artistes du théâtre des Variétés; vous sonnez, le concierge vous connaît, nous entrons, vous me guidez dans les escaliers, dans les coulisses; nous trouvons quelque machine de théâtre, un coffre, n'importe quoi, nous nous fourrons dedans, nous attendons la fin de la bagarre, et enfin, quand tout est bien fini.....

— Nous sortons par la grande porte du boulevard, et nous allons tranquillement déjeûner pendant que, sur les escaliers de la maison que nous devions défendre, on ramasse les cadavres de nos camarades!

Le pauvre homme me considéra, consterné, puis il s'en alla, et pendant un instant je ne le vis plus. Je compris que je lui avais fait de la peine. J'avais peut-être eu tort de lui faire sentir si nettement ce qu'il y avait de

coupable dans son projet. Je le connaissais depuis plusieurs mois ; il loge dans la rue où j'habite ; il a femme
et enfants. N'avait-il pas un peu le droit de songer à
protéger sa vie ? Je songeai un instant à cela, puis je
n'y songeai plus.

Vers quatre heures du matin, il y eut une alarme encore ;
en un clin d'œil tout le monde fut sur pied ; on enjamba les
escaliers, on se précipita aux fenêtres. La maison qui
avait été assignée à mon escouade était celle justement
qui avait inspiré à mon camarade son projet d'évasion.
Je le trouvai arrivé avant moi dans la chambre d'où nous
devions faire feu.

— Ah ! vous ne savez pas ce que j'ai fait? me dit-il.

— Non.

— Eh bien ! la porte dont je vous ai parlé, la porte
qui ouvre sur le passage, vous vous rappelez ?

— Parfaitement.

— Il y avait une clé à cette porte ; je lui ai fait faire
deux tours dans la serrure, et je suis allé la jeter dans
le trou de l'égout. Ah ! ah ! celui qui voudrait s'échapper
par là serait bien attrapé.

Je serrai la main de ce brave homme ; il était tout
joyeux, et j'étais fort content aussi. Si profond que soit
l'abaissement momentané de la France, il serait absurde de désespérer d'un pays où les poltrons même
sont braves !

XIV.

Vendredi 24 mars, à neuf heures du matin, nous sommes encore dans le quartier de la Bourse ; il y a des

hommes qui n'ont pas dormi depuis quarante-huit heures. On est fatigué, mais toujours résolu. Notre nombre s'accroît de moment en moment. Je viens de voir arriver successivement trois bataillons, presque complets, clairons en tête. On va pouvoir accorder quelques heures de repos aux gardes nationaux qui ont fait le plus long service. Cependant que se passe-t-il ? Nous ne savons rien de précis. Les fédérés se fortifient de plus en plus place de l'Hôtel-de-Ville et place Vendôme. Ils ont beaucoup d'artillerie et sont très-nombreux. Pourquoi n'attaquent-ils pas ? N'ont-ils, comme nous, qu'un projet, celui de se tenir sur la défensive ? Certes, ce ne seront pas nos mains qui, les premières, feront couler le sang français. Pendant cette hésitation commune, les heures s'écoulent, apaisant les esprits. Les députés et les maires de Paris intercèdent auprès de l'Assemblée nationale pour obtenir la reconnaissance de nos franchises municipales. Si le Gouvernement a le bon esprit de faire des concessions, aussi légitimes d'ailleurs qu'elles sont urgentes, s'il ne s'immobilise pas dans la résistance par suite de la conviction qu'il est dans son droit ; en un mot, s'il se souvient de cet axiome : « *Summum jus, summa injustitia,* » la guerre civile pourra être évitée. On dit, et je crois en effet, que les gardes nationaux fédérés ne considèrent pas sans quelque effroi les suites de l'aventure où ils se sont précipités. Les chefs aussi doivent être inquiets. Ceux mêmes qui se sont affirmés irréconciliables dans l'enivrement du triomphe, ne seraient peut-être pas fâchés qu'un peu de condescendance de la part de l'Assemblée leur offrît un prétexte de ne pas s'engager plus avant dans la rébellion. Tout à l'heure, des gardes du

117ᵉ bataillon, dont une partie est affiliée au Comité central, sont venus, en passant comme par hasard, causer avec nos avant-postes. La guerre civile à outrance ne paraît pas leur plus ardent désir. Quelques-uns disaient :

— On a battu la générale , je suis venu. On me donne la solde, j'obéis.

Étaient-ils sincères? Venaient-ils pour se rallier ou pour nous épier ? D'autres, plus résolus ou moins sournois, disaient franchement :

— Nous voulons la Commune : nous l'aurons à tout prix.

Mais ceux-là étaient peu nombreux. Si la majorité des insurgés pense comme le petit nombre qui est venu lier conversation avec nous, on peut croire, sans se faire trop d'illusions, qu'une entente est devenue possible. On vient de me raconter un incident qui confirme cette espérance :

Le Comptoir d'escompte était occupé par un poste de fédérés. Une compagnie du IXᵉ arrondissement, restée fidèle au Gouvernement, vint pour les relever de garde.

— Vous êtes là depuis deux jours ; allez vous reposer.

Ils refusèrent de céder la place.

— Nous sommes du quartier ; vous êtes de Belleville ; c'est à nous de garder le Comptoir d'escompte.

Ils ne voulurent rien entendre.

— Allez vous-en : on vous donnera 100 francs.

Ils ne se le firent pas répéter deux fois, acceptèrent l'argent et partirent. Des gens dont on peut acheter la conscience à raison de 2 francs par tête,—car ils étaient cinquante,—n'ont pas des convictions politiques bien formidables. J'oubliais de noter que ce poste de fédérés était commandé par l'Italien Tibaldi, le même qui a été arrêté dans les couloirs de l'Hôtel de Ville, pendant l'échauffourée du 31 octobre.

XV.

Tout va bien; dans quelques heures peut-être tout ira mieux. On se réjouit d'avance d'une pacification désormais probable, presque certaine. Il fait du soleil; les boulevards se couvrent de promeneurs, de promeneuses même aux figures épanouies. D'où vient ce contentement? D'une affiche placardée au même instant sur tous les murs de Paris. Je la copie avec joie; je la copierais plutôt deux fois qu'une.

« Chers concitoyens,

« Je m'empresse de porter à votre connaissance que, d'accord avec les députés de la Seine et les maires élus de Paris, nous avons obtenu du gouvernement de l'Assemblée nationale :

« 1° La reconnaissance complète de vos franchises municipales;

« 2° L'élection de tous les officiers de la garde nationale, y compris le général en chef;

« 3° Des modifications à la loi des échéances;

« 4° Un projet sur les loyers, favorable aux locataires, jusques et y compris les loyers de 1,200 francs.

« En attendant que vous confirmiez ma nomination, ou

que vous m'ayez remplacé, je resterai à mon poste d'honneur pour veiller à l'exécution des lois de conciliation
que nous avons réussi à obtenir, et contribuer à l'affer-
missement de la République !

« Paris, 23 mars.

« *Le Vice-Amiral, Commandant provisoire,*

« SAISSET. »

A la bonne heure ! cela est net, précis, opportun,
complet. L'Assemblée nationale a compris que, dans
une cité comme Paris, une révolution à laquelle parti-
cipe un tiers environ de la population, ne peut pas avoir
pour but unique de tuer et de dévaliser ; que si, parmi
les réclamations de la foule, il y en a d'illégitimes ou de
prématurées, il y en a néanmoins plusieurs aux-
quelles il est équitable de faire droit. Paris n'a jamais
tout à fait tort. Certes, parmi les auteurs et les manœuvres de la sédition du 18 mars, il est plus d'un coupable.
Il faudra rechercher et punir les assassins du général
Lecomte et du général Clément Thomas. Sur le massacre
de la rue Vendôme, toutes les honnêtes gens exigeront
une enquête sérieuse et minutieuse. Mais, on peut et il faut
le dire, on ne compte pas que des ivrognes et des énergumènes parmi les fédérés, chefs ou soldats. Quelques
hommes s'enivrant dans les débits de liqueurs — j'ai eu
peut-être tort d'insister moi-même dans ces notes sur le
côté « beuverie » du mouvement insurrectionnel —
quelques hommes ivres ne doivent pas nous autoriser à
traiter d'ivrognes cent mille hommes parmi lesquels il y
a certainement des gens honorables et convaincus de la

justice de leurs revendications. Ces chefs improvisés, inconnus, que la révolution a choisis, sont-ils tous indignes d'estime et dénués de capacités? Il y a peut-être chez eux des forces vives et nouvelles, qu'il sera juste et même nécessaire d'utiliser. Les idées qu'ils représentent doivent être étudiées, et, si on les reconnaît bonnes, mises en pratique. C'est ce que l'Assemblée a compris et c'est ce qu'elle fait. Par des concessions qui, loin de diminuer son prestige, l'augmentent, elle met en demeure tous les cœurs et tous les esprits honnêtes — soldats ou chefs — de se rallier à elle. Ceux qui, après la proclamation du vice-amiral Saisset, refuseraient encore de reconnaître le Gouvernement, ne seraient plus des gens agissant en faveur de Paris et de la République, mais de coupables émeutiers poursuivant, par la plus criminelle des voies, la satisfaction de passions inavouables. Ainsi le bon grain va être séparé de l'ivraie. Oh! cette ivraie, s'il le faut, nous l'arracherons sans pitié. Hier, avant-hier, place de la Bourse, place des Victoires, dans tout le quartier de la Banque, on était résolu à résister — à le résister seulemnt, car nu de nous, je l'affirme, n'aurait tiré un coup de fusil sans avoir été provoqué;—mais à cette résolution même se mêlait une horrible tristesse, et un peu d'hésitation aussi. Nous savions que nos balles — si nous avions été attaqués — auraient pu frapper bien des innocents, égarés sans doute, mais innocents; peut-être, au moment suprême, le fusil nous serait-il tombé des mains. Aujourd'hui, rien de pareil. En reconnaissant nos droits, l'Assemblée s'est mise dans son droit; nous considérons désormais toute rébellion contre son autorité accrue par l'emploi qu'elle en fait, comme un crime digne d'un châtiment immédiat. Auparavant, craignant d'être abandonnés ou mal compris par elle, nous avions formé le projet d'obéir à nos maires et à nos députés librement élus par nous; mais, par sa judicieuse conduite, le Gouvernement nous prouve qu'il n'a point cessé d'être digne de notre confiance. Qu'il commande donc! nous obéirons.

A vrai dire, ce revirement dans l'attitude de l'Assemblée est aussi singulier qu'heureux. Elle parlait, hier encore, d'un autre style. La réception que la majorité a faite à nos maires ne permettait guère d'espérer un dénoûment aussi favorable aux intérêts de tous. Mais qu'importe ce qui s'est passé? Pas de récriminations. Réjouissons-nous du bien présent, sans songer aux malheurs qui semblaient imminents. On raconte de toutes parts que les députés de la Seine et les maires, munis de pleins pouvoirs, règlent en ce moment même les conditions de l'accord. On parle des élections municipales pour le 2 avril; ainsi disparaîtrait promptement toute cause de dissidence. A merveille! Paris est content. Les boutiques se rouvrent. On se promène. La place Vendôme garde encore son aspect renfrogné, mais tout cela va finir. Quel beau temps! On se parle sans se connaître, on se sourit, un peu plus on s'embrasserait. C'est aujourd'hui vendredi, non, c'est dimanche. Ah! cette brave Assemblée!

XVI.

Dans la maison que j'habite, il y a, au rez-de-chaussée, un atelier de tapisserie. Avant-hier le patron est sorti pour rapporter de l'ouvrage, et ce matin il n'était pas encore rentré. Inquiète, sa femme l'a cherché par toute la ville. On vient de le trouver, tué, à la Morgue. On raconte qu'il a reçu une balle dans la tête, l'autre jour, rue de la Paix : il passait là par hasard. Le *Journal officiel* de Paris, au contraire, affirme que ce pauvre homme, nommé Wahlin, est un des gardes nationaux assassinés par les révolvers de la manifestation. Où est la vérité ? Le plus clair c'est qu'on l'enterrera demain et que sa femme est veuve.

XVII.

Que signifie tout ceci ? Qui a-t-on voulu tromper, et qui est le trompeur ? Nous attendons en vain l'effet des promesses du vice-amiral Saisset. Quand il a, officiellement, annoncé que l'Assemblée avait cédé aux justes prières des maires et des députés, a-t-il pris sur lui de faire passer ses espérances pour des faits accomplis ? Ce qu'il y a de certain, c'est que le Gouvernement ne fait aucune concession, c'est qu'il n'y a eu en somme qu'une proclamation de plus, et que le commandant provisoire de la garde nationale nous a induits en erreur — dans une intention honorable, peut-être — ou qu'il a été déçu comme nous. Tous les efforts des députés de la Seine et des maires de Paris ont échoué devant l'apathie de l'Assemblée. C'est en vain que Louis Blanc a supplié les représentants de la France d'approuver la conduite conciliatrice des représentants de Paris.

— Vous prenez la responsabilité de ce qui va arriver ! s'est écrié M. Clémenceau.

Il a eu raison. Un peu de condescendance pouvait tout sauver ; tant d'obstination peut tout perdre. Destitués de l'appui de l'Assemblée, abandonnés à eux-mêmes, les députés et les maires de Paris, désireux avant tout d'éviter la guerre civile, ont dû céder au Comité central qui exigeait des élections municipales immédiates. Ils ont bien fait, mais, en s'humiliant devant la force, ils ont singulièrement compromis leur autorité. Ce que l'Assemblée, représentant la France tout entière, pouvait faire sans déchoir, et en reconquérant, au contraire, toute sa puissance, ils ont voulu, ils ont dû le faire, au risque de compromettre leur influence ; ce qui, venant d'elle, n'eût été qu'une concession honorable, est, venant d'eux, une soumission dangereuse, nécessaire pourtant. Le Comité eût été annulé, grâce à des élections municipales consenties par l'Assemblée : il triomphe, grâce à ces élections subies par les députés et les maires de Paris. Ce qui résulte de l'humiliation à laquelle l'entêtement du Gouvernement a contraint nos représentants, qui n'ont pas eu d'autres moyens d'éviter l'effusion du sang, c'est l'abdication de toute autorité entre les mains du Comité central qui fait élire la Commune, entre les mains des membres de la Commune qui seront élus dans une heure. Dénués de gouvernement, par suite du départ du Chef du pouvoir exécutif et des ministres, nous étions groupés autour de nos représentants; ceux-ci, non soutenus par l'Assemblée, sont obligés de se soumettre aux révolutionnaires. Nous n'avons plus à choisir qu'entre l'anarchie et la Commune.

Voilà pourquoi aujourd'hui dimanche 26 mars, la plupart des Parisiens sont au scrutin. C'est en vain que plusieurs journaux ont dit : « Ne votez pas ! » C'est en vain que, prévenus hier des élections d'aujourd'hui, les citoyens n'ont pas eu le temps de se concerter sur le choix qu'ils ont à faire; ils votent cependant. Ceux qui n'obéissent pas aux suggestions du Comité central éliront les maires déjà élus, les députés au besoin, mais enfin ils prendront part aux élections. L'attitude expectante du Gouvernement régulier a fait beaucoup en faveur de la révolution. Les torts de l'Assemblée diminuent l'horreur que font éprouver les crimes de l'émeute. Dans les groupes, on n'a pas cessé de réprouver hautement le double assassinat des généraux Clément Thomas et Lecomte, mais quelques personnes peuvent faire observer, sans être interrompues, que le Comité central a déclaré n'être pour rien dans ces exécutions. Le bruit que les deux prisonniers ont été fusillés par des lignards prend de la consistance et semble moins invraisemblable. Quant au massacre de la rue de la Paix, on se dit que cet événement est resté obscur, que les témoignages sont contradictoires, etc..., etc... Il y a évidemment un mouvement de réaction assez prononcé en faveur des partisans de la Commune. Sans approuver leurs actes, on ne conteste pas leur activité. Ils ont fait beaucoup de choses en peu de temps. Quelques-uns disent : « Ce sont

des hommes ! » et cette attitude effraye profondément
tous les esprits sensés demeurés fidèles à l'Assemblée,
qui n'a pas cessé d'être, malgré ses erreurs, la France
elle-même, légalement représentée. Situation cruelle !
Paris se trouve obligé de choisir entre un gouvernement
régulier auquel il voudrait obéir, mais qui lui rend par
ses fautes l'obéissance impossible, et un pouvoir illégitime, coupable même, souillé de crimes, mais qui représente, dans quelques-unes de ses exigences, les
aspirations de la majorité républicaine. De sorte que ce
soir la Commune existera ! « Oh ! dira-t-on, elle existera
de fait, non de droit ! » Sans doute, les partisans à
outrance de la légalité pourront considérer comme non
avenues des élections manifestement entachées de nullité, puisqu'elles auront été faites contre la volonté nationale figurée par l'Assemblée. Elles auront eu lieu
cependant. Un fait n'est jamais sans importance. Dans
deux heures, le Pouvoir exécutif de la République devra
compter, qu'il le veuille ou non, avec une force qui aura
acquis tout le semblant de légalité qu'elle pouvait se
donner dans les circonstances actuelles.

XVIII.

Foule dans les rues, foule dans les promenades. Pendant ce temps, on vote. Ce soir, tous les théâtres ouvri-
ront leurs portes. Dans le IIe arrondissement, M. Tirard,
maire, a beaucoup de chances. Il fait le plus beau soleil

du monde ; je me mêle aux promeneurs. Sous le péristyle du théâtre du Châtelet, les électeurs font queue. On s'arrête quelques instants devant des bateleurs qui ont tendu leurs cordes devant la fontaine. Ils sont fort adroits, ma foi ! Dans cet arrondissement, les candidats du Comité central seront certainement élus. Les femmes portent déjà des toilettes de printemps ; robes claires et chapeaux légers. On dit qu'il y a beaucoup de canons à l'Hôtel de Ville. Dans le square des Arts-et-Métiers, des amies se rencontrent : « Vous êtes seule, madame ? » « Oui, madame, j'attends mon mari qui est allé voter. » Les enfants sautent à la corde et disent : « Maman, qu'est-ce que c'est que la Commune ? » Les cochers profitent de la révolution pour exiger des salaires extravagants ; ce qui ne les empêche pas d'avoir des opinions politiques. J'en ai rencontré un qui ne devait pas être favorable au Comité central.

— Cocher, combien la course ?

— Cinq francs, monsieur.

— Eh bien ! soit. A la mairie Drouot !

— Pardon, monsieur. Est-ce que monsieur va voter ?

— Oui.

— Oh ! alors, c'est dix francs.

Je consens, et nous partons. Sur le boulevard de Strasbourg, beaucoup de bourgeois endimanchés, des marchands de livres, de toupies, de parfumerie, de cartes transparentes, et des nuées de mendiants. Dans ce quartier de Paris la révolution ressemble à une foire.

A la mairie du IXe arrondissement, peu de monde. Je cause avec un des membres du bureau.

— Jamais, me répondit-il, on n'a voté avec tant d'empressement.

Je rencontre un ami qui revient de Belleville.

— Eh bien? dis-je.

— On vote en bon ordre, comme on irait à la bataille. On ne choisit pas, on obéit.

— Au Comité central?

— Oui, mais le Comité lui-même obéit.

— A qui?

— A l'Internationale, parbleu !

Au coin de la rue Drouot, il y a un groupe devant une affiche. Je crois que l'on commente la proclamation d'un candidat. Pas du tout; on lit une affiche de théâtre. La foule est compacte et bavarde. Toutes les tables des cafés sont garnies de filles rousses. Çà et là, parmi elles, des Garibaldiens rouges, comme des coquelicots dans les blés. Des estafettes, ventre à terre, passent et repassent, allant d'une section à l'autre. On commence à connaître quelques résultats. A Montrouge, à Bercy, aux Batignolles, au Marais, les membres du Comité central sont élus, dit-on, à une très-forte majorité. « Demandez la grande conspiration du citoyen Thiers contre la République ! » crie un gamin enroué. Un autre hurle : « Voilà de quoi rire ! demandez l'instruction pour les grandes filles qui veulent se marier! » Il est probable que M. Desmarets sera élu dans le IXe arrondissement. On va, on vient, on se chauffe au soleil. Pendant ce temps, le sort de la cité se décide. Un monsieur passe et dit : « Il paraît que Lesueur a beaucoup de succès dans la *Partie de piquet*. » Ah! Paris, Paris!

XIX.

C'en est fait! Nous avons un « Conseil municipal, » disent les uns, « une Commune, » disent les autres. Régulièrement élue? Non, mais enfin, élue. Quatre-vingts conseillers. Parmi eux, soixante inconnus. Qui donc les a recommandés, disons mieux, imposés à leurs électeurs? Y a-t-il véritablement une puissance occulte agissant sous le couvert de l'ex-Comité central? La Commune n'est-elle qu'un prétexte? Sommes-nous en présence, non pas d'un mouvement municipal, mais d'une révolution politique ou plutôt sociale? J'ai entendu prononcer ces mots par un partisan des idées nouvelles : « Le prolétariat revendique ses droits injustement détenus par l'aristocratie bourgeoise. Voici le 89 des travailleurs! » 89 ou 93? Une autre personne, exprimant absolument la même chose sous une forme tout à fait différente, m'a dit : « C'est la révolte de la canaille contre toute suprématie, suprématie de la fortune et suprématie de l'intelligence. On a proclamé l'égalité des hommes devant la loi; on proclamera l'égalité des intelligences. Le suffrage universel sera remplacé par le hasard. Il y a eu un temps à Athènes où l'on tirait d'un sac, comme on joue au loto, les noms de ceux qui seraient archontes. » En attendant que la révolution actuelle révèle nettement ses tendances, que doit-on penser des inconnus qui la représentent? Un homme, en qui j'ai la plus grande confiance, qui a consacré sa vie entière à l'étude des questions sociales, qui, par suite, a été mêlé à presque tous les groupes révolutionnaires et connaît la plupart de leurs chefs, me disait, il y a un instant, en parlant de nos conseillers municipaux : « Ce sera une Assemblée composée des éléments les plus divers. Tout n'en est pas mauvais, mais tout n'en est pas bon. On peut diviser l'ensemble en trois portions : Une dizaine de gens sérieux affiliés à l'Internationale, qui ont pensé, qui ont travaillé, qui sauront agir peut-être ; parmi ceux-ci, plusieurs étrangers. Puis des jeunes gens sans expérience et ardents, dont quelques-uns sont imbus des théories jacobines. Le troisième groupe, le plus considérable, est composé principalement des fruits secs des révolutions antérieures : journalistes, orateurs, conspirateurs ; ils sont remuants, bruyants, brouillons, mais fugaces. Ils n'auront guère d'autre lien entre eux que leur absence commune de liens avec les deux autres parties de l'Assemblée, et se confondront tantôt avec l'une, tantôt avec l'autre. Les membres de l'Internationale ont seuls une réelle valeur politique ; ce sont des socialistes. L'élément jacobin est dangereux. » Si telle est, en effet, la composition de l'Assemblée communale, quels pourront être ses actes ? Attendons, nous verrons bien. Cependant, la cité est calme. Jamais situation plus troublée n'a été en apparence plus paisible. A propos, et les Prussiens ?

XX.

Se défende qui voudra de subir l'irrésistible émotion qu'impose l'enthousiasme des foules ! Je ne suis pas un homme politique, je suis un passant qui voit, écoute et éprouve.

J'étais sur la place de l'Hôtel-de-Ville à l'heure où ont été proclamés les noms des membres de la Commune, et j'écris ces lignes tout ému encore.

Combien d'hommes étaient là ? Cent mille peut-être. D'où venus ? De tous les points de la cité. Les rues voisines regorgeaient d'hommes armés, et les baïonnettes aiguës, étincelant au soleil, faisaient ressembler la place à un champ d'éclairs.

Au milieu de la façade de l'hôtel, s'élève une estrade que domine un buste de la République coiffée du bonnet phrygien ; on a voilé de drapeaux le Henri IV de bronze. Aux fenêtres, des grappes vivantes. Des femmes sur le toit, des enfants accrochés aux sculptures de l'édifice, ou à cheval, dans les médaillons, sur la nuque des bustes.

Un à un les bataillons s'étaient rangés sur la place, en bon ordre, musiques en tête.

Ces musiques jouaient la *Marseillaise,* reprise en chœur par cinquante mille voix résolues ; ce tonnerre vocal secouait toutes les âmes, et la grande chanson, démodée par nos défaites, avait retrouvé un instant son antique énergie.

Tout à coup, le canon. La chanson redouble, formidable ; une immense houle d'étendards, de baïonnettes et de képis, va, vient, ondule, se resserre devant l'estrade. Le canon tonne toujours, mais on ne l'entend que dans les intervalles du chant. Puis tous les bruits se fondent dans une acclamation unique, voix universelle de l'innombrable multitude, et tous ces hommes n'ont qu'un cœur comme ils n'ont qu'une voix.

Sur l'estrade, les membres du Comité ont pris place ; ils portent l'écharpe tricolore. L'un d'eux proclame les noms des conseillers élus.

Alors le canon retentit encore, scandant l'épouvantable voix joyeuse de la foule, qui fait trembler les vitres et remplit tout l'espace.

Ah ! peuple de Paris ! toi, qui, le jour de la « crosse en l'air, » t'enivrais dans les cabarets de Montmartre, toi qui as fourni les assassins de Thomas et de Lecomte, toi qui, rue de la Paix, as fusillé les passants, peuple extraordinaire, exécrable souvent, combien tu sais aussi, dans tes jours de magnificence, être puissamment beau, et quel volcan de passions généreuses brûle donc en toi pour que parfois, à ton approche, les cœurs même de ceux qui te condamnent se sentent dévorés et purifiés par tes flammes !

XXI.

« Citoyens, dit le *Journal officiel* de Paris, votre Commune est constituée. » Et, immédiatement, décrets sur décrets. Aimez-vous les affiches blanches ? on en a mis partout. Car, que faire à l'Hôtel de Ville, à moins que l'on ne décrète ?

La conscription est abolie. On ne verra plus, leurs numéros à leurs casquettes, s'en revenir par la ville ces pauvres jeunes gens ivres du patriotisme qu'ils avaient bu dans les débits de liqueurs. Plus de soldats ! En revanche, nous serons tous gardes nationaux. Voilà un glorieux décret ! comme dit Edgar Poë.

Autre décret : « La vente des objets engagés au Mont-de-Piété est suspendue. » Fort bien. « Mais moi, me dit un pauvre diable, moi qui espérais toucher un boni? » Que voulez-vous? On ne saurait contenter tout le monde.

Voyez plutôt les propriétaires : leur ivresse n'est que médiocre. Les locataires eux-mêmes paraissent moins satisfaits qu'ils ne devraient l'être. Ne pas payer son loyer! Chance admirable! Mais ils n'osent pas croire à leur bonheur. Tel, quand Orphée, essayant d'arracher Eurydice « au ténébreux empire, » interrompit par ses « accents harmonieux » les supplices des damnés, Prométhée ne montra pas autant de joie qu'il aurait dû en avoir en sentant que le bec du vautour ne lui déchiquetait plus la rate ni le foie; il se disait : « Ça ne durera pas. » Orphée, c'est la Commune; Eurydice, c'est la liberté; le « ténébreux empire » c'est le gouvernement du 4 septembre; les « accents harmonieux, » ce sont les décrets de la Commune; Prométhée, c'est le locataire ; et le vautour, c'est M. Vautour.

Sans ironie cependant, — car hélas! on essaye, çà et là, de sourire; — le décret qui fait remise aux locataires des termes d'octobre 1870, janvier et avril 1871, ne me paraît pas complétement absurde; et, de bonne foi, je ne vois guère ce que l'on pourrait objecter aux quelques lignes qui le précèdent : « Considérant que le travail, l'industrie et le commerce ont supporté toutes les charges de la guerre, qu'il est juste que la propriété fasse au pays sa part de sacrifices..... » Raisonnons un peu, monsieur et cher propriétaire. Vous avez une maison, une maison où j'habite. Il est vrai que les che-

minées fument et que vous vous êtes énergiquement
refusé à les faire ramoner. Mais enfin, cette maison dont
les cheminées fument, vous la possédez et vous avez
quelque droit à en tirer profit. Remarquez bien que je
ne conteste pas votre droit. Moi, je ne possède pas le
moindre immeuble, mais j'ai un outil, — plume, aiguille
ou marteau — qui, en temps ordinaire, me fait vivre et
me permet de payer, avec une régularité relative, mes
termes. Si je n'avais pas eu cet outil, vous vous seriez
bien gardé de me céder tout ou partie de votre maison,
car vous m'auriez très-justement jugé dépourvu de
toute possibilité de payer mon loyer. Or, pendant la
guerre, à quoi m'a servi mon outil? à peu de chose,
c'est incontestable. Il est resté parfaitement oisif dans
l'encrier, ou dans la pelote, ou sur l'établi. Non-seulement je n'ai pas pu l'utiliser pour ma propre subsis-
tance, mais j'ai perdu l'habitude de l'employer, et il me
faudra plus d'une semaine pour me remettre au travail.
Vous, pendant que je ne travaillais pas et que, par conséquent, je mangeais peu, que faisiez-vous? Oh! sans
doute, vous n'étiez pas heureux comme vous l'avez été
aux jours triomphants de l'Empire. Mais enfin, on n'a
ramassé qu'un nombre assez peu considérable de propriétaires morts de faim au coin des bornes, et je ne
crois pas que vous vous soyez fait remarquer par votre
présence assidue dans les queues des cantines municipales. Je me suis même laissé raconter que plusieurs
de vos confrères se sont tenus à l'écart de Paris assiégé
par les Prussiens, et n'ont pas manqué de faire les
souhaits les plus ardents pour le salut de la patrie, sous
les ombrages de la Touraine, sur les jetées de la Nor-

mandie, ou dans les plaines de la Beauce, tandis que, moi, accompagné de vos vœux, je faisais les cent pas, par les nuits froides, dans la boue des fortifications. Mais je ne blâme pas les émigrés ; chacun est libre d'agir à sa guise. Ce que je blâme, c'est que, maintenant, vous me disiez : « Pendant sept ou huit mois, vous n'avez pas travaillé, et vous avez été obligé d'engager vos matelas pour nourrir votre femme et vos enfants. Pauvre homme ! je vous plains de tout mon cœur ; faites-moi l'amitié de me payer trois termes. » Ah ! non, mille fois non. Cette exigence est absurde, coupable, grotesque, et je déclare que s'il n'y avait pas de compromis possible entre la loi strictement exécutée et le décret de la Commune, je préférerais sans hésitation celui-ci à celle-là ; oui, je préférerais voir un peu de gêne, de misère si vous le voulez, remplacer momentanément la longue aisance d'un groupe, en somme peu nombreux, d'individus, que de voir vendre aux enchères, à vil prix, la dernière armoire et le dernier buffet vide de cinq cent mille meurt-de-faim.

Mais il doit y avoir un moyen de concilier les intérêts des locataires et des propriétaires. Accorder des délais aux premiers, forcer les seconds à attendre, cela suffira-t-il ? Je ne crois pas. Me donneriez-vous trois ans pour acquitter trois termes, je ne demeurerais pas moins dans l'embarras. L'outil de l'artisan n'est pas comme le champ du paysan, qui rapporte davantage quand on l'a laissé quelque temps en jachère. Pendant les tristes mois qui viennent de s'écouler, pendant ces mois où je n'ai pas travaillé, j'ai dû, pour vivre, escompter mon travail futur, et c'est à un avenir déjà grevé par un

long chômage, à un avenir pendant lequel je serai peut-
être dans l'impossibilité de subvenir aux besoins de
chaque jour, que l'on rêverait de faire acquitter les
dettes de mon passé? Illusion pure. Vous vendrez mes
meubles, si la loi vous y autorise, mais je ne payerai
pas.

La seule solution possible, croyez-le, c'est la remise
des termes échus. Mais cette remise ne doit pas avoir
lieu d'une façon générale. Qu'on fasse des enquêtes;
aux locataires placés par la guerre dans l'impossibilité
de s'acquitter, donnez quittance sans condition. A ceux
qui ont moins souffert des événements, accordez des
remises proportionnées à leurs pertes. Mais ceux que
l'invasion n'a ni ruinés ni gênés sérieusement, et ils
sont nombreux : marchands de denrées, propriétaires
de cafés, gens opulents... etc., etc..., ceux-là, faites-
les payer sur-le-champ, sans miséricorde ! Et en conséquence de cet arrangement, les propriétaires seraient
moins lésés qu'on ne se l'imagine, car ce serait surtout
des plus humbles locations qu'ils perdraient le profit.
Le décret de la Commune repose sur un principe juste,
et n'a que le tort d'être trop général.

Mais le nouveau gouvernement — car enfin c'est un
gouvernement — ne se borne pas à décréter. Il s'installe, il se constitue. Il n'a pas organisé en quelques
heures moins de dix commissions : commission exécutive, commission des finances, commission du travail,
commission des relations extérieures, commission des
services publics, commission de l'enseignement, commission des subsistances, commission militaire, commission de la justice, commission de sûreté générale.

4.

Ah ! que de commissionnaires ! Pourvu que les courses soient bien faites !

XXII.

Voyons, il s'agit de s'entendre. Qui êtes-vous ? On ne vous connaît guère. Ceux d'entre vous qui, hier encore, n'étaient pas absolument ignorés ne jouissent pas suffisamment de la confiance générale pour inspirer toute sécurité à l'égard des autres. Pour vous juger, nous attendons vos actes. Défiez-vous de donner prise à la défiance ! Vous avez fait des décrets qui, certes, peuvent être critiqués, mais qui ne sont pas absolument condamnables, car ils ont pour objet de défendre les intérêts de cette partie de la population que vous représentez particulièrement et de qui vous tenez votre mission. On vous passerait les décrets, si vous ne faisiez rien de plus grave. Hier, 30 mars, dans la nuit — pourquoi dans la nuit ? — un personnage décoré d'une écharpe rouge, et suivi d'hommes armés, s'est présenté à la compagnie d'assurances L'Union. Le garçon de service dans les bureaux n'ayant pas voulu donner les clefs de la caisse, on a enfoncé la porte à coups de crosse, apposé les scellés sur le coffre-fort, et arrêté l'employé qui n'avait fait que son devoir. Que signifie ceci ? Avez-vous été élus pour enfoncer des caisses et mettre des scellés sur des coffres-forts ? La même nuit, à la même heure à peu près, un de mes amis, en regagnant son domicile qui se trouve de l'autre côté de l'eau, a vu les fenêtres de l'Hôtel de Ville brillamment éclairées. « Oh! oh! s'est-il dit, un bal, déjà? » Il s'est informé. Ce n'était pas un bal, c'était mieux que cela. Trois ou quatre cents gardes nationaux de Belleville avaient envahi les salons de l'Hôtel et s'y étaient fait servir à souper. Ils avaient auprès d'eux leurs compagnes, légitimes ou non. On buvait, on riait, on chantait. Qu'entendez-vous par là, messieurs de la Commune? Avez-vous été élus pour tenir table, et vous disposez-vous à faire écrire sur la façade de l'édifice municipal : « Salons pour noces et festins » au dessous de Liberté, Égalité, Fraternité?

XXIII.

— Vous ne sortirez pas !
— Je sortirai.
— Vous, oui; les meubles, non.
— Et qui m'empêchera d'emporter mes meubles?
— Moi!
— Allons donc !
— Filou !
— Voleur !

Et les injures de redoubler. A la porte, une voiture de déménagement déjà remplie, tout autour cinquante commères glapissant à qui mieux mieux, et les gens du quartier se tordant aux fenêtres, et les passants riant à gorge déployée.

C'était un partisan de la Commune qui profitait du décret. D'abord les choses s'étaient passées assez pacifiquement. Le concierge, surpris par l'arrivée de la voiture et le brusque enlèvement des meubles, n'avait pas osé résister, mais le propriétaire, averti sans doute par quelque pressentiment, était survenu, et de là la bagarre.

Or, le locataire était un homme tenace. Lui-même, sur ses épaules — car les déménageurs gardaient une neutralité prudente — il porta son dernier meuble qui était une table de nuit. Elle allait disparaître derrière les toiles noires, quand le propriétaire, pareil à un avare que l'on dépouille de son trésor, la saisit et la déposa sur le trottoir. Le locataire la reprit et la replaça dans la charrette. Le propriétaire recommença sa manœuvre, le locataire ne renonça pas à la sienne. Enfin, au milieu des rires grandissants, ils empoignèrent tous deux à la fois l'objet en litige, l'enlacèrent, le pressèrent, et pendant ce temps, la porte de la table s'ouvrit, quelque chose de fragile s'en échappa, et les habitants de la rue Richer purent croire qu'ils assistaient à une scène de pantomime, au théâtre des Funambules. C'est alors que le locataire fit voir qu'il était un homme capable de résolution ! Profitant de la surprise du propriétaire, il lança d'un bras viril la table dans la charrette, bondit sur le siége, fouetta les chevaux, et disparut au grand galop des trois rosses, poursuivi par les acclamations des passants, par les cris des déménageurs et par la malédiction du propriétaire, qui, bientôt, demeura seul devant la porte de sa maison, tendant ses poings fermés et murmurant : Brigand !

XXIV.

Que de malles! Les personnes même qui ont assisté à l'émigration des braves pendant les journées qui ont précédé le siége, n'auraient jamais pu soupçonner qu'il y eût tant de malles à Paris. Coffres confortables, au couvercle convexe, malles de bois noir, barbues de crins, cartons en cuir, cartons en carton, sacs de nuit et valisés surchargent dix mille véhicules qui roulent incessamment vers les gares de chemins de fer. Hâtons-nous! hâtons-nous! qui peut nous affirmer que cette nuit, ce matin même, la Commune — l'horrible Commune — n'a pas rendu un décret interdisant aux Parisiens de sortir de Paris? Et les prudents de s'enfuir, leurs billets de banque ou leurs actions dans leur portefeuille.

On rencontre un ami, il a l'air inquiet, il marche très-vite, on le suit.

— Où allez-vous ainsi?

— Ah! mon cher, vous ne savez pas?

— Quoi donc?

— C'est incroyable! J'ai été condamné à mort.

— Vous?

— Moi-même.

— Par qui?

— Par la Commune, parbleu!

— Et pourquoi?

— Parce que j'écrivais au *Figaro*.

— Vous écriviez au *Figaro* ?

— Oh ! bien peu ; mais, enfin, l'année dernière, j'ai adressé une lettre à Jules Prevel pour le prier de déclarer que mon vaudeville « *les Jarretières de ma Tante* » n'avait rien de commun avec celui d'un de mes confrères, intitulé « *les Bretelles de mon Oncle,* » et qu'en tout cas j'étais décidé à ne pas renoncer à mon titre (qui est très-joli, n'est-ce pas?). Ma lettre a été publiée, et comme les gens de l'Hôtel de Ville ont condamné à mort tous les collaborateurs du *Figaro*... vous comprenez?

— Si je comprends! Vous devriez être parti depuis longtemps. Et vous allez à Versailles?

— Naturellement.

— Par le chemin de fer?

— Pourquoi pas?

— Dame! à votre place, j'hésiterais. Une machine qui saute, une rencontre de trains, cela s'est vu. La Commune est capable de tout pour se débarrasser d'un adversaire dangereux.

— Vous croyez qu'elle pourrait aller jusqu'à...? Oh! vous exagérez. C'est égal, je voyagerai en voiture.

Votre ami vous quitte précipitamment. Vous en rencontrez un autre. On rencontre tant d'amis sur le boulevard Montmartre!

— Comment! vous écriez-vous, vous êtes encore à Paris?

— Je pars ce soir.

— Est-ce que vous avez été condamné à mort?

— Pas encore. On ne me juge que cette nuit.

— Diable! Vous écriviez au *Figaro* ?

— Non, non, c'est toute une aventure. Imaginez-vous

qu'il y a trois ans j'ai fait connaissance, un jour de pluie, en omnibus, d'une blonde, ah! mon cher, d'une blonde!...

— Je vois cela d'ici.

— Conversation d'abord frivole; offre d'une voiture, dîner chez Maire, baignoire aux Folies-Dramatiques, souper chez Brebant; bref, je fus aimé.

— Je vous fais mon compliment.

— Attendez donc! Elle était mariée.

— Aïe!

— Je ne jugeai pas à propos de troubler la paix d'un ménage, et, après huit jours d'un bonheur coupable, je lui fis connaître mes remords, et la priai de réintégrer le domicile conjugal.

— C'était d'un noble cœur.

— N'est-ce pas? Eh bien! le mari ne fut pas de cet avis. Il ne voulut jamais croire que Clémentine — elle s'appelle Clémentine — eût attendu l'omnibus pendant huit jours au coin du passage de l'Opéra.

— Ces maris sont extraordinaires.

— Il s'informa, il me découvrit, et...

— Et vous chercha querelle?

— Non. C'est un bonnetier. Mais il devint, dès-lors, mon ennemi le plus acharné.

— C'est fort désagréable; pourtant, je ne vois pas pourquoi l'inimitié de ce négociant vous oblige à quitter Paris.

— Vous allez comprendre. Ce bonnetier a un cousin qui a été nommé membre de la Commune.

— Je conçois votre inquiétude. Vous craignez d'être fusillé?

— On me juge ce soir ! Mais, en réalité, ce n'est pas
la mort que je redoute surtout.

— Bah !

— Non. Je crains pis encore. Ces hommes de l'Hôtel
de Ville sont des enragés. On assure qu'ils vont décréter
le divorce. Je connais le mari de Clémentine, mon ami !
Il serait capable de me forcer à épouser sa femme !

D'autres ont d'autres prétextes. Presque tous partent.
Moi, Parisien endurci, je demeure; la semelle de mes
bottes est collée à l'asphalte du boulevard. Ont-ils raison?
Ai-je tort? Y a-t-il réellement du danger à Paris pour
tout homme qui ne s'est pas ardemment affilié à la Commune? Je ne le crois pas. Il y a eu des perquisitions
armées, des arrestations et d'autres actes illégaux, coupables.

Mais cet état de choses durera-t-il? Ne peut-on pas
espérer que l'élément brouillon de la Commune — les
élections ont été faites si vite, presque au hasard — sera
bientôt mis hors d'état de nuire par la portion intelligente
et sérieuse — s'il y en a une — du conseil municipal?
Je veux croire encore qu'une révolution accomplie par
un tiers du peuple de Paris, et tolérée par un autre tiers
— le troisième tiers a pris le train — est appelée à
émettre quelque idée vraiment utile et généreuse, et ne
se bornera pas à des caisses mises sous scellés et à des
innocents mis sous les verrous. D'ailleurs, quand même
la Commune — loin de chercher à faire oublier les circonstances sanglantes qui ont précédé son établissement, loin de chercher à réparer les fautes graves dont
elle s'est rendue elle - même coupable — se livrerait
à de nouveaux excès et rapprocherait encore de sa perte

ce Paris si attristé déjà, si courbé, si vaincu, je ne le quitterai pas ; pareil à ces marins qui, se souvenant des longs voyages heureux sur leur beau navire, ne veulent pas le quitter quand il va sombrer et se cramponnent pendant l'orage à sa coque démâtée.

XXV.

Ils attendent Garibaldi. Pour quoi faire? Pour le mettre à la tête de la garde nationale. Veuille le Ciel qu'il ne vienne pas! D'abord, parce que sa présence serait, à cette heure, un danger de plus, et, ensuite, parce que ce vieillard — cet admirable et vénéré vieillard — compromettrait inutilement sa gloire dans nos basses discordes. Si j'avais l'honneur — moi, citadin inconnu, — d'être au nombre de ceux qu'écoute le libérateur de Naples, j'irais sans hésistation vers lui et, après m'être incliné comme je le ferais devant quelque héros antique sorti de son sépulcre sacré, je lui dirais :

— Général, vous avez délivré votre patrie. A la tête de quelques centaines d'hommes, vous avez gagné des batailles et vous avez pris des villes. Votre nom fait songer à celui de Guillaume Tell. Partout où il y a eu des chaînes à rompre, des jougs à briser, vous y êtes accouru. Vous avez été, comme ces guerriers que vante Hugo dans la *Légende des siècles,* le champion de la justice. Vous avez été le chevalier errant de la liberté. Vous nous apparaissez, victorieux, dans une vision lointaine; vous êtes légende. Eh bien! il convient, pour la gloire de ce siècle, à qui manquent des héros, il convient que vous demeuriez ce que vous êtes. Restez au loin, afin de rester grand. Ce n'est point que votre gloire soit de celles qu'il ne faut voir que dans l'éloignement et qui perdent à être considérées de trop près. Non, mais vous seriez gêné parmi nous. Il n'y a pas ici assez d'espace pour que vous puissiez tirer librement votre épée. Nous sommes des gens habiles, compliqués, bizarres. Vous, vous êtes simple; c'est votre grandeur. Nous sommes de notre temps, vous avez l'honneur d'être un anachronisme. Vous seriez inutile à vos amis, nuisible à vous-même. Que feriez-vous, géant qui combattez avec le glaive, contre des nains qui ont des canons? Vous êtes le courage, ils sont la ruse, ils vous vaincraient. Il importe au dix-neuvième siècle que vous ne soyez pas vaincu. Ne venez pas, vous seriez pris, vous, naïf, dans la toile d'araignée des médiocrités adroites, et vos efforts grandioses pour vous en dépêtrer prêteraient à rire. Grand homme, on vous traiterait de bonhomme. »

Mais il est probable, si je tenais ce discours au général Garilbadi, que le général Garibaldi me mettrait poliment à la porte. D'autres conseillers, plus puissants, lui ont inspiré d'autres convictions. Amitiés dangereuses! Il est profondément douloureux qu'aucun homme — si intelligent, si grand qu'il soit — ne puisse distinguer nettement la ligne où cesse la mission pour laquelle le Ciel l'a doué, et, dédaignant toute célébrité étrangère à sa véritable gloire, ne consente à demeurer tel qu'il sera admiré par l'avenir.

XXVI.

Lundi, 3 avril. Journée affreuse! J'ai couru çà et là, regardant, interrogeant, lisant. Il est dix heures du soir. Que sais-je? Rien de précis, rien, sinon ceci, qui est horrible : on se bat.

Oui, aux portes de Paris, Français contre Français, sous les longues-vues des Prussiens qui surveillent le champ de bataille comme des corbeaux, on se bat! J'ai vu passer des voitures d'ambulances pleines de gardes nationaux. Qui vous a blessés? Des zouaves. Cette chose est-elle croyable, est-elle possible? Ah! ces fusils, ces canons, ces mitrailleuses, pourquoi l'étranger ne les a-t-il pas exigés, tous, ceux des soldats comme ceux des Parisiens? Mais cela n'aurait pas servi à grand'-chose. Il avait été décidé — par quelle volonté mons-trueuse? — que nous roulerions jusqu'au fond du pré-cipice. Ces Français qui veulent tuer des Français ne seraient pas arrêtés par l'absence d'armes. S'ils ne pou-vaient se fusiller, ils s'étrangleraient.

Ceci, vraiment, est imprévu. On craignait une émeute, oui ; on pensait aux journées de juin. Le soir où les bataillons dévoués à l'Assemblée nationale campèrent dans le quartier de la Banque, ils entrevoyaient comme une possibilité horrible les fusils braqués entre les pavés des barricades, le sang coulant dans les rues, les hommes tués, les femmes en pleurs. Mais qui aurait pu seulement soupçonner qu'une nouvelle espèce de guerre civile se préparait? que Paris, séparé de la France, serait bloqué par des Français? qu'il serait, une seconde fois, privé de correspondre avec les départements, une seconde fois affamé peut-être? qu'il y aurait, non pas quelques milliers d'hommes luttant jusqu'à la mort dans un des quartiers de la ville, mais des armées en présence, ayant toutes deux des chefs, des fortifications, des canons; que Paris, enfin, serait assiégé de nouveau? Surprise abominable du hasard!

Dès le matin, on a entendu le canon. Ah! ce bruit qui, pendant le siége, nous faisait battre le cœur d'espérance, — oui, d'espérance, car il faisait croire à la délivrance possible — ce bruit, qu'il a été affreux, ce matin! Je me suis dirigé vers les Champs-Élysées. Paris, véritablement, était désert. Comprenait-il, enfin, que dans cette révolution, il y va de son honneur, de son existence même, ou simplement n'était-il pas levé encore? Des bataillons défilaient sur le boulevard, musiques en tête. Ils allaient vers la place Vendôme, ils chantaient. Les cantinières avaient des fusils. Quelqu'un me dit qu'on a travaillé toute la nuit aux abords de l'Hôtel de Ville et que toutes les rues avoisinantes sont traversées de barricades. D'ailleurs, personne ne sait rien, sinon qu'on se bat à Neuilly, que les « royalistes » ont attaqué et qu'on « égorge nos frères. » Place de la Concorde, quelques groupes. Je m'approche; on parle de la question des loyers, oui, des loyers! Ah! certes, ceux qu'on tue en ce moment ne payeront pas leurs propriétaires. A la hauteur du Rond-Point j'aperçois distinctement une foule assez compacte autour de l'Arc-de-Triomphe, et je rencontre quelques gardes nationaux fatigués qui reviennent de la bataille. Ils sont mornes, en loques, poudreux.

— Que se passe-t-il?

— Nous sommes trahis! dit l'un.

— Mort aux traîtres! dit un autre.

Du champ de bataille, aucune nouvelle certaine. Un fuyard, attablé devant un café entre quelques curieux, raconte que la barricade du pont de Neuilly a été attaquée par des sergents de ville déguisés en gendarmes, et par des zouaves pontificaux précédés d'un drapeau blanc.

— Un drapeau de parlementaire? demande quelqu'un.

— Non, un drapeau de royaliste, répond le garde.

— Et la barricade a été prise?

— Nous n'avions pas de cartouches; on n'avait pas mangé depuis seize heures; il a fallu décamper.

Plus loin, un lignard m'affirme que la barricade a été reprise; le canon tonne toujours : c'est, dit-on, le Mont-Valérien qui tire sur la caserne de Courbevoie, où il y avait hier un bataillon de gardes nationaux fédérés.

— Mais ils sont partis avant le jour, ajoute le lignard.

Je continue mon chemin; les groupes deviennent de plus en plus nombreux; je lève la tête, je vois éclater une boîte à mitraille au-dessus de l'avenue de la Grande-Armée. Une fumée blanche subsiste pendant quelques secondes; on dirait d'un lambeau de nuage détaché par le vent.

Je vais toujours en avant. La hauteur sur laquelle pose l'Arc-de-Triomphe est couverte de curieux : beaucoup de femmes et d'enfants. On grimpe sur les bornes, on s'accroche aux saillies du monument, on se retient aux sculptures des bas-reliefs. Un homme a imaginé de poser une planche sur trois chaises, et les badauds de se hisser sur la planche, moyennant une légère rétribution. De cet observatoire, on aperçoit une longue foule immobile et attentive, qui garnit entièrement l'avenue de la Grande-Armée ; plus loin, la Porte-Maillot, d'où s'élève de minute en minute une vaste fumée blanche, précédée d'une épouvantable détonation, — c'est le canon du rempart qui tire sur le rond-point de Courbevoie, — et au delà, l'avenue de Neuilly, longue, déserte, poudreuse sous le soleil, que traverse quelquefois, à la hâte, une forme humaine, et enfin, après la Seine, après l'avenue de l'Empereur, déserte aussi, la hauteur de Courbevoie, où est établie une batterie versaillaise. Mais j'ai beau écarquiller les yeux, je ne distingue pas les canons; on aperçoit quelques hommes, des sentinelles sans doute. Ce sont des sergents de ville, dit-on à ma droite ; mais, à ma gauche, on dit : ce sont des zouaves pontificaux. Ceux qui, à cette distance, reconnaissent les uniformes, ont certainement une bonne vue. Quant à la barricade du pont, les bruits les plus contradictoires circulent; il m'est impossible de savoir si elle est restée au pouvoir des soldats ou des fédérés. D'ailleurs, depuis que je suis arrivé, on se bat peu. Bientôt la fusillade cesse entièrement; il est midi. Mais la batterie du rempart continue d'attaquer le rond-point de Courbevoie, et le Mont-Valérien lance, de moment en moment, des projectiles sur Neuilly. Tout à coup une épouvantable poussée, venant de la Porte-Maillot, refoule l'épaisseur de la multitude, redouble d'efforts, se prolonge, s'exaspère, et tout le monde s'effare, crie, s'enfuit, avec des gestes d'épouvante. Un obus, dit-on, vient de tomber sur l'avenue de la Grande-Armée. Autour de l'Arc-de-Triomphe, plus personne. Les rues voisines regorgent de gens qui cherchent un abri. Puis, peu à peu, on se rassure ; la déroute s'interrompt ; on rit d'un moment de panique, on revient sur ses pas. Un quart d'heure plus tard, la foule, de toutes parts, est aussi compacte qu'auparavant.

Cependant, ce spectacle — combattants et badauds — me désole. Je désespère de rien apprendre. Je reviens vers la ville.

A quelque distance du théâtre des événements, on est mieux informé ; on est, du moins, très informé. L'imagination, plus loin du fait, a plus beau jeu. Je recueille cent nouvelles absurdes. Ce qui paraît certain, c'est que les fédérés ont subi un échec, médiocrement important en soi, puisque les troupes de Versailles ont peu avancé, mais enfin un échec qui pourra avoir quelque influence sur les résolutions de la garde nationale. On lui avait dit : « L'armée ne se battra pas ; les lignards lèveront la crosse en l'air à Neuilly, comme ils ont fait à Montmartre. » Elle commence à croire que l'armée se battra, et les gens qui vont répétant le plus haut que les sergents de ville et les zouaves de Charette ont seuls attaqué, ont l'air de parler ainsi pour se rendre courage et se faire illusion à eux-mêmes.

Mais de quel côté est parti le premier coup de fusil ? Sur ce point, chacun dit son mot, et personne ne sait à quoi s'en tenir. On attend avec impatience des nouvelles officielles. Les murs, ordinairement si bavards , sont muets jusqu'à cette heure. La moins invraisemblable des versions qui circulent est celle-ci : au point du jour, il y aurait eu quelques coups de feu échangés entre les avant-postes des gardes nationaux et des patrouilles de gendarmes. Ni morts ni blessés ; de la poudre perdue, heureusement. Un peu plus tard, et quelques instants après l'arrivée du général Vinoy au Mont-Valérien, un parlementaire, précédé d'un trompette et accompagné de deux sergents de ville (toujours !) se serait présenté au pont de Courbevoie. On va jusqu'à donner le nom du parlementaire : M. Pasquier, chirurgien-major du régiment de gendarmerie à cheval. Deux gardes nationaux seraient allés au-devant de lui ; après quelques paroles échangées, l'un des gardes nationaux aurait brûlé la cervelle à M. Pasquier, d'un coup de révolver, à bout portant ; et, dix minutes plus tard, ajoutent les nouvellistes, le Mont-Valérien a commencé le feu avec une fureur qui, quatre heures durant, ne s'est pas ralentie.

Cependant, de tous côtés, on bat la générale. Sur le boulevard Montmartre, défile un nombre considérable de bataillons : plus de vingt mille hommes, disent des gens qui prétendent avoir compté. Ils passent en chantant, en criant : « *Vive la Commune ! vive la République !* » Quelques acclamations leur répondent ; ce ne sont pas seulement des fédérés de Montmartre ou de Belleville ; on reconnaît sous les képis des figures paisibles de bourgeois et de négociants ; beaucoup de mains sont blanches et ne sont pas des mains d'ouvriers. Ils marchent en bon ordre ; ils sont calmes et résolus ; on sent que ces hommes sont prêts à mourir pour une cause qu'ils croient juste ; je tire mon chapeau : il faut saluer, même coupables, même funestes, ceux qui poussent jusqu'à s'exposer à la mort le dévouement à leurs convictions.

Mais quelles convictions ? Qu'est-ce que la Commune ? les hommes qui siégent à l'Hôtel de Ville, n'ont publié aucun programme ; pourtant on va tuer et se faire tuer pour la Commune. Ah ! les mots, les mots ! quelle puissance ils ont sur toi, peuple héroïque et niais !

Enfin, le soir, une proclamation ! Il y avait une telle foule devant les affiches que je n'ai pas eu le loisir de la copier. Elle était conçue à peu près en ces termes :

« Citoyens,

« Ce matin, les royalistes ont ATTAQUÉ.

« Impatients devant notre modération, ils ont ATTAQUÉ.

« Ne pouvant nous opposer des baïonnettes françaises, ils ont employé contre nous la garde impériale et les zouaves pontificaux.

« Ils ont bombardé Neuilly, un village inoffensif. Les chouans de Charette, les Vendéens de Cathelineau, les Bretons de Trochu, les gendarmes de Valentin se sont rués sur nous.

« Il y a eu des morts et des blessés.

« Contre cette agression renouvelée des Prussiens, Paris tout entier doit être debout.

« Grâce au concours de la garde nationale, la victoire nous restera ! »

La victoire ! quelle victoire ? O douleurs profondes ! Paris versant le sang de la France, la France versant le sang de Paris. De quel côté le triomphe ne sera-t-il pas abominable ?

XXVII.

Qui écouter? que croire? Il ne faudrait pas moins de cent pages pour relater les différents bruits qui ont circulé aujourd'hui mardi 4 avril, deuxième journée de l'horrible lutte. Notons à la hâte les affirmations les plus persistantes ; plus tard je mettrai de l'ordre dans ce pêle-mêle de nouvelles.

Toute la nuit, dans tous les quartiers, le rappel, la générale. Les compagnies se formaient précipitamment et se dirigeaient, qui vers la place Vendôme, qui vers la porte Maillot, en criant : *A Versailles !*

Dès cinq heures du matin, le général Bergeret occupe le rond-point de Courbevoie. Cette position a été évacuée par les troupes de l'Assemblée. Pourquoi? les fédérés n'ont-ils pas été battus dans la journée d'hier?

Une chose nuit gravement au général dans l'esprit de ses troupes : c'est qu'il va au combat en voiture.

Cependant il forme ses troupes en colonnes. Il n'a pas moins de soixante mille hommes sous ses ordres ; deux batteries de sept soutiennent l'infanterie ; des omnibus suivent, remplis de munitions. On marche sur le Mont-Valérien ; après avoir pris le fort, on se dirigera sur Versailles par Rueil et Nanterre.

Prendre le Mont-Valérien? On ne doute pas un instant du succès de cette entreprise. « On nous affirmait, m'a dit un garde fédéré, que le fort, rien qu'en nous voyant, ouvrirait ses portes. » Mais on a compté sans le colonel

Cholleton, qui défend la forteresse. L'avant-garde des fédérés est accueillie par une volée formidable de boulets et d'obus. Panique, cris de rage, déroute, sauve-qui-peut. « Nous sommes trahis ! » L'armée de la Commune est partagée par la mitraille en deux tronçons : l'un, — trois bataillons à peine, — fuit dans la direction de Versailles, l'autre regagne Paris avec une précipitation louable. Faut-il, à cause de cette débandade, accuser de poltronnerie les combattants parisiens ? Non, ils ont été surpris ; ils ne s'attendaient pas à la réception que le Mont-Valérien leur a faite ; avertis, ils auraient mieux tenu. D'ailleurs, dans cette affaire, plus de peur que de mal ; la colossale forteresse aurait pu anéantir les communalistes ; elle s'est bornée à les disperser.

Mais que deviennent les trois bataillons qui ont dépassé le Mont-Valérien ? Ils vont bravement en avant.

Pendant ce temps, un autre mouvement sur Versailles s'opère par Meudon et Clamart. Un assez petit nombre de bataillons, sortis pendant la nuit, s'est massé à l'abri des forts d'Issy et de Vanves. Ils sont parvenus à mettre en batterie quelques pièces au bas des glacis du fort d'Issy, au sommet d'un mamelon boisé ; elles attaquent les batteries versaillaises de Meudon, qui répondent avec fureur. C'est un duel d'artillerie comme au temps, comme au bon temps, hélas ! des Prussiens.

Jusqu'à ce moment, les nouvelles sont assez précises, assez probables même, et l'on peut se faire une idée de la situation respective des deux belligérants. Mais vers deux heures de l'après-midi, tous les rapports se contredisent et se brouillent.

Une estafette, qui vient de la porte Maillot, crie à un groupe formé sur la place du Nouvel-Opéra :

— Nous sommes vainqueurs ! Flourens est entré à Versailles à la tête de quarante mille hommes ! On a pris cent députés. M. Thiers est prisonnier.

D'autre part, on dit que, ce matin, dans la débandade autour du Mont-Valérien, Flourens a disparu. Où aurait-il pu trouver quarante mille hommes pour les conduire à Versailles ?

En même temps, un bruit se répand d'après lequel le général Bergeret aurait été grièvement blessé par un éclat d'obus.

— Pure exagération ! dit quelqu'un. Le général a eu seulement deux chevaux tués sous lui.

Devant lui, plutôt, puisqu'il était en voiture.

Ce qui paraît plus certain, c'est qu'on se bat avec fureur entre Sèvres et Meudon. J'entends dire que le 113ᵉ régiment de ligne a levé la crosse en l'air, et que les Parisiens ont pris douze mitrailleuses aux Versaillais.

A Châtillon, on se bat aussi. Les communalistes ont remporté de grands avantages. Pourtant un curieux, qui s'est dirigé de ce côté, annonce qu'il a vu rentrer trois bataillons à l'air peu triomphant, et que d'autres bataillons, formant la réserve, ont refusé de marcher.

Tohu-bohu de contradictions, où la plupart des nouvelles n'ont d'autres sources que l'opinion et l'espérance de celui qui les colporte. Le résultat seul permettra d'apprécier ce qui s'est passé. Un instant je renonce à m'informer ; mais, malgré moi, j'interroge ; le désir de savoir l'emporte sur la certitude de ne rien apprendre.

Je vais aux Champs-Élysées. Le canon tonne ; des voitures d'ambulance descendent l'avenue et s'arrêtent devant le palais de l'Industrie ; en face, le théâtre Guignol fait pouffer de rire son public ordinaire. Ah ! misérable temps ! affreuse lutte fratricide ! Maudits soient à jamais ceux qui en sont la cause !

Cependant, tandis que l'on tue et que l'on meurt, les membres de la Commune rendent des décrets ; les murs sont blancs d'affiches officielles. « MM. Thiers, Favre, Picard, Dufaure, Simon et Pothuau sont mis en accusation ; leurs biens seront confisqués et mis sous sequestre, jusqu'à ce qu'ils aient comparu devant la justice du peuple. » Cette mise en accusation, cette mise sous sequestre rendront-elles aux veuves leurs maris, aux orphelins leurs pères ? « La Commune de Paris adopte les familles des citoyens qui ont succombé ou succomberont en repoussant l'agression criminelle des royalistes conjurés contre Paris et contre la République française. » N'envoyez pas les pères à la mort, cela vaudra mieux que d'adopter les enfants. Ah ! décrets dérisoires ! Vous séparez l'Église de l'État ? vous supprimez le budget des cultes ? vous confisquez les biens du clergé ? Il s'agit bien de ces choses à cette heure ! Ce qui est nécessaire, ce qui est indispensable, c'est l'apaisement, ce sont les massacres évités, ce sont les haines éteintes. Cela, vous ne le décréterez pas ! Non, non, ce qui se passe, vous l'avez voulu, vous le voulez encore ; vous avez profité des provocations, — que je ne conteste pas, — pour amener le plus épouvantable conflit dont se souviendra l'histoire de notre malheureux pays, et vous persévérez, et pour rallumer le courage chancelant de ceux que vous dévouez à une défaite et à un trépas inévitables, vous mettez en usage toutes les hypocrisies que vous reprochez à vos ennemis ! « Bergeret et Flourens ont fait leur jonction : ils marchent sur Versailles. Succès certain. » Vous faites afficher cette dépêche, — une fausse nouvelle, n'est-ce pas ? Mais ne faut-il pas tromper les hommes pour les perdre ? — et vous ajoutez : « Le feu de l'armée de Versailles ne nous a occasionné aucune perte appréciable. » Ah ! sur ce point, demandez leur avis aux femmes qui guettent aux portes de la ville le retour de vos soldats, et dont la plupart escortent, en sanglotant, des brancards ensanglantés !

XXVIII.

Les heures s'écoulent toujours plus sinistres. On se bat à Clamart, on se bat à Meudon, comme à Neuilly, comme à Courbevoie. Mitraillades, canonnades, fusillades ; les victoires des communalistes, mensonges. Le jour se fait sur ces prétendus triomphes ; et d'ailleurs, la victoire ne serait-elle pas aussi détestable que la défaite ?

Le général Duval a été fait prisonnier et mis à mort.

— Si vous m'aviez pris, lui a demandé le général Vinoy, m'auriez-vous fait fusiller ? »

— Sans hésiter, a répondu Duval.

Et Vinoy a commandé :

— Feu !

Mais cette anecdote, quoique très répandue, doit être fausse. Il est peu probable que le commandant en chef des troupes versaillaises ait consenti à un tel dialogue avec un « insurgé. »

Quant à Flourens, il est mort aussi. Où? Comment? C'est ce qu'on ne sait pas encore d'une façon certaine. Il y a plusieurs versions : On parle d'une balle dans la poitrine, ou dans le cou, ou dans la tête ; le bruit court aussi d'un coup de sabre qui lui aurait fendu le crâne en deux.

On s'occupe beaucoup de Flourens dans les groupes les plus réactionnaires. Cet homme singulier n'inspire pas d'antipathie, même à ceux qui devraient le détester le plus violemment. J'essayerai un jour de me rendre compte de cette partialité de l'opinion en faveur de ce romanesque émeutier.

Duval tué, Flourens tué, Bergeret agonisant, l'enthousiasme des fédérés devrait être singulièrement refroidi. Eh bien! pas du tout. Les bataillons qui défilent sur le boulevard ont l'air très-résolu, ils chantent et ils crient : « Vive la Commune! » Sont-ils dupes de leurs chefs au point de croire aux pompeuses affiches annonçant d'heure en heure des lignards faits prisonniers, des attaques repoussées, des redoutes emportées ? C'est invraisemblable. D'ailleurs, dans leurs quartiers respectifs, les gardes doivent voir revenir ceux qui ont été au combat et qu'attendent sur le pas de la porte des femmes inquiètes ; ils doivent apprendre d'eux que les marches en avant ont été en réalité des déroutes, et qu'il y a bien des morts et bien des blessés lorsque les bulletins de la Commune n'enregistrent que des « pertes relativement peu importantes. » D'où leur vient donc cette ardeur qui survit au premier élan ? Est-elle entretenue par les récits faux ou vrais qu'on répand à foison des cruautés versaillaises ? « L'assassinat » de Duval, « l'assassinat » de Flourens, les prisonniers fusillés, les vivandières violées, toutes ces inventions coupables — sont-ce des inventions ? hélas ! la guerre civile nous rend si barbares ! — sont bien de nature à surexciter l'enthousiasme de la haine, et ils marchent à une défaite probable de l'air dont on irait à une victoire certaine. Ah ! égarés ou non, coupables même, et quel que soit le motif qui les pousse, ils sont braves ! et, quand ils passent ainsi, ils sont beaux. Oui, malgré les haillons qui servent d'uniformes au plus grand nombre d'entre eux, malgré la démarche avinée de quelques-uns, ils sont, dans l'ensemble, superbes ! et la raison des plus froids partisans de l'ordre à tout prix essaye en vain de résister à l'admiration qu'inspirent ces hommes qui vont mourir !

Il faut reconnaître aussi qu'il y a, dans les commandements, moins de désordre qu'il ne pourrait y en avoir. Tous ces bataillons ont l'air de savoir à qui ils obéissent. Ils vont, les uns à l'Hôtel de Ville, les autres à la place Vendôme, plusieurs dans les forts, quelques-uns aux avant-postes ; les marches, les contre-marches se combinent sans confusion ; les munitions, en général, ne manquent pas aux combattants. Ils reçoivent des vivres. Si éloigné que l'on soit d'estimer les chefs des fédérés, il faut convenir qu'il y a quelque chose de très-remarquable dans cette rapide organisation de toute une armée, au milieu du plus complet des bouleversements

politiques. Qui donc commande ? qui donc organise ?
Les membres de la Commune, divisés d'opinion, ne paraissent pas en état, à cause de leur nombre et de leur incontestable inexpérience, d'imprimer une direction unique aux choses militaires. Parmi eux, ou derrière eux, y a-t-il donc quelqu'un qui sait penser et agir ? Est-ce Bergeret ? est-ce Cluseret ? l'avenir nous l'apprendra peut-être. En attendant, et en dépit des échecs subis ces jours derniers par les fédérés, Paris entier s'accorde pour s'étonner de la régularité avec laquelle semblent fonctionner les rouages administratifs de la Guerre, et il s'étonne d'autant plus que, pendant le siége, nos chefs « légitimes, » disposant de moyens plus puissants, ayant sous leurs ordres des soldats mieux disciplinés, n'avaient pas réussi à obtenir des résultats aussi frappants.

Mais ne vaudrait-il pas cent fois mieux que cet ordre n'eût pas été établi ? Ne vaudrait-il pas mieux qu'ils ne fussent pas dirigés par des commandements précis, ceux que ces commandements vouent à une mort sans gloire ? Neuilly, depuis quelques jours, Neuilly, si joyeux autrefois avec ses boutiques industrieuses, ses cabarets populaires et ses parcs princiers, Neuilly, dominé d'un côté par les batteries versaillaises, de l'autre par les canons parisiens, et surplombé incessamment par les obus et les boîtes à mitraille du Valérien, Neuilly avec son pont pris et repris, avec ses barricades abandonnées et reconquises, est, depuis plusieurs jours, comme un vaste trou où s'abîment l'un après l'autre, pris de vertige, les bataillons fédérés, comme une région d'enfer où se complaisent, dans la folie du sang et de la mort,

les damnés de la Commune. Chaque maison est une
forteresse. Les gendarmes étaient parvenus hier à s'a-
vancer jusqu'au marché de Sablonville ; on les a repoussés ce matin au delà de l'église. Sur cette église,
un enfant, M. Leullier fils, a planté le drapeau rouge
sous une averse de projectiles. « Cet enfant sera un
homme, » dit Cluseret, délégué à la guerre. Oui, à moins
qu'il ne soit un cadavre. Les fenêtres fusillent les
fenêtres. On fait l'assaut d'une maison ; on se rencontre
sur l'escalier ; ce sont des luttes sans pitié, nuit et jour,
à toute heure. La rage de part et d'autre est prodi-
gieuse. Ces hommes, amis il y a huit jours encore, n'ont
plus qu'un désir : s'assassiner. Un habitant de Neuilly,
qui a réussi à s'échapper, me raconte ceci : Deux ennemis, un lignard et un fédéré, s'étaient rencontrés
dans l'établissement de bains qui se trouve sur l'avenue
de Neuilly, un peu au-dessus de la rue des Huissiers. Les baïonnettes au bout des fusils, tantôt
fuyant, tantôt poursuivant, ils arrivèrent sur le toit de la
maison, et là, forcenés, ayant jeté leurs armes, ils se
saisirent à bras le corps, et luttèrent. Sur le toit pen-
chant, dont les briques se brisent, à cent pieds du sol,
ils luttèrent sans merci, sans repos, tant qu'enfin l'un
des deux, le lignard, se sentit faiblir et voulut échapper à
l'étreinte de son adversaire. Alors le fédéré — la personne de qui je tiens ce récit était à une fenêtre en face
d'eux et ne perdait pas un seul de leurs mouvements —
alors le fédéré tira un couteau de sa poche, et s'apprêta à
frapper le lignard à demi renversé ; celui-ci vit qu'il
était perdu, se jeta à plat ventre sur la toiture, saisit
son ennemi par une jambe, et d'un geste brusque l'en-

traîna, et tous deux ils roulèrent et s'abattirent sur le trottoir. Ni l'un ni l'autre ne s'était tué, mais le lignard avait la face rougeâtre de sang et de poussière, et le Parisien qui était tombé comme à cheval sur son ennemi, l'acheva d'un coup de couteau dans le crâne ! — Telle est cette lutte infâme, telle est cette lutte impitoyable ! Ne cessera-t-elle donc que lorsqu'il n'y aura plus de sang à verser ?

Cependant le Paris des boulevards élégants, le Paris viveur se promène et sourit. En dépit des nombreux départs, il y a encore çà et là assez de dandys désœuvrés et de belles filles joyeuses pour que l'honnête homme qui passe ait souvent l'occasion de rougir de colère. Les théâtres sont ouverts. On joue le *Canard à trois becs*. Connaissez-vous le *Canard à trois becs* ? C'est une pièce tout à fait propre à distraire les gens des soucis de la guerre civile. Vous comprenez, il faut bien rire un peu. On meurt là-bas, rions ici. Dans les baignoires on chuchotte, dans les avant-scènes on croque des violettes pralinées ; tout est pour le mieux. Mlle Nénuphar, ainsi nommée par antiphrase, a les plus beaux yeux du monde. Gageons que le joli monsieur qui se dissimule à demi derrière elle, les a déjà comparés, vu les ravages qu'ils exercent, à des boîtes à mitraille ? On n'est pas plus galant. C'est à la fois spirituel et actuel. Ah ! tenez, ceux qui se battent à cette heure, ceux qui, par leurs canons et leurs chassepots, exposent aujourd'hui Paris à d'épouvantables représailles, ces hommes sont bien coupables, mais je les préfère encore à ceux-ci qui viennent pouffer de rire pendant que la cité tout entière se désespère, qui n'ont pas même la pudeur de cacher leurs joies à nos détresses, et qui caressent devant tous des filles, pendant que les mères pleurent leurs enfants !

Sur les boulevards, c'est encore pis : la prostitution tenace s'y étale et triomphe. Cela est donc vrai ce que me disait tout-à-l'heure un pauvre garçon, un rapin, philosophe amer : « Quand Paris tout entier sera détruit, quand ses maisons, ses palais, ses monuments, renversés, émiettés, joncheront son sol maudit, et ne seront plus, sous le ciel, qu'une ruine démesurée, alors, de ce monceau informe, on verra, comme d'un immense sépulcre, sortir un fantôme de femme, squelette vêtu d'une robe éclatante, décolleté jusqu'aux côtes, et le crâne coiffé d'une toque ; et ce fantôme, courant de débris en débris, tournant parfois la tête pour voir si quelque libertin ressussité comme elle la suit dans la solitude, ce fantôme, ce sera l'âme affreuse de Paris ! »

Quand minuit approche, les cafés se ferment. Le délégué à l'ex-préfecture a pris l'habitude d'envoyer des compagnies de gardes nationaux qui hâtent et surveillent la fermeture des établissements publics. Mais cette précaution, comme tant d'autres, est inutile. Il y a des portes secrètes qui échappent aux plus minutieuses investigations. Quand les devantures sont closes, on voit filtrer de la clarté par les interstices des planches. Approchez-vous, collez votre œil à ces fentes lumineuses, écoutez le canon qui tonne, les mitrailleuses qui toussent horriblement, la fusillade qui crépite, et regardez à l'intérieur des établissements fermés. On cause, on mange, on fume, des garçons vont et viennent. Il y a des femmes qui vont d'une table à l'autre, s'offrant ici, se vendant là. Les hommes sont bêtes et gais. On débouche des bouteilles de champagne : « Ah ! ah ! c'est la fusillade. » Ces hommes sont les amants de toutes, ces femmes sont les maîtresses de tous ! Je vous dis que cette orgie est du meilleur effet au milieu de la ville chargée de malédictions, à quelques pas du champ de bataille où la baïonnette perce, où la mitraille éventre ! Et plus tard, quand on a bien ri, bien chanté, bien bu, comme la nuit est très-belle, on prend une voiture découverte, on va aux Champs-Élysées, et là on se hisse sur le siége, à côté du cocher, pour tâcher d'apercevoir le combat, pour voir si « ces gens-là » savent aussi bien mourir que les autres savent s'amuser.

Plus discrets, d'autres viveurs se réfugient aux premiers étages de quelques maisons, dans les cercles. Ils sont trahis cependant par la splendeur des lustres qui perce les rideaux épais. Longez les murs, vous entendrez les conversations des joueurs et le cliquetis joyeux des pièces d'or.

Ah ! lâchetés des heureux ! colères excusables des meurt-de-faim !

XXIX.

Au retour d'une de ces excursions où j'observe Paris nocturne, aujourd'hui 5 avril, à une heure du matin, je suivais la rue du Mont-Thabor afin de gagner le boulevard et de là le quartier où j'habite.

En traversant la rue Saint-Honoré, j'avais aperçu un groupe de gardes nationaux rangés sur le trottoir. De telles rencontres sont communes, je ne pris point garde à celle-ci. Dans la rue du Mont-Thabor, personne, le silence, la solitude. Tout-à-coup, à quelques pas devant moi, une porte s'ouvrit, un homme en sortit, et s'éloigna précipitamment dans la direction opposée à l'église. Cette sortie avait l'air d'une fuite. Je m'arrêtai, attentif. Bientôt, par la même porte, s'élancèrent deux gardes nationaux; ils se mirent à courir, avec des cris, après le fuyard qui avait peu d'avance, le ratrappèrent sans peine, et le ramenèrent pendant que les gardes que j'avais vus rue Saint-Honoré accouraient au bruit. Les exclamations, les injures de toutes sortes, m'apprirent que l'homme arrêté et repris était M. l'abbé Deguerry, curé de la Madeleine. On le fit rentrer dans la maison, la porte fut refermée, le silence se rétablit.

Ce matin, j'ai appris que monseigneur Darboy, archevêque de Paris, avait été arrêté à peu près à la même heure et dans des conditions analogues.

On cite encore d'autres arrestations faites dans le monde ecclésiastique. Le curé de Saint-Séverin, le curé de Saint-Eustache, auraient été appréhendés, le premier, dans son domicile, le second, au moment où il sortait de son église. Le curé de Notre-Dame-des-Victoires devait être arrêté également; prévenu à temps, il a pu se mettre en sûreté.

Conduit à l'ex-préfecture de police (pourquoi *ex*-préfecture ? Il me semble qu'elle ne fonctionne pas moins que si elle était tout simplement une préfecture?), monseigneur Darboy a été interrogé par le citoyen délégué Rigault.

Il faut dire que M. Rigault commence à faire parler de lui depuis quelques jours. C'est un homme qui avait évidemment une vocation sincère pour le métier qu'il a choisi, car il arrête, il arrête, il arrête. On ne dispute pas des vocations ni des couleurs. D'ailleurs, jeune, froid, correct, amer. Mais son flegme n'exclut pas, comme on va le voir, une aimable gaieté.

C'est donc par le citoyen Rigault qu'a été interrogé l'archevêque de Paris. Je ne suis pas démesurément curieux, mais je voudrais savoir ce que le membre de la Commune a pu demander à monseigneur Darboy. Celui-ci n'ayant apparemment commis qu'un crime, celui d'être prêtre, et n'ayant sans doute aucune envie de le dissimuler, on ne s'explique pas très-bien sur quoi a pu porter l'interrogatoire. Il faut supposer que M. Rigault a trouvé dans son imagination des ressources particulières pour soutenir l'entretien, et que sa vocation de juge d'instruction n'est pas moins réelle que sa vocation de policier. Quoi qu'il en soit, les journaux de la Commune enregistrent avec une admiration peu dissimulée ce fragment de dialogue :

— Mes enfants ! aurait dit à un moment l'archevêque de Paris, dont les cheveux sont blancs.

— Citoyen, interrompit le délégué Rigault qui n'a pas trente ans, vous n'êtes pas devant des enfants, mais devant des magistrats.

C'était tapé, cela ! et je conçois l'enthousiasme que M. Rigault inspire aux membres de la Commune. Mais cet excellent citoyen ne s'est pas borné à cette fière interruption. Je puis affirmer (et j'ai les meilleures raisons pour me croire bien informé) qu'il a ajouté :

— D'ailleurs, elle est trop vieille, celle-là ! il y a dix-huit cents ans que vous nous la faites !

Ceci, on en conviendra, n'était pas moins spirituel qu'élégant, et c'est bien ainsi que devait s'exprimer l'aimable délégué qui, l'autre jour, ayant autorisé, dans un moment de clémence peut-être exagéré, un abbé à visiter un prisonnier à la Conciergerie, lui donna un laisser-passer ainsi conçu : « Laissez-passer le nommé X., se disant serviteur d'un nommé Dieu. » Ah ! que de grâce et quel esprit !

XXX.

Diantre ! je ne suis pas sans éprouver quelque inquiétude. Le nouveau décret de la Commune met sérieusement en danger les gens qui ont le malheur de ne pas vivre avec leurs concierges sur le pied de la plus amicale affection, ou qui ont eu des mots avec le commissionnaire du coin. Copions l'article 1er de ce farouche décret :

« Toute personne prévenue de complicité avec le gouvernement de Versailles sera immédiatement décrétée d'accusation et incarcérée. »

Peste ! nous n'y allons pas de main morte! Il est clair que le premier scélérat venu — à qui, il y a sept ans, j'aurais refusé de prêter cent sous — peut aller rendre visite au citoyen Rigault et lui affirmer que j'ai des relations suivies avec le gouvernement de Versailles ; immé-

diatement on m'incarcère. Car, remarquez-le bien, il n'est
pas requis que la complicité avec « les traîtres » soit
prouvée. Il suffit que l'on en soit prévenu pour aller
contempler l'azur du ciel à travers les barreaux de la
Conciergerie. D'ailleurs, que signifient ces mots : « complicité avec le gouvernement de Versailles ? » Tout dépend de la manière dont on voudra entendre les choses.
Je ne suis pas bien sûr d'être innocent. Tel que vous
me voyez, j'ai salué assez fréquemment un honnête garçon — je dis : honnête, parce que j'espère que ces notes
ne tomberont pas sous les yeux du délégué à la préfecture de police — avec un honnête garçon qui, à l'heure
où j'écris ceci, est bien capable, le gredin ! de dîner
à l'*Hôtel des Réservoirs*, à Versailles, en compagnie d'un
ou plusieurs membres de l'Assemblée nationale. Vous
comprenez maintenant que je ne sois pas tranquille du
tout ! connaître un homme qui connaît des députés, cela
constitue — ou je suis indigne de vivre sous le gouvernement paternel de la Commune — une belle et bonne
complicité avec les hommes de Versailles. Je crois que
je n'agirais que prudemment en m'esquivant de Paris
dans un sac à charbon, comme l'a fait hier un de mes
amis, ou de toute autre façon folâtre. Et voilà ce que
c'est que de saluer des gens compromis !

XXXI.

Flourens est mort, cela, dès hier soir, était certain. Un
garde national avait ramené de Bougival le cheval du

colonel, mais, depuis quelques heures seulement, on a des détails précis et qui paraissent véritables.

Il a été fait prisonnier à Rueil.

— Rendez-vous ! lui a dit un gendarme. Il a répondu par un coup de pistolet. Un autre gendarme lui a donné un coup de sabre dans le ventre, un troisième gendarme — d'un coup de sabre aussi — lui a fendu le crâne. Quelques-uns nient le coup de pistolet et croient à un assassinat. Que d'événements obscurs et d'où la vérité ne sera jamais clairement démêlée ! Quoi qu'il en soit, il est mort. Son corps a été reconnu à Versailles par un commis de la maison Garnier frères. Sa mère est partie ce matin ; elle va chercher le cadavre de son fils. Pourquoi donc le trépas de cet homme mêlé à toutes les secousses révolutionnaires de ces dernières années et que devraient haïr spécialement les gens de paix et d'ordre, nous affecte-t-elle douloureusement ? Le général Duval, tué, nous a peu émus ; Flourens, mort, nous attriste. Ah ! c'est que celui-ci était une âme ardente et convaincue, sincère ! C'était un croyant. Quelle que soit la religion, l'apôtre inspire de l'estime, et le martyr de la compassion. Cet apôtre, ce martyr, était né riche ; fils d'un savant illustre, on pourrait presque dire qu'il était né savant. Puis, tout jeune encore, il se lança dans les aventures de la politique. On se battait en Crète, il partit pour la Crète. Là il s'insurgea contre l'insurrection elle-même, nargua les gendarmes, fut pris, s'évada, fut repris, en un mot inventa une légende, créa un roman. C'est justement parce qu'il était romanesque qu'il est intéressant. Il revint en France. Plein de générosité, prodigue de son argent comme de son sang, il secourait les misérables de Belleville pendant les hivers sans feu et sans pain. Il allait, vraiment, de mansarde en mansarde, interrogeant, consolant, ranimant. Vous vous souvenez de ce que Victor Hugo raconte de la sublime Pauline Roland ? L'âme de Flourens ressemblait à l'âme de Pauline Roland. Ce patriote était une sœur de charité. D'ailleurs, politique fiévreux, chercheur d'un eldorado social, il mettait un bras violent au service des causes les plus désespérées ; nul ne fut jamais moins prudent que lui ; il était l'activité elle-même, errante, désordonnée, s'en prenant à tout. L'immobilité lui était interdite ; quand on ne le voyait pas s'agiter, c'est qu'il agissait dans l'ombre, mais il agissait toujours. Son amitié avec Henri Rochefort fut intime. Ces deux « turbulents, » l'un par sa plume, l'autre par son bras, faisaient songer l'un à l'autre. Les excès de Rochefort dans l'invective rappelaient les excès de Flourens dans le remûment. Ces deux natures se contredisaient quelquefois ; elles étaient liées pourtant. Avez-vous jamais vu, dans quelque atelier, deux rapins exécuter la farce célèbre qui consiste en ceci, que l'un parle sur n'importe quel sujet, tandis que l'autre, caché sous un manteau derrière son compère, étend les bras et fait les gestes les plus étranges ? Rochefort et Flourens faisaient cette farce en politique, celui-ci hâblant, celui-là se démenant ; puis ils se séparèrent. Ce fut le jour des funérailles de Victor Noir. Ce jour-là, Henri Rochefort — il faut lui tenir compte de ceci — préserva d'un danger terrible une multitude d'hommes. Flourens, conséquent avec lui-même, voulait qu'on portât le corps au Père-Lachaise ; — en route, on se serait battu, on aurait agi : c'était ce que voulait cet *agisseur*. Il fut vaincu ; la parole triompha ; cent mille cris de « vengeance ! » remplirent l'espace, mais il n'y eut que des cris et quelques tombes violées dans le cimetière de Neuilly. Flourens attendit une occasion meilleure, il attendit en s'agitant. Il était l'homme-barricade. Il ne comprenait pas qu'on marchât sur les pavés ; les pavés, selon lui, n'étaient faits que pour s'amonceler en travers des rues et pour abriter des patriotes armés. D'ailleurs, bien qu'il portât constamment l'habit noir, il n'était pas de ces habits noirs qui font faire le coup de feu et qui se cachent pendant qu'on se bat ; il défendait les barricades qu'il avait donné ordre d'élever ; partout où on pouvait mourir, il y allait ; au milieu de la perpétuelle émeute qu'il faisait à lui tout seul, il gardait l'air placide et doux d'un bon jeune homme, la courtoisie exquise d'un gentleman, les yeux étonnés d'un enfant. C'est avec cet air doux, posé, charmant qu'il a dû tomber sous le sabre des gendarmes. Maintenant il est mort. On le juge, on le blâme, on ne peut pas le haïr. C'était un fou qui était un héros. La Commune — telle que la font nos maîtres actuels — n'était pas digne de ce martyr.

XXXII.

Au milieu de tant d'événements horribles et qui intéressent le pays tout entier, dois-je donner place à une douleur qui n'a brisé qu'un seul cœur ? Oui, le plus petit détail n'est pas sans importance dans le plus vaste tableau.

C'était un convoi d'enfant. La caisse de frêne, mal re-couverte d'un petit drap noir, n'était pas plus grande, comme dit Théophile Gautier, qu'un étui de violon. Peu de monde dans le cortége : une vieille femme, la mère sans doute, en robe de laine noire, avec un bonnet blanc tuyauté ; elle tenait par la main un petit garçon qui n'était pas encore à l'âge où l'on pleure ; derrière elle, des femmes, des voisines sans doute, jacassant. Le convoi suivait une large rue sous l'admirable soleil.

Quand on fut devant l'église, il arriva ceci que l'église était fermée. Cependant, la veille, on avait donné de l'argent pour la messe, et l'heure de la cérémonie était fixée. Une des voisines se détacha du cortége et se dirigea vers la petite porte de la sacristie ; elle fut reçue par un garde national qui lui cria: « On ne passe pas! » Il daigna d'ailleurs lui apprendre que le curé, le sacristain et tous les j...f..... de l'église avaient été mis sous clé pour qu'ils ne pussent plus nuire aux b....b.... de patriotes. La mère s'était rapprochée.

— Eh bien, dit-elle, qui enterrera mon enfant, si on a mis le curé en prison?

Et la pauvre vieille femme se mit à sangloter en songeant qu'il n'y aurait pas de prières pour cette petite âme et qu'on ne jetterait pas d'eau bénite sur ce petit cercueil.

Mon Dieu! oui, messieurs de la Commune, elle pleura ; elle pleura bien plus encore quand, plus tard, au cimetière, elle vit descendre dans la fosse le cher cadavre dont l'âme n'avait pas été recommandée au bon Dieu. Que voulez-vous ? Il ne faut pas lui en vouloir, c'était un esprit faible, une pauvre femme aux idées étroites. Il

6.

y a encore de ces mères, indignes, je le reconnais, de donner des citoyens à la patrie, qui ne veulent pas qu'on ensevelisse leurs enfants comme on enterrerait un chien ; elles ne savent pas que prier est un crime, que s'agenouiller est un forfait, et que dire à Dieu : « Je vous adore, » est une offense à l'humanité tout entière ; elles ont encore la faiblesse de vouloir que l'on plante une croix sur les tombes de ceux qu'elles pleurent. Une croix au XIXe siècle ! un drapeau rouge, à la bonne heure !

XXXIII.

Décidément, la fraternité communale s'affirme de plus en plus ; elle met en pratique cet admirable précepte : « Arrêtez-vous les uns les autres. » On a parlé de M. Delescluze envoyé à la Conciergerie. Hier, on arrêtait Lhuillier, aujourd'hui, on arrête Assy. Ce n'était pas assez de changer de Commission exécutive comme on change, si j'ose m'exprimer ainsi, de bonnet de nuit ; la Commune se conduit, à l'égard de ceux de ses membres qui lui déplaisent, absolument comme s'ils étaient de simples archevêques.

Quoi ! Assy, Assy du Creusot, Assy qui signait en tête de tous ses collègues les proclamations du Comité central, non moins par droit de célébrité que par droit d'ordre alphabétique, ne siége plus à l'Hôtel de Ville ? Il ne propose plus de décrets ? Il ne dialogue plus avec F. Cournet ? Il ne riposte plus à G. Tridon ? Pourquoi cela ? D'où vient cette chute après cette gloire ? On murmure tout bas qu'Assy, prudent, a jugé à propos de mettre de côté quelques billets de banque trouvés dans les tiroirs du gouvernement de Versailles. Eh ! qu'est-ce que cela, je vous le demande ? Depuis quand la politique, comme les affaires, n'est-elle plus l'argent des autres ? Pure peccadille, messieurs de la Commune ! Ah ! si le citoyen Assy était convaincu d'avoir entretenu en 1843 des relations suivies avec une dame dont le fils, aujourd'hui, serait le cousin du valet de chambre de M. Thiers, s'il avait été vu dans une église et qu'il fût nettement prouvé qu'il n'y était pas entré dans le seul but de « faire le mouchoir » aux fidèles, je comprendrais votre indignation. Mais arrêter un homme parce qu'il a mis en sûreté le fruit des rapines des traîtres ! cela est vif, et, si vous continuez ainsi, prenez garde, on croira que vous avez des préjugés.

Quant au citoyen Lhuillier, qui a été une des premières victimes de la « fraternité, » on l'a incarcéré parce qu'il n'a pas réussi à se faire livrer le Mont-Valérien. Je songe avec terreur que si j'avais été à la place du citoyen Lhuillier, j'aurais certainement encouru les rigueurs qu'il a subies, car du diable si je sais comment je m'y serais pris pour apporter à l'Hôtel de Ville, sur la table des délibérations, la grande forteresse. Vous êtes en Suisse, vous voyez le Mont-Blanc, vous dites à un enfant qui passe : « Va me chercher le Mont-Blanc. » L'enfant, naturellement, va jouer aux boulettes sur le plus prochain trottoir, et, quand il revient, il n'a pas le plus petit Mont-Blanc sous le bras. Alors, vous, que faites-vous ? Vous fouettez jusqu'au sang le maladroit commissionnaire. Mais il paraît que M. Lhuillier n'a pas voulu continuer à être fouetté, je me trompe, à être emprisonné, et, non moins rusé qu'il s'était montré valeureux, il a quitté, sans tambour ni trompettes, sa cellule imméritée. « Mon cher Rochefort, écrit-il au rédacteur en chef du *Mot d'ordre*, vous savez de quelle infâme machination j'ai été victime. » Cela, M. Rochefort le sait peut-être, mais je suis contraint d'avouer que je l'ignore entièrement, à moins que M. Lhuillier ne qualifie de « machination » l'ordre qui lui a été donné de mettre le Mont-Valérien dans la poche de son gilet. « Arrêté, sans motifs, par ordre du Comité central, je me suis vu jeté... » (Jeté ? Ah ! on a eu tort de jeter M. Lhuillier) « ... au Dépôt de la préfecture de police » (de l'ex-préfecture, s'il vous plaît) « ... et mis au secret au moment même où Paris a besoin d'hommes d'action et de praticiens militaires. » Fi ! messieurs du Comité, vous aviez sous la main un homme d'action, — qui ne connaît les nobles actions du citoyen Lhuillier ? — vous aviez sous la main un praticien militaire — tout le monde ne sait-il pas quelle profonde expérience des choses de la guerre M. Lhuillier a acquise dans ses nombreuses campagnes ? — et vous l'avez mis, que dis-je, jeté au Dépôt de la préfecture ? C'est mal, c'est très mal. « Le Dépôt est transformé en prison d'Etat, et les précautions les plus rigoureuses sont prises contre les détenus. » Ceci est bon à noter. Il paraît que les prisonniers de la Commune ne mènent pas précisément une vie de cocagne. « Néanmoins, suivi de mon secrétaire, j'ai trouvé l'occasion de franchir tranquillement... » — *Tranquillement* est adorable ; la tranquillité n'abandonne jamais les grandes âmes. — « ... le seuil de ma cellule, où j'étais gardé à vue, de passer deux préaux gardés par une douzaine de gardiens, de me faire ouvrir trois portes fermées et de me faire présenter les armes par tous les factionnaires de la préfecture. » Evasion sublime ! Pends-toi, Latude ! Quel chapitre aurait écrit le regretté et ingénieux Alexandre Dumas sur cette admirable donnée ! Le seuil de la cellule franchi sous le nez du géôlier, endormi sans doute par une boisson assoupissante que M. Lhuillier, grâce à ses longs voyages dans les Indes orientales, a seul le secret de composer, les douze gardiens du préau saisis l'un après l'autre à la gorge, renversés, liés de cordes et mis hors d'état de donner l'alarme par douze poires d'angoisse fourrées dans leurs douze bouches, les trois portes ouvertes par trois énormes fausses clefs qu'avaient fabriquées un membre de la Commune, serrurier de son état et resté fidèle à la cause de M. Lhuillier, et, enfin, les factionnaires, plongés dans l'extase à la seule vue du glorieux évadé et lui présentant les armes, quel drame ! Mais ce qu'il y a de plus beau, sans conteste, c'est le secrétaire ! Je l'aime, ce secrétaire, qui n'a pas un seul instant abandonné son maître, et je le vois, pendant que M. Lhuillier accomplissait des miracles, je le vois au milieu du danger écrire sans trouble, d'un crayon sûr, ces nobles aventures, qui ne périront pas ! « A cette heure, continue l'ex-prisonnier de l'ex-préfecture, j'ai deux cents hommes déterminés qui me servent d'escorte et trois bons revolvers chargés dans mes poches. J'ai eu trop longtemps la simplicité de voyager sans armes et sans amis ; aujourd'hui, je suis bien décidé à casser la tête au premier venu qui viendra m'arrêter. »

Ah ! mon Dieu, s'est écrié un brave bourgeois — les bourgeois sont féroces — à la lecture de cette lettre, si tous les membres de la Commune pouvaient venir l'arrêter l'un après l'autre ! « Je ne me cache pas, je circule librement et ouvertement sur les boulevards. » Quelle fierté ! quelle grandeur d'âme ! Ah ! fantoches, pantins, marionnettes ! Tenez, je crains tant d'être injuste que je veux croire, oui, je veux croire encore — malgré les perquisitions armées, malgré les arrestations, malgré les vols, car il y a eu des vols, malgré tant de decrets, dont quelques-uns sont inutiles et grotesques — je veux croire que vous ne vous êtes pas uniquement emparés du pouvoir pour transporter le théâtre Guignol à l'Hôtel de Ville et pour y jouer de sinistres farces ; je veux espérer que vous aviez, que vous avez encore un but honorable, avouable, que votre inexpérience naturelle, jointe aux difficultés du moment, est la seule cause de vos excès et de vos folies ; je me plais à penser que parmi vous, en dépit des démissions successives de vos confrères les plus estimés, il y a encore des honnêtes gens, des gens sérieux qui gémissent du mal qui a été fait, qui voudront le réparer et qui s'efforceront de faire oublier le crime et l'horreur de la guerre civile par les bienfaits qu'apportent quelquefois les révolutions ; oui, moi qui de tout temps me suis nourri d'illusions, je veux penser tout cela ; mais, de bonne foi, quelle confiance vous imaginez-vous pouvoir inspirer à des gens qui, moins prévenus que moi en faveur des novateurs, vous voient vous arrêter les uns les autres et sont obligés de reconnaître que vous avez parmi vous des généraux comme Bergeret, des honnêtes gens comme Assy, des échappés de Bicêtre comme Lhuillier ?

XXXIV.

On se bat toujours. C'est à peine si, à de rares intervalles, la canonnade s'interrompt. Les résultats sont peu appréciables. Aujourd'hui, 7 avril, les choses en sont au point où elles en étaient le lendemain de Bergeret repoussé et de Flourens tué. Les forts de Vanves et d'Issy bombardent les batteries versaillaises, qui bombardent les forts de Vanves et d'Issy ; les curieux, groupés sur le Trocadéro, voient monter au loin de blanches fumées. Chaque matin, le citoyen Cluseret, délégué à la guerre, annonce qu'un assaut, tenté par les gendarmes, a été victorieusement repoussé par les garnisons des forts. Il est sûr que si les Versaillais attaquent, ils sont repoussés, puisqu'ils n'avancent pas. Mais attaquent-ils ? Je suis vaguement porté à croire qu'on suppose des attaques afin de pouvoir annoncer des victoires. Il me semble évident que les généraux de l'Assemblée nationale — qui s'occupent surtout à cette heure d'établir des batteries et de grouper leurs forces — n'agiront d'une façon sérieuse que lorsqu'ils se croiront certains du succès. En attendant, ils se contentent d'achever de ruiner les forts déjà démantelés par les Prussiens.

Entre Courbevoie et la porte Maillot, la bataille est continuelle. On perd, on gagne du terrain. Cette maison, que les Versaillais occupaient tout à l'heure, est

occupée maintenant par les fédérés. On ne triomphe
jamais, on se bat toujours. Quoi ! ne s'élèvera-t-il pas
enfin une voix pour crier : « Assez ! assez de sang et
de larmes ! assez de Français tués par des Français, de
républicains tués par des républicains ! » Que de gens
tombent de part et d'autre avec le même cri sur les lèvres ! Oh ! quand donc cessera ce malentendu sinistre !

XXXV.

Trente tambours voilés, trente clairons pavoisés de
deuil marchent à la tête de l'immense cortége ; les tambours, par instants, font entendre un roulement lugubre,
qui se prolonge et meurt ; le cri clair du clairon est
navrant.

Des détachements, très-nombreux, de tous les bataillons viennent ensuite ; on marche avec lenteur, les fusils
vers la terre ; il y a des immortelles à toutes les bouton-
nières, les immortelles sont rouges. Est-ce une manifestation d'un sentiment politique ? Est-ce un symbole de la
mort sanglante ?

Puis s'avance, traîné par quatre chevaux noirs, un
vaste char, drapé de noir, recouvert en catafalque de
velours noir lamé d'étoiles d'argent ; aux quatre coins
flottent au vent les sombres drapeaux rouges.

Un autre char paraît, un autre, un autre encore ;
dans chacune des voitures mortuaires, il y a trente-
deux cadavres.

Derrière les chars marchent des membres de la Com-

mune, la tête nue, ceints d'une écharpe rouge. Hélas !
du rouge toujours.

Enfin, entre une double haie infinie de gardes nationaux,
se resserre une foule démesurée d'hommes, de femmes,
d'enfants, recueillis, tristes, quelques-uns en pleurs.

Le long cortége suit les boulevards. Il vient de l'hos-
pice Beaujon, il va au Père-Lachaise ; sur son passage
toutes les têtes sont nues. Un homme, à une fenêtre,
garde son chapeau ; on le hue ; il se découvre. Honte à
qui ne salue pas ceux qui sont morts pour une cause
qu'ils croyaient juste ! Ne pensez plus, devant ces
cadavres qu'on emporte, au mal causé par les hommes
qu'ils furent ; ils sont morts, ils sont sacrés. Mais
songez, — oh ! à cela, songez-y ! — que c'est au crime
de quelques-uns qu'est due la mort d'un si grand nombre,
et hâtez de tous vos vœux l'heure où s'appesantira sur
les coupables, quels qu'ils soient, à quel parti qu'ils appartiennent, l'inexorable vindicte qui précipite les destinées
humaines.

XXXVI.

Plus de lettres ! Comme au temps du siége, si vous
tenez absolument à obtenir des nouvelles de votre mère
ou de votre femme, il faudra, s'il vous plaît, vous adresser à des somnambules ou à des tireuses de cartes.
La chose n'est pas si compliquée que l'on croit : vous
n'êtes pas sans posséder un ruban, une boucle de cheveux, un rien ayant appartenu à la personne absente ? Cela

7

suffit. Vous pourrez être informé, heure par heure, de ce qu'elle dit, de ce qu'elle fait, de ce qu'elle pense. Vous objectez que vous préféreriez vous en tenir à l'ancienne méthode, et qu'il vous serait plus agréable de recevoir une lettre que de consulter un charlatan. Ah! vraiment? Eh bien, je ne vous conseille pas de dire cela tout haut. On vous prendrait pour ce que vous êtes en effet, pour un réactionnaire, et il pourrait vous en cuire. Dans la journée d'hier, un jeune homme se promenait aux Champs-Élysées. Un garde national s'approche et lui demande du feu.

— Je suis vraiment désolé, dit le promeneur, mais mon cigare est éteint.

— Ah! ton cigare est éteint? Ah! tu rougirais de rendre un service à un patriote? Réactionnaire, va!

Et les injures de pleuvoir, et un groupe de se former, et une femme — une bien aimable personne — de s'écrier : « C'est un ancien sergent de ville! »

— Oui, oui, c'est un gendarme déguisé.

— Il ressemble à Ernest Picard !

— Il faut le jeter à l'eau !

— A l'eau ! à la Seine ! à la Seine, le mouchard !

Le pauvre garçon fut entouré, entraîné, enlevé ; le groupe était devenu une foule, gardes, femmes, enfants, et répétait sans savoir pourquoi : « A l'eau ! qu'on le fusille ! qu'on le pende ! » Les personnes superstitieuses insistaient pour la pendaison, à cause de la corde. D'ailleurs, d'où était venu le démêlé, personne ne le savait plus. Un monsieur me dit :

— Il paraît qu'on l'a arrêté au moment où il allait mettre le feu à l'ambulance du Palais de l'Industrie.

L'a-t-on pendu, fusillé, noyé? J'espère que non. Quoi qu'il en soit, vous ferez sagement d'éviter une aventure analogue, et, quelles que soient vos inquiétudes à l'égard de votre famille ou de vos affaires, je vous engage à les dissimuler soigneusement. Faites mieux : affectez un air des plus souriants. Supposons que vous rencontriez un de vos meilleurs camarades.

— Ah! mon cher ami, vous dit-il, vous devez être bien inquiet?

— Inquiet, moi? Pas du tout. Je ne me suis jamais trouvé au contraire dans une disposition d'esprit plus paisible.

— Je croyais que votre tante était malade? Et comme, en ce moment, vous ne recevez pas de lettre....

— Je ne reçois pas de lettres! Qui vous a conté cela, bon Dieu ! J'en reçois plus que jamais, plus que je n'en veux. Pas de lettres, quelle idée!

— Il faut que vous soyez bien favorisé, car, enfin, depuis que le citoyen Theiz s'est installé à l'hôtel des Postes, les communications sont interrompues.

— Mais pas du tout, pas du tout! C'est un bruit que les réactionnaires font courir. Oh! ces réactionnaires! N'ont-ils pas été jusqu'à imaginer que la Commune a emprisonné des prêtres, arrêté des journalistes, et supprimé des journaux?

— Vous avez beau dire, une proclamation du citoyen Theiz lui-même annonce que les communications avec les départements ne seront pas rétablies avant plusieurs jours.

— Pure modestie de sa part! Il lui a suffi d'appa

raître pour réorganiser le service compromis par ces gueux de réactionnaires.

— De sorte que vous avez journellement des nouvelles de votre tante?

— Journellement.

— Eh bien, j'en suis ravi. Car un de nos amis qui arrive de Marseille m'avait annoncé que votre pauvre parente était morte.

— Morte! Ah! mon Dieu! que me dites-vous là? Attendez donc, maintenant j'y songe, ce matin je n'ai pas reçu de lettres.

— Là, vous voyez!

Mais ne vous laissez pas emporter par le chagrin au point de hasarder votre sûreté personnelle et répondez :

— Je vois, monsieur, je vois que si, par extraordinaire, je n'ai pas eu de nouvelles aujourd'hui, c'est que le citoyen Theiz, qui est un excellent homme, a voulu m'épargner un chagrin !

XXXVII.

Ne touchez pas à la reine. La reine, en ce temps, c'est la presse. Reine bien déchue, bien encanaillée, mais reine toujours. C'est en vain que la presse s'est parfois abaissée dans l'opinion des honnêtes gens en consentant à des excès, en approuvant des fautes, en applaudissant à des crimes ; vainement quelques journalistes ont déconsidéré le journal, la presse, fille auguste de la pensée humaine, n'a perdu ni sa puissance ni son prestige. Mal comprise, mal employée, elle a pu nuire, mais personne ne méconnaît la grandeur dès services qu'elle peut rendre, ni la noblesse de sa mission. Si elle a été quelquefois la voix qui trompe, elle a été aussi et sera encore la voix qui instruit et qui encourage.

Quand vous êtes allé, hier, à l'improviste, nuitamment, comme on fait un mauvais coup — et vous en faisiez un — quand vous êtes allé saisir les presses du *Journal des Débats*, du *Paris-Journal*, du *Constitutionnel*, savez-vous ce que vous avez fait? Vous croyez peut-être que cette action n'a eu pour résultat que de supprimer violemment une propriété privée — ce qui est un vol — que de réduire à la misère — ce qui est un crime — tous ceux qui vivent du journal, journalistes, typographes, plieuses et porteurs?

Vous avez fait pis encore, vous avez barré autant qu'il était en votre pouvoir le courant du progrès humain. Le plus noble droit de l'homme, celui de dire hautement ce qu'il pense, vous l'avez supprimé comme un pic-pocket « filoute » un mouchoir de poche, et vous avez pris au collet cette sainte chose, l'indépendance de la pensée, et vous lui avez dit : « Tu me gênes, je t'étrangle. »

Et pourquoi avez-vous fait cela? Fermer la bouche à ceux qui vous contredisent, c'est convenir que vous n'êtes pas bien sûrs d'avoir raison. Supprimer les journaux, c'est avouer que vous les craignez. Redoutez que votre appréhension de la lumière n'inspire d'étranges soupçons sur ce que vous perpétrez dans l'ombre. On ferme les fenêtres lorsqu'on ne veut pas être vu. Les portes trop bien closes n'inspirent que peu de confiance. Vos séances à l'Hôtel de Ville ont lieu à huis clos, comme ces procès lugubres dont les détails seraient dangereux pour la morale publique. A quoi bon ce mystère? Avez-vous donc de si étranges projets? formulez-vous entre vous des propositions si blâmables, que la pudeur vous contraigne à tenir vos délibérations secrètes? Cette crainte de la publicité, de la discussion, vous venez de la prouver encore par ces escouades de gardes nationaux qui sont entrés dans des imprimeries comme on s'introduirait, les pinces à la main, dans une maison solitaire. En serons-nous réduits, pour juger vos actes, pour savoir la vérité sur les phases sanglantes de la guerre civile, à vos seules affirmations ou à celles des journaux complices? Vous êtes donc bien décidés à être coupables, et bien sûrs d'être obligés à mentir, puisque vous vous débarrassez d'abord de ceux qui pourraient vous juger et de ceux qui pourraient vous démentir! Donc vous avez fait non-seulement un crime, mais une maladresse. On ne touche pas impunément à la liberté de la pensée écrite. La presse, persécutée, exerce un jour de terribles représailles. Regardez derrière vous. Observez les longues années du gouvernement impérial, les quelques mois du gouvernement du 4 septembre. De tous les crimes commis par le premier, de toutes les fautes commises par le second, le crime et la faute qui ont certainement le plus hâté le dénoûment, sont ceux dont la presse a été victime. Une des excuses les plus valables de l'émeute du 18 mars n'était-elle pas la suppression de plusieurs journaux par le général Vinoy, avec le consentement de M. Thiers? Comment êtes-vous assez imprudents pour commettre la maladresse qui a perdu les gouvernements précédents et assez peu soucieux de votre honneur pour commettre le crime que vous reprochez à vos ennemis?

Ah! vraiment, ceux qui vous observent avec patience et impartialité, ceux qui, d'abord, vous étaient peut-être intimement favorables, parce qu'il leur semblait que vous représentiez quelques-unes des aspirations légitimes de Paris, ceux-là, vous voyant agir en tyrans étourdis, seront bientôt dans l'impossibilité de garder aucune illusion sur votre compte, et, après avoir essayé de vous estimer par amour de la liberté, seront, par amour de la liberté, obligés de vous mépriser enfin!

XXXVIII.

Cela était-il vrai? Je ne pouvais y croire. Était-il possible que Paris, une seconde fois, fût bombardé? et bombardé par qui? par des Français. En dépit du danger qu'il y avait, disait-on, à se rapprocher de Neuilly, j'ai voulu voir les choses de mes propres yeux, et, ce matin, 8 avril, je suis allé aux Champs-Élysées.

Jusqu'au rond-point, rien de particulier, si ce n'est plus de solitude que les jours précédents. L'omnibus s'arrête à la hauteur de l'avenue de Marigny. Une Anglaise, que le conducteur prie de descendre, me demande son chemin; elle voudrait aller rue Galilée, mais elle n'ose pas suivre la grande avenue; je lui indique une rue latérale, et je continue mon chemin. Voici un cordon de gardes nationaux; espacés de dix en dix pas, ils interrompent la circulation.

— On ne passe pas !

— Mais, répliquai-je.....

Et je m'interrompis, cherchant quelque motif plausible pour justifier mon insistance. Il n'en fut pas besoin; bien que je me fusse borné à dire : Mais..... Le factionnaire jugea l'explication suffisante, et reprit :

— C'est différent, passez.

A mesure qu'on monte, l'avenue est plus en plus déserte. Les volets de toutes les maisons sont fermés. De loin en loin, un passant longe les murs par prudence, prêt à se réfugier dans l'une des portes cochères restées ouvertes par ordre, dès qu'il entendra le sifflement d'un obus. Devant la boutique d'un carrossier, hermétiquement close, des fusils sont rangés en faisceaux ; la plupart des gardes dorment étendus sur le trottoir ; d'autres font les cent pas, la pipe à la bouche ; quelques-uns jouent au bouchon. J'entends dire qu'un obus a éclaté, il y a un quart d'heure, au coin de l'avenue et de la rue de Morny. Un capitaine était là, assis par terre, à côté de sa femme qui venait de lui apporter à déjeuner; le capitaine a été littéralement coupé en deux; on a transporté la femme, grièvement blessée, dans une pharmacie qui se trouve à côté du bureau des omnibus. On m'assure qu'elle y est encore, et, retournant sur mes pas, je me dirige de ce côté. Il y a un petit groupe devant la boutique. J'essaye de me faire jour, mais je ne vois rien, car la blessée a été portée dans le laboratoire. J'apprends seulement qu'elle a reçu un éclat d'obus dans le cou et qu'elle reçoit les soins d'un médecin des ambulances de la Presse. Je reprends ma route. La canonnade, qui semblait interrompue, reprend avec une rare vigueur;

des fumées blanches s'élèvent de la Porte-Maillot; des
boîtes à mitraille, envoyées par le Mont-Valérien, éclatent au-dessus de l'Arc-de-Triomphe. J'avance toujours.
A droite, à gauche, des compagnies de fédérés. Plus loin,
un bataillon à peu près complet, l'arme sur l'épaule droite,
des casseroles sur le dos, des pains au bout des baïonnettes, s'ébranle dans la direction de la Porte-Maillot.
A côté du capitaine de la première compagnie, marche
une femme qui porte un uniforme singulier : une jupe
de cantinière, une vareuse de garde national, et là-dessus un bonnet phrygien; elle a un chassepot sur l'é-
paule et un révolver à la ceinture; elle me paraît jeune
et assez jolie. J'interroge quelques fédérés : l'un me dit
que c'est la femme du citoyen Eudes, membre de la Commune; un autre m'assure que c'est une marchande de
journaux de l'avenue des Ternes, dont le fils, un petit
garçon de trois ans, a été tué hier soir, rue des Acacias,
par un éclat d'obus, et qui a juré de venger son enfant.
J'apprends aussi que ce bataillon va soutenir les combattants de Neuilly, qui en ce moment faiblissent. D'après
les bruits qui circulent, les gendarmes et les sergents
de ville se seraient avancés jusqu'à la rue des Huissiers.
Je suis assez porté à croire que les généraux de l'Assemblée nationale n'ont pas négligé d'employer les sergents de ville et les gendarmes, qui sont, les premiers,
d'anciens soldats, et les seconds, de bons soldats ; mais,
en vérité, s'il y en avait partout où l'imagination des fédérés persiste à en voir, il faudrait qu'ils fussent plus
nombreux que les grains de sable de la mer, ou que leurs
chefs aient réussi à les douer du don d'ubiquité. Cependant, je suis le bataillon, et nous nous trouvons à cin-

7.

quante mètres environ de l'Arc-de-Triomphe. Un sifflement rapide, aigu, tortueux, commence au loin, redouble et vient à nous ; cela fait à peu près le bruit d'une
fusée d'artifice qui s'enlève. Gare à l'obus! crie un
sergent, et en un clin d'œil le bataillon s'abat ventre
à terre, avec un bruit de baïonnettes qui se froissent et
de casseroles heurtées. Il y avait quelque danger en effet.
Le projectile s'abat et éclate, avec un bruit formidable, à
peu de distance de nous, sur le trottoir, devant la dernière maison de l'avenue, à gauche. Je n'avais jamais
vu de si près éclater un obus. On peut se faire une idée
de ce spectacle, en regardant les peintures naïves que
portent, pendues à leurs cous, certains mendiants aveugles, et qui représentent un sinistre dans une mine.
D'ailleurs, je ne crois pas que personne ait été atteint,
et les dégâts matériels paraissent se borner à un grand
trou dans le bitume et à une porte enfoncée. Le bataillon
se relève, et plusieurs gardes s'en détachent pour aller
ramasser des éclats ; ils ont à peine fait quelques pas,
qu'une seconde fois retentit le cri d'alarme, précédé du
terrible sifflement, et, de nouveau, nous voilà tous couchés. Le second projectile éclate, mais nous ne l'avons
pas vu tomber ; nous voyons seulement, au dernier étage
de la maison qui a déjà été atteinte, une fenêtre s'ouvrir
brusquement et les carreaux de vitre brisés s'émietter dans
la rue. Il est probable que l'obus est tombé sur le toit et
l'a effondré. N'y avait-il personne dans les mansardes?
Nous sommes debout, et nous tournons l'Arc-de-Triomphe. Je me suis adroitement insinué dans la confiance
de l'arrière-garde, et j'espère pouvoir aller aussi loin
qu'il me plaira. Chose singulière! et que j'avoue avec

une fierté naïve : je n'ai pas peur du tout. Une inclinai-
son d'un centimètre de plus dans la direction de l'obu-
sier, et je pouvais être haché en miettes; n'importe, je
suis plus que jamais disposé à marcher en avant. Je commence à croire qu'il n'est pas très-difficile d'être brave, —
quand on n'est pas un poltron. Sous l'arche immense
du monument, il y a une centaine de curieux qui se croient
à l'abri, et qui, de temps en temps, avancent leurs têtes
pour examiner les dégâts que viennent de faire trois projectiles successifs au groupe du sculpteur Étex. Mais
sur l'avenue de la Grande-Armée, on ne voit guère que
des fédérés, et je suis peut-être le seul homme sans
uniforme qu'on ait laissé aller jusque-là. Je vois distinctement une petite barricade, élevée devant la Porte-
Maillot, de ce côté des remparts. Le bastion de droite
canonne vigoureusement les hauteurs de Courbevoie;
d'énormes bouffées de fumée, presque immédiatement
accompagnées d'effroyables détonations, certifient le zèle
des artilleurs de la Commune. Au delà, l'avenue de Neuilly
s'étend, longue, solitaire, poussiéreuse; d'ailleurs le soleil m'aveugle, et je ne distingue qu'imparfaitement les
objets. Mais la fusillade commence à devenir très-dis-
tincte; on se bat surtout à Saint-James, — je me souviens
de la petite maison que j'habitais, en face du bois de Boulogne, — et dans l'ancien parc de Neuilly. Je voudrais
suivre le bataillon au delà des portes, mais un officier
m'aperçoit, et, sans la moindre politesse, m'intime l'ordre de rétrograder. Il me rend service d'ailleurs ; car,
bien que depuis un instant le feu des batteries versaillaises ait diminué d'intensité, la place ne doit pas être
longtemps tenable, si j'en juge par les débris d'obus qui

jonchent çà et là le sol, par des brancards que l'on emporte, et où l'on aperçoit des matelas rougis de sang ; par la gare, presque entièrement effondrée, et par les maisons voisines, qui, presque toutes, ont de grands trous dans leurs façades. D'ailleurs, les fédérés ne paraissent pas s'émouvoir outre mesure de leur situation délicate. On entend de grands éclats de rire sortir d'une casemate dont la cheminée fume, et les gardes, qui vont çà et là, sifflent le *Chant du Départ*, de l'air le plus satisfait du monde. Je gagne la rue du Débarcadère, très-rapprochée du rempart. Une de mes parentes demeure au n° 4 ; elle a déménagé ; mais la concierge me reconnaîtra et me permettra sans doute de m'installer à quelque fenêtre. Dans la maison voisine, qui fait le coin, un obus est entré chez le marchand de vins, qui se serait bien passé de ce visiteur, et s'y est conduit d'une façon peu convenable, brisant les glaces, estropiant les tables, enfonçant le comptoir, mais n'a tué ni blessé personne. Le concierge du n° 4 me reconnaît en effet, et je m'introduis dans le domicile de ma parente, situé au troisième étage.

De la croisée, je ne puis pas voir le bastion, qui m'est caché par la gare ; mais au loin, à gauche, au delà du bois de Boulogne, où il semble que j'aperçois des mouvements de troupes à travers les branches — sont-ce des Versaillais ? sont-ce des Parisiens ? — s'élève, énorme et baigné de soleil, le Mont-Valérien. Les étincelles, qui ont en plein jour l'éclat pâle de l'argent, se succèdent avec rapidité, les détonations retentissent, et le géant a une tiare de fumée. Je crois qu'il tire dans la direction de Levallois plutôt que sur la Porte-Maillot. Les fédérés ne songent pas à lui répondre. En détournant un peu mes regards vers la droite, je domine presque entièrement l'avenue de Neuilly. Les terrains dénudés qui forment ce qu'on appelle la zone militaire sont absolument déserts ; plusieurs obus y tombent, qui étaient évidemment destinés à la Porte-Maillot ou au bastion. Ma situation à la fenêtre n'est pas exempte de tout péril ; je suis justement derrière le bastion. Après la zone militaire, les maisons semblent abandonnées, mais je vois distinctement des gardes nationaux qui font la soupe sur le trottoir du restaurant Gillet. Je suis trop éloigné pour juger du dégât qu'ont dû occasionner les projectiles ; j'ai entendu dire que bien des toits, de ce côté, ont été effondrés, bien des murailles renversées. Tout ce que je puis apercevoir de la place du Marché est désert, mais un bruit de fusillade et des fumées qui s'élèvent d'un des côtés de la place me révèlent que les fédérés y sont en assez grand nombre. Plus loin encore, je vois des fusils aux fenêtres, et des fumées qui montent ; par instant des groupes de combattants traversent l'avenue au pas de course et disparaissent dans les maisons. Quant au pont, précédé d'une ligne sombre qui est une barricade, il ne m'apparaît que très-confusément, grâce à l'éloignement, au soleil qui m'aveugle et peut-être aussi à l'émotion que me causent le désir à la fois et la crainte de voir. Ce qui me surprend surtout dans la bataille à laquelle j'assiste, c'est le petit nombre de combattants visibles. Mais voici que tout à coup — il est environ deux heures de l'après-midi — les batteries versaillaises de Courbevoie, silencieuses depuis assez longtemps, se mettent à tirer avec fureur. L'horrible toux des mitrailleuses couvre le sifflement des obus ; tout le fond de la longue avenue est baigné d'un brouillard blanc. Le bastion riposte énergiquement ; il me semble que l'on me déchire le dedans de l'oreille, et brusquement j'entends un bruit sourd, sec, énorme, que je n'avais pas entendu encore, et je sens que la maison a tremblé. Les gardes nationaux du rempart poussent de grands cris ; je crois qu'une volée de projectiles a éventré le pont-levis de la Porte-Maillot. Cependant, là-bas, les nuages de fumée se rapprochent évidemment, et les fusillades plus intenses paraissent aussi plus voisines. J'ai l'impression qu'une poussée terrible vient de Courbevoie. Les Versaillais marchent-ils en avant ? Les obus dépassent la porte dans la direction des Champs-Élysées. Je distingue un grouillement tumultueux qui marche, dans la fumée, dans la poussière, sous le soleil. Le bastion tonne avec une rage croissante. Je ne puis plus en douter, les Versaillais s'avancent : ils ont des pantalons rouges ; ce sont des lignards. Les maisons de l'avenue les fusillent au passage. Je vois une troupe s'arrêter, hésiter sous les balles qui me paraissent partir de la place du Marché, puis se retirer. Alors, des maisons sortent, en grand nombre, des fédérés, qui marchent le long des murs, sans doute pour se dérober à la mitraille de Courbevoie, et poursuivent la retraite de l'ennemi. Mais bientôt, et justement au point où la distance ne me permet plus de rien distinguer avec netteté, ils s'arrêtent à leur tour, puis reviennent sur leurs pas, se cachent dans les maisons, et alors le feu des batteries versaillaises se ralentit, tandis que celui du bastion continue sa furieuse attaque.

J'ai assisté à une de ces allées et venues sous la mitraille et les balles, si communes de part et d'autre, depuis que l'horrible guerre civile s'est centralisée à Neuilly.

Comme il serait souverainement imprudent de longer la voie du chemin de fer ou de s'engager dans l'avenue de la Grande-Armée où les projectiles Versaillais n'ont pas tout à fait cessé de tomber, je suis la rue du Débarcadère, puis la rue Saint-Ferdinand, et me voilà sur la place des Ternes, devant l'église. Ce quartier est funèbre. Très-voisin des remparts, il est très-exposé, et déjà il a beaucoup souffert. Presque toutes les boutiques sont fermées ; les vendeurs de victuailles et de vins laissent leurs portes entre-bâillées; sur beaucoup de devantures, on lit ces mots tracés à la craie : « Adressez-vous sous la porte cochère. » Je remarque que l'église est ouverte : une église ouverte, ces jours-ci, c'est une chose rare. Quoi! la Commune a-t-elle commis l'inqualifiable imprudence de ne pas faire arrêter le curé de l'église Saint-Ferdinand? et pousse-t-elle la longanimité —puisse-t-elle ne pas avoir à se repentir de sa faiblesse! — jusqu'à permettre aux habitants des Ternes d'être baptisés, mariés, enterrés, selon les déplorables us et coutumes du catholicisme, heureusement tombés en désuétude dans les autres quartiers de Paris? Je ne m'étonne plus de l'acharnement des obus dans ce pauvre arrondissement; le courroux de la déesse Raison — est-ce que nous n'aurons pas bientôt la déesse Raison?— s'appesantit sur ces quartiers, honte de la capitale, où l'on a encore l'air de croire à l'ancien bon Dieu. Cependant, j'entre dans l'église. Il y a beaucoup de dévotes, et quelques dévots aussi. On dit les prières des morts sur le cercueil d'une femme qui, d'après ce qu'on me raconte, a reçu hier une balle dans la poitrine, en traversant l'avenue des Ternes, un peu au-dessus de la voie du chemin de fer. Une balle, c'est étrange, mais tout le monde me l'affirme. Il faut donc croire que, hier, les Versaillais, de ce côté du moins, étaient un peu plus près de Paris que les dépêches officielles n'ont daigné nous le dire.

Je reviens dans la rue, me dirigeant vers la place d'Eylau. Des gardes nationaux passent, portant une civière. Je m'approche d'eux.

— Oh! vous pouvez regarder, me dit l'un.

J'écarte les rideaux de toile bleue et blanche, tout en marchant. Il y a sur le matelas une femme dont la mise annonce une petite bourgeoise et un enfant de deux ou trois ans, celui-ci couché sur la poitrine de la femme. Ils sont très-pâles tous les deux; un bras de la mère pend, la manche est rouge, la main manque.

— Où ont-ils été blessés? demandé-je.

— Blessés? ils sont morts. C'est la femme et l'enfant du marchand de vélocipèdes de l'avenue Wagram. Si vous voulez vous charger d'aller lui apprendre la nouvelle, vous nous rendrez un fier service.

Ainsi donc, c'est vrai, certain, incontestable. Les balles et les obus des Versaillais ne se contentent pas de tuer des combattants et de battre en brèche les forts et les remparts. Ils tuent des femmes, des enfants, des gens qui passent, et non-seulement ceux qu'une curiosité imprudente attire là où ils n'ont que faire, mais ceux qui, indispensablement, pour aller acheter du pain, se hasardent un instant dans les rues de leurs quartiers. Ce ne sont pas uniquement les édifices très-rapprochés des murs de la ville qu'atteignent les obus de l'Assemblée nationale; ils dépassent de beaucoup les lignes de défense, ils effondrent au loin des maisons inoffensives, ils émiettent les sculptures des monuments. A cette affirmation, on ne peut répondre : non. Ce que je dis, je l'ai vu, et d'heure en heure, les projectiles parviennent plus avant. Hier ils tombaient sur l'avenue de la Grande-Armée; aujourd'hui, ils franchissent l'Arc-de-Triomphe; il vient d'en tomber place d'Eylau et avenue d'Uhrich; qui sait si, demain, ils n'atteindront pas la place de la Concorde ; si, après-demain, je ne serai pas tué d'un éclat d'obus en traversant le boulevard Montmartre ? Paris bombardé ! Prenez garde, messieurs de l'Assemblée nationale ! Ce que les Prussiens ont fait, — ce qui a fait pousser de si justes clameurs aux gouvernants du 4 septembre — il serait aussi infâme qu'imprudent de le refaire. Tuez des Français qui combattent des Français, puisque tel est, hélas ! l'horrible droit de la guerre civile, mais épargnez les vies et les maisons de ceux qui n'ont pas pris les armes contre vous, qui sont vos alliés peut-être. Vous objecterez que les canons ne sont doués ni d'intelligence ni de miséricorde, et qu'on ne leur fait pas faire tout ce qu'on veut. Eh ! qu'avez-vous donc fait de ces merveilleux artilleurs qui, pendant le siége, démontaient si fréquemment les pièces de l'ennemi, inquiétaient ses travaux avec tant de précision, et qui, à une distance de sept kilomètres, auraient été capables de placer un boulet en équilibre sur la pointe d'un casque Prussien? Ils sont donc devenus bien maladroits depuis qu'ils ont retourné leurs batteries ? Sans ironie et en un mot comme en cent, vous vous faites le

plus grand tort par une cruauté inutile, et un obus, dé-
passant plus qu'il ne convient les remparts de Paris, est
en même temps qu'un crime, une maladresse. Songez
bien à ceci, que dans l'affreuse lutte à laquelle nous assistons, la victoire ne restera pas à celui des deux partis
qui triomphera de son adversaire par la force — ce
triomphe-là, il est certain que vous l'obtiendrez — mais à
celui qui, par sa conduite, aura réussi à prouver à la population neutre, qui observe et juge, que le bon droit
était de son côté. Je ne conteste pas que votre cause ne
soit la meilleure — car si on peut vous reprocher des
résistances imprudentes, des attaques maladroites, et
une obstination coupable à ne pas démêler ce qu'il y avait
de légitime et d'honorable dans les vœux de Paris, on est
obligé de convenir que vous représentez, légitimement
et légalement, la France tout entière, — je ne conteste
pas que le bon droit ne soit en effet de votre côté, mais
espérez-vous vous rallier le nombre considérable de
Parisiens qui, un instant, s'est défié de vous, en massa-
crant des promeneurs et en trouant des moellons ? Si ce
bombardement continuait, si ce bombardement redoublait
de violence, comme il semble tendre à le faire, vous de-
viendriez odieux, et, alors, eussiez-vous cent fois raison,
vous auriez cent fois tort. Donc, il est urgent, s'il vous
plaît, de donner quelques ordres aux artilleurs de Courbevoie et du Mont-Valérien, et de les prier de modérer
leur zèle, si vous ne désirez pas que Paris — le Paris
neutre — fasse de dangereuses comparaisons entre
l'Assemblée qui lui envoie des obus et la Commune qui
lui impose des décrets, et se dise un jour que les décrets font moins de mal que les obus. De la légalité,

en somme, nous nous en soucions peu; nous avons tant vu de gouvernements plus légaux les uns que les autres, que, sur ce point, nous sommes blasés, et ce n'est pas quelques millions de suffrages qui nous forceront à trouver la mitraille agréable. Certainement, la Commune, telle que les hommes de l'Hôtel de Ville l'ont faite, ne nous sourit que médiocrement. Elle arrête les prêtres, elle supprime les journaux, elle veut nous incorporer de gré ou de force dans sa garde nationale, elle pille un peu, on le dit du moins, elle ment beaucoup, c'est incontestable, et tout cela est très-gênant; mais que voulez-vous! la nature humaine a de ces faiblesses: on aime encore mieux être gêné que bombardé.

XXXIX.

Où est Bergeret? Qu'a-t-on fait de Bergeret? Bergeret nous manque, on n'a pas le droit de supprimer le Bergeret, qui, selon l'affiche officielle, était « lui-même » à Neuilly, le Bergeret qui allait en calèche à la bataille, le Bergeret qui mêlait un peu de gaieté à notre détresse. Qu'on lui retire son commandement, je le veux bien; qu'on le donne à n'importe qui, je ne m'y oppose pas; mais qu'on le laisse libre de nous faire sourire; hélas! les occasions n'en sont que trop rares ! Le bruit court qu'on l'a envoyé à la Conciergerie, cet excellent Bergeret, et pourquoi l'a-t-on traité de la sorte ? parce qu'il a fait battre l'armée des fédérés en voulant la conduire à Versailles.

Eh bien, citoyens, si j'osais donner mon humble avis

sur ce point, je me hasarderais à insinuer que le plan du citoyen Bergeret — qui a complétement échoué, je le reconnais — était, dans le cas présent, le seul possible, le seul bon, le seul capable de transformer en révolution triomphante l'émeute de Montmartre devenue la Commune de Paris.

Raisonnons un peu, s'il vous plaît. La lutte de Paris seul contre la France entière vous paraît-elle possible ? Non. Et certainement, aujourd'hui, après les désastres de l'insurrection communale à Marseille, à Lyon, à Toulouse, désastres que vos mensonges officiels ont en vain essayé de transformer en succès, aujourd'hui, dis-je, vous ne pouvez conserver aucune illusion sur le concours de la province. Donc, dans peu de jours, vous aurez devant vos remparts, autour de vos forteresses démantelées, le pays tout entier, et alors, vous serez perdus, oui, perdus, malgré l'héroïsme incontestable des Parisiens séduits que vous menez à un massacre certain. La seule espérance que vous pouviez raisonnablement concevoir était celle-ci : profiter du premier moment de surprise, de désarroi, que l'émeute victorieuse avait mis dans le petit nombre de soldats hésitants qui étaient alors toute l'armée française, pour surprendre Versailles, mal défendu encore, et pour enlever, s'il était possible, l'Assemblée et le Gouvernement. Il fallait que votre brusque émeute se continuât en coup de main. Il y avait là un espoir bien léger, bien incertain, je le confesse, mais enfin un espoir; et le plan de Bergeret, justement à cause de son audace, de sa violence, n'aurait pas dû être renié par vous, qui n'aviez réussi que par la violence et l'audace, et dont le succès ne pouvait se maintenir que par les mêmes moyens. Maintenant, que ferez-vous? Vous résisterez? A la France entière? Aux ennemis intérieurs? Aux ennemis extérieurs dont le nombre et la confiance augmenteront de jour en jour? Votre défaite est certaine, et ce n'est désormais qu'une affaire de temps. Vous avez eu décidément tort de mettre Bergeret « à l'ombre, » comme on dit à l'Hôtel de Ville, — d'abord parce qu'il nous réjouissait, et ensuite parce qu'il avait tenté la seule chose susceptible de vous sauver. Il n'y avait qu'un fou qui pût faire réussir une folie.

XL.

Qui remplace Bergeret? Dombrowski. Qui a voulu qu'il en fût ainsi? Cluseret. Il y a eu le Comité central, il y a eu la Commune, maintenant il y a Cluseret. Il est évident que Cluseret avale la Commune qui a avalé — et assez mal digéré, ce nous semble — le Comité central. Cluseret est grand, Cluseret est fort, Cluseret sauvera Paris. Cluseret fait des décrets, Cluseret les fait exécuter. La Commune dit : Nous voulons, mais Cluseret dit: Je veux. C'est lui qui a conçu et promulgué cette admirable loi : « Considérant les patriotiques réclamations d'un grand nombre de gardes nationaux qui tiennent, quoique mariés, à l'honneur de défendre leur indépendance municipale, même au prix de leur vie... » Comme je voudrais les connaître, ces gardes nationaux qui attachent si peu d'importance à leur peau ! Si on m'en montre deux je consens à être le troisième. Mais n'interrompons point le dictateur Cluseret. «... Le décret du 5 avril est ainsi modifié : (Remarquez que le décret du 5 avril avait été rendu par la Commune ; mais Cluseret se soucie bien de la Commune en vérité !) « ... ainsi modifié : de dix-sept à dix-neuf ans, le service dans les compagnies de guerre sera volontaire, et de dix-neuf à quarante obligatoire pour les gardes nationaux, mariés ou non. »

« J'engage les bons patriotes à faire eux-mêmes la police dans leur arrondissement et à forcer les réfractaires à servir. »

Ingénieux arrêté ! Remarquez-vous comme il découle logiquement du considérant qui le précède? Qu'aurait fait tout autre que Cluseret après avoir constaté les patriotiques réclamations d'un grand nombre de gardes nationaux mariés, résolus à quitter leurs femmes, fût-ce aux prix de la vie ? Il aurait agréé leurs services, avec bien des remercîments. Cluseret a fait plus et mieux. Quelques-uns veulent se faire tuer, s'est-il dit : donc il faut qu'ils se fassent tous tuer ! Quelle justesse dans le raisonnement ! Mon voisin a la fièvre chaude et veut se jeter par la fenêtre. Que fait le médecin? Il m'intime l'ordre de me précipiter instantanément, la tête la première, de mon quatrième étage sur le pavé de la rue.

— Mais, docteur, je n'ai pas la fièvre chaude.

N'importe ! n'importe ! Votre voisin en est atteint, cela est plus que suffisant, et d'ailleurs, si vous dites un mot de plus, je vous fais empoigner par quatre malassins.

Quant au dernier paragraphe de l'arrêté Cluseret, il est impossible d'en rire, tant il est odieux. Cette exhortation à faire le métier de recruteur, ce coseil de se faire mouchard (le mot y est : « faire eux-mêmes la police de leur arrondissement »), nous remplit de colère et de dégoût. Qu'est-ce à dire? Je passerai dans la rue, allant à mes affaires, et voici qu'un fédéré, le premier venu, n'importe qui, aux mains sales, — un scélérat à coup sûr, car quel honnête homme obéira au *conseil* de Cluseret? — un chenapan quelconque me mettra la main au collet et me dira : « Toi, tu vas venir te faire tuer pour mon indépendance municipale. » Ou bien, le soir, je serai dans mon lit, bien tranquille, endormi, comme c'est mon droit, je suppose, et quatre ou cinq gaillards, ayant l'ivresse patriotique, enfonceront ma porte si je tarde à accourir, domestique obéissant, au premier coup de sonnette, et, bon gré mal gré, m'emporteront aux avant-postes, en pantoufles, en bonnet de nuit, en chemise même, comme il convient à un brave sans-culotte? Parbleu ! monsieur le délégué à la guerre, pour supporter ceci, il faudrait, je vous le jure, que la famine, dans les derniers jours du siége, m'eût contraint à vendre à quelque brocanteur, votre collègue aujourd'hui à la Commune, le révolver dont j'espérais — naïf que j'étais ! — me servir contre les Prussiens ! Un révolver à six coups, ne vous déplaise, et que je n'ai pas déchargé, hélas !

Mais il faut espérer encore que dans Paris — même à cette heure où l'émeute a fait sortir de l'ombre et des bas-fonds tant de fripons et de lâches, comme la lie monte à la surface dans le vin remué — il faut espérer qu'il ne se trouvera personne pour faire ce métier de racoleur et de policier, et que l'arrêté de M. Cluseret restera lettre morte comme tant d'autres décrets de la

Commune. Je ne veux pas croire ce qu'on raconte ; je ne veux pas croire que dès la nuit dernière, des hommes, sans ordres précis, sans aucun caractère légal, de simples gardes, se soient introduits dans des familles, réveillant les enfants, secouant la femme endormie, et se soient emparés du mari comme on empoigne un voleur ou un forçat en rupture de ban. On me dit, on m'affirme que le fait, que dis-je? que cinquante faits semblables se sont produits à Montmartre, aux Batignolles, à Belleville. N'importe ! je dis que non. J'aime mieux croire que ces récits sont des « inventions de Versailles, » que d'admettre seulement la possibilité d'une telle infamie !

Or çà, voyons, ce M. Cluseret, délégué à la guerre, dictateur, tout ce qu'on voudra, qu'est-il? D'où vient-il? Qu'a-t-il fait? et dans quels services rendus prend-il le droit de nous imposer sa volonté souveraine?

Français ? il ne l'est plus : Américain ? il ne l'est guère. Mais, pour l'honneur de mon pays, je l'aime mieux Américain que Français. Son histoire? elle est plus courte que glorieuse. Il servait dans l'armée française, il l'a quittée ; pourquoi? on ne sait. Il a été se battre là-bas, en Amérique, pendant la guerre de sécession. Ses ennemis affirment qu'il s'est battu pour les esclavagistes, ses amis disent le contraire. On ne sait pas bien de quel parti était le général Cluseret ; — de tous les deux peut-être. Ah ! pourquoi l'Amérique, qui l'avait pris, ne l'a-t-elle pas gardé? Cluseret nous est revenu de là-bas avec cette gloire d'avoir renié la France. Aussitôt les révolutionnaires l'ont accueilli à bras ouverts. Un Américain, pensez donc ! Aimez-vous l'Amé-

rique? on veut en mettre partout. La République moderne a
deux ennemis redoutables : l'Amérique et 93. Parodistes
que nous sommes ! Ne pouvons-nous être libres à notre
façon, et, pour le devenir, sommes-nous obligés d'imiter
ceux qui l'ont été ou ceux qui le sont? Ce qui convient
à un temps et à un pays convient-il à un autre pays et
à un autre temps? Je reviendrai sur ce sujet. D'ailleurs,
cette Amérique qu'on nous vante et que j'admirerais
tant que l'on voudrait si on ne songeait pas à refaire la
France à son image, il faudrait vraiment être aveugle
pour ne point voir ce qu'elle a de chétif au milieu
de réelles grandeurs. Quelqu'un me disait : « L'esprit américain peut être comparé à une liqueur compo-
site, formée de la levure de la bière anglo-saxonne, de
l'écume du vin d'Espagne et de la lie du petit bleu français ; tout cela bout violemment, chauffé à soixante de-
grés par les congratulations et les admirations (éloi-
gnées, il est vrai) qu'envoient à leurs détritus le
véritable pale ale, le vrai Xérès et le château-margaux
authentique. De temps en temps la chaudière bout avec
trop de violence, et la boisson frelatée se répand dans
notre bon vieux monde, rapportant aux sources pures,
aux crus originels leurs produits détériorés. Ah ! combien d'altérations a subies de cette lamentable façon notre
cher vin de France ! » Médisance, exagération sans
doute, mais j'en veux à l'Amérique d'avoir rendu Cluseret à la France, comme j'en veux à la Commune de
l'avoir imposé à Paris. Cette dernière a pourtant une
excuse admissible : elle n'a peut-être pas trouvé
parmi les vrais Français d'homme assez criminellement ambitieux pour diriger selon ses vœux la

destruction de Paris par Paris, de la France par la France.

XLI.

Ce n'était pas assez des hommes troués par les balles ou déchiquetés par la mitraille. Un étrange enthousiasme saisit les femmes à leur tour, et voici qu'elles tombent aussi sur le champ de bataille, victimes d'un exécrable héroïsme. Quels sont ces êtres extraordinaires, qui abandonnent pour le chassepot le balai de la ménagère et l'aiguille de l'ouvrière; qui quittent leurs enfants pour se faire tuer à côté de leurs amants ou de leurs maris? Amazones-voyous, magnifiques et abjectes, elles tiennent de Penthésilée et de Théroigne de Méricourt. On les voit passer, cantinières, parmi ceux qui vont au combat; les hommes sont furieux, elles sont féroces, rien ne les émeut, rien ne les décourage. A Neuilly, une vivandière, blessée à la tête, va faire panser sa blessure et revient prendre son poste de combat. Une autre, du 61e bataillon, se vante d'avoir tué plusieurs gendarmes et trois gardiens de la paix. Au plateau de Châtillon, une femme, restée avec un groupe de gardes nationaux, charge son fusil, tire et recharge sans jamais s'interrompre; elle se retire la dernière, se retournant à chaque instant pour faire le coup de feu. La cantinière du 68e bataillon tombe tuée par un éclat d'obus qui lui brise son bidon et lui en fait entrer les morceaux dans le ventre. Après l'engagement du 3 avril, on apporte neuf cadavres à la mairie de Vaugirard. Les ménagères du quartier sont là, gémissant et bavardant, cherchant qui un frère, qui un mari, qui un fils; elles s'arrachent une lanterne blafarde qu'elles approchent des pâles visages, et parmi les cadavres, elles découvrent le corps d'une jeune femme littéralement criblé de balles. Quelle est donc la fureur qui emporte ces furies? Savent-elles ce qu'elles font, comprennent-elles pourquoi elles meurent? Hier, dans une boutique de la rue de Montreuil, entre une femme, le fusil sur l'épaule et du sang à la baïonnette. — Est-ce que vous ne feriez pas mieux de rester chez vous et de débarbouiller vos moutards? lui dit une pacifique bourgeoise. De là une altercation furieuse; la virago s'emporte à un tel point qu'elle saute sur son adversaire, la mord violemment au cou, puis, reculant de quelques pas, elle saisit son fusil et va faire feu, lorsque tout à coup, elle pâlit horriblement, laisse tomber son arme, et s'affaisse : elle était morte, la colère avait causé une rupture d'anévrisme. Telles sont à cette heure bien des femmes du peuple. 71 a les cantinières comme 93 a eu les tricoteuses; mais les cantinières valent mieux, elles ont dans l'horrible une sorte de grandeur sauvage. Affreuses parce qu'elles combattent des Français, ces femmes, contre l'étranger, auraient été sublimes.

Les enfants eux-mêmes ne demeurent pas neutres dans cette épouvantable guerre. Les enfants! dites-vous. Ne souriez pas. Un de mes amis vient de voir un pauvre petit garçon dont l'œil a été crevé par la pointe d'un clou. Voici ce qui s'est passé. C'était vendredi soir, dans la grande rue de Reuilly : deux cents gamins — les plus vieux avaient douze ans à peine — s'étaient réunis là ; ils portaient sur l'épaule des bâtons terminés par des lames de couteaux ou par des clous. Ils se comptèrent et se numérotèrent ; les chefs — ils avaient des chefs — leur commandèrent de se former en demi-section, puis on se mit en marche, dans la direction de la barrière de Charenton ; un baby marchait devant eux, soufflant dans un clairon acheté à un marchand de joujoux ; ils avaient une cantinière aussi, petite fille de six ans. Bientôt ils rencontrèrent une autre troupe d'enfants à peu près égale en nombre. Cette rencontre était-elle prévue ? avait-il été décidé qu'il y aurait bataille ? On ne sait. Le fait est que le combat ne tarda pas à s'engager entre les deux partis, dont l'un figurait l'armée versaillaise et l'autre l'armée fédérée. Oui, combat, un véritable combat, que les habitants du quartier n'interrompirent qu'avec la plus grande difficulté ; et il y a eu des morts et des blessés, comme disent les dépêches officielles de la Commune : Alexis Mercier, âgé de douze ans, que ses camarades venaient d'élever au grade de capitaine, a été tué d'un coup de couteau dans le bas-ventre.

Ah ! croyez-le, ces femmes ivres de haine, ces enfants qui jouent au meurtre, ce sont de terribles symptômes. Encore quelques jours et le vertige de la tuerie va s'emparer de Paris.

XLII.

La conciliation, peut-on l'espérer encore ? Hélas ! je ne crois pas. Notre situation sanglante aura une sanglante issue. Ce n'est pas seulement entre la Commune de Paris et l'Assemblée de Versailles qu'il y a un abîme que des cadavres seuls pourront combler : Paris lui-même, à cette heure, j'entends le Paris sincèrement désireux de la paix, n'est plus compris de la France; quelques jours de séparation ont amené d'étranges divorces dans les esprits; on dirait que la capitale ne parle plus la langue du pays : Tombouctou est moins éloigné de Pékin que Versailles n'est éloigné de Paris. Comment espérer, dans de telles conditions, faire cesser le malentendu, cause unique de nos effroyables malheurs? Comment croire que le gouvernement de M. Thiers prêtera l'oreille aux propositions apportées par les membres de l'*Union républicaine des droits de Paris,* par les délégués du commerce parisien, par les missionnaires de la franc-maçonnerie, lorsque ces propositions ont pour but principal d'obtenir l'établissement définitif de la République et la reconnaissance pleine et entière de nos franchises municipales? L'Assemblée nationale en est encore au point où elle en était la veille du 18 mars; elle méconnaît aujourd'hui, comme elle les méconnaissait alors, les vœux légitimes de la population, et, en outre, elle ne se rend pas compte de ce que le fait de l'émeute triomphante — en dépit d'excès que tout le monde réprouve — a naturellement ajouté de validité à nos justes revendications. Les « communeux » ont tort, mais la Commune, la véritable Commune a raison; voilà ce que pense Paris, et, malheureusement, cela, Versailles ne veut pas le comprendre; il veut demeurer, quant à la forme du gouvernement, dans le plus puéril des *statu quo;* il fait une loi municipale, qui sera jugée insuffisante; et, comme il s'obstine dans des erreurs

8.

déjà vieillottes il y a un mois et cacochymes aujourd'hui, il ne tardera pas à considérer les « conciliateurs », dont les idées ont au contraire progressé de jour en jour, il ne tardera pas à les considérer comme de véritables agents de l'insurrection, et à les mettre, purement et simplement, à la porte.

Cependant le désir de voir cesser la guerre fatricide est si grand, si ardent, si général, que, tout convaincus que nous soyons de l'inutilité de leurs efforts, nous admirons et nous encourageons ceux qui entreprennent avec un courage persistant une pacification improbable. Paris honnête, aujourd'hui, n'a qu'un drapeau, et ce n'est pas le haillon rouge, ni même l'étendard tricolore, c'est le drapeau blanc des parlementaires.

XLIII.

Savez-vous ce que c'est ou plutôt ce que c'était que l'abbaye de Cinq-Pierres? Vous lisez bien, de Cinq-Pierres, et non pas de Saint-Pierre. Gavroche, qui aime le calembourg et parle volontiers argot, avait appelé ainsi un tas de moellons qui se trouvait devant la prison de la Roquette et sur lequel, les matins d'exécution capitale, on avait coutume de hisser la guillotine. Le bourreau, c'était l'abbé de Cinq-Pierres, car Gavroche est aussi logique qu'ingénieux. Eh bien, l'abbaye n'existe plus, il n'y a pas plus de pierres que sur la main devant la prison de la Roquette. Voilà qui est excellent. Quant à la guillotine elle-même, vous savez ce qu'on en a fait. Ah! nous l'avons échappé belle! Imaginez-vous que cet infâme, que cet abominable gouvernement de Versailles, s'était avisé, du temps qu'il siégeait à Paris, de faire construire par des charpentiers anonymes, une nouvelle guillotine délicieusement perfectionnée; c'est absolument comme j'ai l'honneur de vous le dire. Il vous sera aisé de vous en convaincre en lisant la proclamation du « sous-comité en exercice. » Qu'est-ce que c'est que le « sous-comité en exercice? » J'avoue que je suis à ce sujet d'une ignorance profonde, mais qu'importe! En ce temps où les comités poussent comme des champignons, il serait absurde de prendre l'air étonné pour un comité et à plus forte raison pour un sous-comité de plus ou de moins. Voici la proclamation : « Citoyens, informé qu'il se faisait en ce moment une nouvelle guillotine... » Mon Dieu, oui, pendant que vous dormiez sur vos deux oreilles, n'ayant d'autre inquiétude que celle d'être envoyé à la Concier-gerie par les membres de la Commune, on fabriquait une guillotine. Heureusement, le sous-comité ne dormait pas, lui! « ... payée et commandée... » Ils l'avaient payée? En es-tu bien sûr, bon sous-comité? Ce gou-vernement avait tellement l'habitude de faire du tort au pauvre monde! « ... par l'odieux gouvernement déchu (guillotine plus portative et accélératrice). » Hein? que dites-vous de cela? est-ce que ça ne vous fait pas venir la chair de poule? accélératrice! comprenez bien, c'est à dire que guillotiner en une seule matinée douze ou quinze cents patriotes eût été un simple jeu pour l'abbé de Cinq-Pierres. Et portative! quelque chose comme une guillotine de poche. Quand les membres du gouvernement auraient fait une tournée en province, ils auraient emporté leur guillotine dans leur portefeuille, et si, à Lyon, à Marseille, ou dans quelque autre grande ville, ils avaient rencontré un certain nombre de « bons bougres », en un clin d'œil, couic! plus de bons bougres! Canailles, va! Mais continuons à lire : « Le sous-comité du onzième arrondissement... » Ah! ça, il y a donc un sous-comité dans chaque arrondissement? « ... a fait saisir ces instruments serviles de la domination monarchique... » Attrapez, monsieur Thiers! « ... et en a voté la destruction pour toujours. » Très-bien intentionné, le sous-comité, mais pas littéraire du tout. « En conséquence, la combustion va en être faite sur la place de la Mairie, pour la purification de l'arrondissement et la conservation de la nouvelle liberté. » Et en effet, on a brûlé une guillotine, le 9 avril, à dix heures du matin, devant la statue de Voltaire.

La cérémonie, du reste, n'a pas manqué d'une certaine étrangeté. Au milieu d'une foule compacte, hommes, femmes, enfants, qui montraient le poing à l'odieuse machine, des gardes nationaux du 137e bataillon jetaient dans de vastes flammes les fragments brisés de la guillotine; tout cela pétillait, craquait, flamboyait, et la statue du défenseur de Calas, enveloppée de fumée, devait prendre plaisir à respirer cet encens. Quand il ne demeura plus qu'un brasier rouge, la foule poussa des cris de joie, et, pour ma part, j'approuvais pleinement ce qu'on venait de faire et l'approbation des assistants. Mais, entre nous, parmi les personnes qui étaient là, n'y en avait-il pas beaucoup qui, plus d'une fois, et avec non moins d'empressement, s'étaient rangées autour de la guillotine dans une intention assez différente de celle de la voir brûler? Et puis, si, en réduisant en cendres cet instrument de mort, on a voulu faire entendre que le temps où des hommes tuaient des hommes était enfin passé, il me semble qu'on ne devrait pas s'en tenir là. Pendant que nous y sommes, brûlons les fusils, voulez-vous?

XLIV.

Je viens de voir une chose horrible. Hélas! que d'épouvantables spectacles nous ont déjà été offerts et nous seront offerts encore! J'ai accompagné au cimetière de l'Est une pauvre vieille femme dont le fils n'est pas rentré à la maison depuis cinq jours. Il fait partie d'un bataillon fédéré. Il se pouvait qu'il eût été tué. Quelqu'un a dit à la mère : « Allez au cimetière de l'Est; on y a porté beaucoup de cadavres. »

Imaginez, dans une tranchée profonde, une trentaine de cercueils placés à une petite distance les uns des autres. Bien des gens viennent là dans le but de reconnaître les cadavres. Pour éviter l'encombrement, des gardes nationaux font faire la queue. Tout autour, des croix et des tombes.

La vieille femme et moi nous suivons le monde. De temps en temps, j'entends de brusques sanglots. C'est quelqu'un qui a reconnu un parent.

Cependant nous marchons lentement, à très-petits pas, comme lorsque l'on va prendre une place au bureau d'un théâtre. Nous arrivons enfin au premier cercueil. La pauvre mère que j'accompagne est bien triste, bien faible. C'est moi qui soulève le mince couvercle de la

boîte funèbre. Il y a là un mort à barbe grise ; son ventre
n'est qu'un amas de lambeaux, chairs, étoffes, sang
coagulé. Nous marchons encore. Le second cercueil
contient un vieillard aussi ; on ne voit pas ses blessures :
il a dû être tué par une balle. Nous avançons toujours.
Je remarque que les hommes âgés sont en beaucoup
plus grand nombre que les jeunes gens. Les plaies en
général sont affreuses ; il y a des visages entièrement
mutilés. Quand j'eus laissé retomber le couvercle du
dernier cercueil, la mère poussa un soupir de soulagement : son fils n'était pas là ! Pour moi, j'étais hébété
d'horreur. Je ne revins à moi qu'en me sentant poussé
par des hommes qui étaient derrière et qui voulaient voir
à leur tour. L'un d'eux me dit : « Eh bien, quand aura-
t-il fini, celui-là ? on dirait qu'il n'y en a que pour lui. »

XLV.

Ce qu'il y a de véritablement stupéfiant au milieu de
tout cela, c'est l'aspect souriant des rues, des boulevards,
des promenades. L'émigration toujours croissante ne se
fait remarquer que par un moins grand nombre de filles
et de gandins ; il en reste assez pour remplir les cafés
et réjouir les boulevards. On dirait que Paris est dans
son état normal. Chaque matin, des Champs-Élysées, des
Ternes, de Vaugirard, se répandent çà et là dans la
ville des familles qui se dérobent au bombardement,
comme à l'époque où M. Jules Favre anathématisait la
barbarie des Prussiens ; les unes sont en voiture, d'autres

marchent à pied, précédant tristement une carriole chargée de matelas et d'objets de ménage ; toutes, quand on les interroge, vous racontent les obus versaillais effondrant les maisons, tuant des femmes et des enfants. N'importe ! on va, comme de coutume, à ses affaires ou à ses plaisirs. La Commune supprime les journaux, incarcère les journalistes — hier M. Richardet, du *National*, a été conduit au Dépôt, par la seule raison qu'il était allé demander un passe-port au farouche M. Rigault — la Commune met des prêtres au secret, fait évacuer des couvents de filles, arrête M. O'yan, l'un des directeurs du séminaire de Saint-Sulpice, lance un mandat d'arrêt contre M. Tresca ; qui s'échappe, veut arrêter M. Henri Vrignault, qui réussit à se mettre en sûreté ; la Commune fait faire des perquisitions armées dans les maisons de banque, et s'empare des titres et de l'argent ; elle fait ouvrir les caisses par des serruriers complaisants, et quand les serruriers sont fatigués, elle achève la besogne à coups de crosse ; la Commune fait pis encore, elle fait tout ce que la certitude de la toute-puissance peut conseiller à des despotes sans expérience, enfin elle envoie journellement à la mort de braves pères de famille qui croient se faire tuer pour une idée et meurent pour le bon plaisir de M. Avrial ou de M. Billioray. Eh bien, que fait Paris? Paris lit son journal, flâne, fait la chasse aux nouvelles et dit : « Ah! ah ! on a arrêté Amouroux? L'archevêque de Paris vient d'être transporté de la Conciergerie à Mazas? On a volé des mille francs chez M. Denouille? Diable! diable! » Et Paris recommence à lire son journal, à flâner, à faire la chasse aux nouvelles. Rien n'a l'air d'être interrompu, ni d'être changé. La proclamation même du redoutable Cluseret, qui nous menace tous du service actif dans les compagnies de marche, n'a pas réussi à troubler la quiétude indifférente du plus grand nombre des Parisiens. Ils assistent à ce qui se passe comme à un spectacle auquel on ne prend intérêt que juste assez pour se divertir. Le soir, la canonnade redouble, et, en prêtant l'oreille avec quelque persistance, on peut distinctement entendre des feux de peloton ; Paris prend son bock au café de Madrid ou au café Riche. Quelquefois, vers minuit, lorsque le ciel est clair, il va aux Champs-Élysées, pour voir les choses de plus près ; il se promène sous les arbres, il fume un cigare, il dit : « Ah ! voilà les mitrailleuses ! » Il compare le bruit de la bataille d'aujourd'hui au bruit de la bataille d'hier. En se promenant ainsi non loin des obus, Paris s'expose volontairement à de graves dangers, mais, s'il est indifférent, Paris n'est pas lâche. Puis il va se coucher, il lit les journaux du soir. Il se demande en bâillant : « Comment diable cela va-t-il finir ? Par la conciliation ? Par les Prussiens peut-être ? » et il s'endort ; et, le lendemain il se lèvera, frais et gaillard, et s'en ira à ses affaires ou à ses plaisirs, absolument comme si Napoléon III était encore empereur des Français par la grâce de Dieu et par la volonté nationale.

XLVI.

Une note du *Journal officiel* de Versailles vient d'indigner à juste titre a plupart des journalistes pari-

siens. Voici cette note : « Les fausses nouvelles les plus
audacieuses sont répandues dans Paris, où aucun journal
indépendant ne peut plus paraître. » De ces quelques
lignes on peut conclure qu'aux yeux du gouvernement
de Versailles, tous les journaux dont les rédacteurs en
chef n'ont pas abandonné leur poste, se sont entièrement
soumis à la Commune et ne pensent ou ne disent que
ce qu'elle veut bien leur permettre de dire ou de penser.
Il y a là une très-coupable calomnie. Non, grâce à Dieu,
la presse parisienne n'a pas renoncé à son indépendance,
et si l'on veut bien, comme il est juste de le faire, ne
pas tenir compte d'un tas de petites gazettes qui naissent
et meurent çà et là et de quelques feuilles rédigées par
des membres de la Commune, — on sera forcé de reconnaître au contraire que, depuis le 18 mars, la grande
majorité des journaux a fait preuve d'une indépendance
très-hautaine et d'une grande bravoure. Chaque jour,
sans se laisser intimider ni par les menaces, ni par les
suppressions à main armée, ni par les arrestations, elle
a dit leur fait aux membres de la Commune, sans réti-
cences ni périphrases. Certes, la presse française, en
général, a eu des torts graves, ces dernières années ;
elle n'est pas tout à fait irresponsable des malheurs qui
viennent d'accabler le pays, mais, ces torts, elle les
répare à cette heure, elle les fait du moins oublier par
son attitude aussi ferme que dangereuse en face des
hommes de l'Hôtel de Ville. Oui, elle juge, condamnant
ce qui est condamnable, résistant aux violences, essayant
d'éclairer la population. Parfois aussi — et c'est peut-
être là son grand crime aux yeux du gouvernement de
Versailles — elle se permet de ne pas approuver

pleinement tous les actes de l'Assemblée nationale; quelques journaux vont jusqu'à insinuer que le gouvernement n'est peut-être pas tout à fait innocent des calamités actuelles; — mais qu'est-ce que cela prouve? que la presse n'est pas plus la servante de l'Assemblée que l'esclave de la Commune; en un mot, qu'elle est indépendante.

Et quelles sont les fausses nouvelles dont parle le *Journal officiel* de Versailles, et contre lesquelles il semble vouloir nous prémunir? Croit-il que nous soyons assez niais pour ajouter foi aux cris de victoire que poussent chaque matin les affiches de la Commune? Suppose-t-il que nous ne voyons plus dans les députés que de simples authropophages, mangeant tous les jours, à la table d'hôte de l'hôtel des Réservoirs, des bifteacks de communeux et des côtelettes de fédéré? Point du tout, nous démêlons fort bien la vérité parmi les exagérations des gens de l'Hôtel de Ville, et, cette juste appréciation des choses, nous la devons précisément aux journaux que l'*Officiel* accuse si inconsidérément.

Mais peut-être ne sont-ce pas seulement les fausses nouvelles que redoute l'assemblée de Versailles; elle ne serait peut-être pas fâchée que nous ignorions les vraies nouvelles aussi, et gageons que, si elle le pouvait, elle ne manquerait pas de supprimer ces journaux mal appris qui — sans être pourtant le moins du monde des journaux communeux — se permettent d'affirmer que depuis six jours les obus de Versailles tombent sur les Ternes, sur les Champs-Élysées, sur l'avenue de Wagram, et nous ont déjà coûté autant de sang et de larmes que les obus prussiens, d'épouvantable mémoire!

XLVII.

Mercredi 12 avril. Encore une journée comme celle
d'hier, comme celle de demain. Les Versaillais attaquent
les forts de Vanves et d'Issy, et sont repoussés. On
se bat à Neuilly, on se bat à Bagneux, on se bat à Asnières.
Dans la ville, des perquisitions, des arrestations. Une
escouade de gardes nationaux se présente à la gare du
Nord. Ils viennent appréhender le directeur de la compagnie; or, de directeur, il n'en existe point. Cas embar-
rassant. Les gardes nationaux ne peuvent pourtant pas
s'être dérangés pour rien. Décidés à arrêter quelqu'un, ils
emmènent M. Félix Mathias, chef de l'exploitation, et
M. Coutin, inspecteur principal. Une heure plus tard,
d'autres gardes nationaux écrouent au Dépôt de l'ex-préfecture de police, M. Lucien Dubois, inspecteur général
des halles et marchés. Çà et là on empoigne quelques
journalistes au collet, sans motif, pour l'exemple, et on
envoie quelques prêtres à Mazas, entre autres M. Larti-
gues, curé de Saint-Leu. Hier, on lisait l'affiche suivante
placardée sur les portes fermées de l'église, à Montmartre : « Attendu que les prêtres sont des bandits
et que les églises sont des repaires où ils ont assassiné
moralement les masses EN COURBANT LA FRANCE SOUS LA
GRIFFE DES INFAMES BONAPARTE, FAVRE ET TROCHU, le
délégué des carrières près l'ex-préfecture de police
ordonne que l'église de Saint-Pierre (et non de Cinq-
Pierres, cette fois) soit fermée et décrète l'arrestation

des prêtres et des ignorantins. *Signé* LE MOUSSU. »
Aujourd'hui, c'est le tour de l'église de Notre-Dame-de-
Lorette. Il y avait dans le temple un assez grand
nombre de fidèles. Surviennent des gardes nationaux,
conduits par des hommes habillés en bourgeois. Sous
l'Empire, ces gens-là étaient appelés des mouchards.
On chasse les femmes qui prient, à coups de crosse celles
qui ne sortent pas assez vite. Après quoi, les gardes se
retirent. Qu'étaient-ils venus faire? On l'ignore. Ce
qu'on sait bien, c'est qu'ils recommenceront demain,
dans la même église ou dans une autre. Les jours se
ressemblent comme les enfants d'une famille maudite.
Par quelle effroyable catastrophe serons-nous délivré
de cette honteuse monotonie ?

XLVIII.

Hein? Comment? Ce n'est pas possible, n'est-ce pas?
Vous n'avez pas encore perdu à ce point la tête — au
figuré, en attendant que vous la perdiez pour de bon --
et c'est quelque mauvais plaisant qui a rédigé, imprimé
et affiché cet inimaginable décret? Mais non, voilà bien
le format, les caractères accoutumés. Ah! parbleu,
messieurs de la Commune, ceci dépasse les limites de
l'absurde, et peut-être, cette fois, comptez-vous un peu
trop sur la complicité des uns et sur la patience des
autres. Donc, voici le décret :

    « LA COMMUNE DE PARIS,

    « Considérant que la colonne impériale de la place

Vendôme est un monument de barbarie, un symbole de
force brute et de fausse gloire, une affirmation du militarisme, une négation du droit international, une
insulte permanente des vainqueurs aux vaincus, un attentat perpétuel à l'un des trois grands principes de la
République française, la Fraternité,

« DÉCRÈTE :

« *Article unique.* — La colonne de la place Vendôme
sera démolie. » Eh bien, vous êtes odieux et grotesques ! Cette sinistre farce va au delà de ce qu'on pouvait
craindre, et tout ce que les journaux de Versailles racontent, vous devez l'avoir fait vraiment, car vous faites
plus qu'ils n'auraient osé imaginer. Quoi ! ce n'était pas
assez des temples violés, de toutes les libertés suppri-
mées : liberté d'écrire, liberté de parler, liberté de sortir, liberté de ne pas se faire tuer ; ce n'était pas assez
du sang follement versé, des femmes veuves, des enfants orphelins, des industries mortes, du commerce
agonisant ; ce n'était pas assez de la dignité même de
notre défaite—la seule gloire qui nous restât ! — évanouie
dans le honteux désastre de la guerre civile ; il ne vous
suffisait pas, en un mot, d'avoir détruit le présent et compromis l'avenir, vous voulez encore anéantir le passé !
Gaminerie funèbre ! Mais la colonne Vendôme, c'est la
France, oui, la France d'autrefois, la France que nous
ne sommes plus, hélas ! Il s'agit bien de Napoléon, ici, il
s'agit de nos pères victorieux, superbes, allant à travers
le monde planter le drapeau tricolore dont la lance est
faite d'une branche de l'arbre de la liberté ! Il s'agit de
cette suite interminable de triomphes qui ont fait le

pays si radieux et Paris lui-même si flamboyant, qu'après bien des années d'obscurité, leur rayonnement était encore assez incontesté, assez énorme, pour que l'an dernier, pendant le siége, quand apparut au ciel l'aurore boréale, le peuple de Berlin, groupé sur les hauteurs afin d'admirer le phénomènc céleste, s'écriât avec une terreur naïve : « Oh ! c'est Paris qui brûle ! » Démolir la colonne Vendôme, ne croyez pas que ce soit seulement renverser une colonne de bronze que surmonte une statue d'empereur ; c'est déterrer vos pères, pour souffleter les joues sans chair de leurs squelettes et pour leur dire : « Vous avez eu tort d'être braves, d'être fiers, d'être grands ! vous avez eu tort de conquérir des villes, de gagner des batailles, vous avez eu tort d'émerveiller le monde par la vision de la France éblouissante. » C'est jeter aux quatre vents les cendres des héros. C'est dire à ces vieillards qu'on voyait naguère par la ville — où sont-ils maintenant ? on ne les rencontre plus ; les avez-vous tués, ou bien, leur gloire évite-t-elle de coudoyer votre infamie ? — c'est dire aux vieux soldats des Invalides : « Vous n'êtes que des ganaches et des brigands ! Il te manque, à toi un bras, à toi une jambe ? Tant pis pour vous, canailles ! Voyez-vous, ces célérats qui se sont fait estropier pour l'honneur de leur pays ! » C'est leur arracher leur vieille croix d'honneur, et les livrer par les rues aux gamins obscènes qui les suivront en criant « Au héros ! » comme on crie : « A la chienlit ! » Ah ! certes, je l'accorde, il est des grandeurs plus pures, moins coûteuses que celles qui résultent de la guerre et des conquêtes. Libre à vous de rêver pour votre patrie une gloire différente de sa gloire ancienne ; mais cet héroïque passé, ne le renversez pas, ne le supprimez pas, alors surtout que vous n'avez encore pour en tenir lieu que les hontes du présent !

Ou bien, allez, continuez, suivez votre chemin. Démolir la colonne Vendôme, ce n'est qu'un commencement ; il faut être logique. Je vous propose le décret suivant :

« LA COMMUNE DE PARIS,

« Considérant que l'église de Notre-Dame de Paris est un monument de superstition, un symbole de tyrannie divine, une affirmation du fanatisme, une négation du droit humain, une insulte permanente des croyants aux athées, un attentat perpétuel à l'un des grands principes de la Commune : le bon plaisir de ses membres,

« DÉCRÈTE :

« L'église de Notre-Dame sera démolie. »

Que pensez-vous de ma proposition ? N'est-elle pas conforme à vos plus chers désirs ? Mais faisons mieux encore ; — de plus en plus fort, comme chez Nicollet : — il faut avoir le courage de ses opinions, je pense.

« LA COMMUNE DE PARIS,

« Considérant que le musée du Louvre contient un grand nombre de tableaux, de statues et autres objets d'art, qui, par les sujets qu'ils représentent, rappellent incessamment au peuple les actions des dieux, des rois et des prêtres ; que ces actions, figurées par un pinceau ou par un burin courtisan, sont souvent présentées de façon à diminuer la haine que les prêtres, les rois et les dieux doivent inspirer à tout bon citoyen ; que, d'ailleurs, l'admiration des œuvres du génie humain est un attentat perpétuel à l'un des grands principes de la Commune : l'imbécillité,

« DÉCRÈTE :

« *Article unique*. Le musée du Louvre sera incendié. »

Et n'essayez pas de répliquer que, en dépit des souvenirs de religion et de despotisme, qui s'attachent à ces deux monuments, vous voulez conserver intacts Notre-Dame et le musée du Louvre, à cause de leur importance artistique. Ne vous avisez pas d'insinuer que vous auriez respecté la colonne Vendôme, si elle avait eu quelque mérite au point de vue de l'art. Vous, respecter les chefs-d'œuvre du génie humain ? Et pourquoi ? Et depuis quand ? Et de quel droit ? Allez, si peu que vous fussiez connus avant d'être les maîtres, nous vous connaissons assez pour savoir que l'un de vous — je le nomme : M. Lefrançais — a voulu, en 1848, mettre le feu au Salon carré ; pour savoir que l'un de vous encore — je le nomme aussi : M. Jules Vallès — affirme qu'Homère était une vieille bête. Il est vrai que M. Jules Vallès est ministre de l'instruction publique. Si vous avez jusqu'à cette heure épargné Notre-Dame et le musée du Louvre, c'est que vous n'avez pas osé y toucher, voilà tout, et c'est une preuve, non pas de respect, mais de poltronnerie.

Ah ! nous ouvrons les yeux enfin. Nous ne nous laissons plus éblouir par l'espoir chimérique — que nous avons eu un instant — d'obtenir, grâce à vous, nos libertés communales. Vous n'aviez endossé nos opinions que pour nous tromper, comme des escrocs revêtent la livvrée d'une maison pour entrer dans la chambre du maître et lui voler son argent. Nous vous voyons tels que vous êtes. Nous avons espéré que vous étiez des révolutionnaires, trop ardents, trop hasardeux peut-être, mais agités enfin d'un noble souci ; vous n'êtes que des émeutiers, et des émeutiers dont le but principal est de piller et de saccager à la faveur du trouble et de la nuit. S'il y avait parmi vous quelques honnêtes gens, ils se sont éloignés, épouvantés. Comptez-vous, vous n'êtes même plus une poignée. Si vous avez encore deux ou trois collègues qui ne sont pas tout à fait dénués du sentiment du juste et de l'injuste, ils regardent la porte et voudraient s'enfuir. Et pourtant cette trentaine d'imbéciles furieux nous gouverne encore ! Il en est parmi nous qu'elle envoie à la mort et qui y vont ! Ceci va-t-il durer ? Est-ce que nous avons rendu nos fusils ? Ne nous sommes-nous pas réunis, il y a un mois, dans le quartier de la Banque ? Ne pouvons-nous pas nous réunir encore, et, sans attendre l'armée de Versailles, nous faire justice à nous-mêmes ? — Ah ! il faut bien le reconnaître maintenant, les députés de la Seine et les maires de Paris, trompés comme nous, ont eu tort de pactiser avec l'émeute. Ils voulaient éviter la guerre des rues. Eh ! la lutte à laquelle nous assistons n'est-elle pas plus horrible que celle que nous avons évitée ? Un jour de combat, et tout eût été dit. Oui, nous avons eu tort de déposer les armes, mais qui donc aurait pu croire — les excès des premiers jours pouvant passer plutôt pour de tristes résultats de l'effervescence populaire que pour des crimes prémédités — qui aurait pu croire que les chefs de l'insurrection mentaient avec

9.

une impudence aujourd'hui si évidente, et que bientôt
la Commune serait la première à nous ravir les libertés
qu'elle devait protéger et développer ? Donc, hélas ! les
ruraux avaient raison, eux qui avaient eu si évidemment
tort en ne prêtant point l'oreille aux équitables prières
du peuple avide de liberté ; ils avaient eu raison en nous
avertissant de la nullité et de la méchanceté de ces
hommes. Ah ! si l'Assemblée nationale voulait, il serait
temps encore de sauver Paris. Si elle voulait vraiment
établir une république définitive et accorder à la capitale
de la France le droit d'élire, entièrement et librement,
une municipalité indépendante, comme nous nous ran-
gerions avec ardeur autour du gouvernement légitime,
et comme l'Hôtel de Ville serait bientôt délivré des grotesques niais qui s'y carrent ! Mais l'Assemblée nationale
nous comprendra-t-elle ? Consentira-t-elle à donner, par
des concessions honorables, la liberté à Paris et le repos
à la France ?

XLIX.

Les délégués de la *Ligue d'union républicaine des
droits de Paris* sont revenus de Versailles aujourd'hui
14 avril et ont fait publier le rapport que voici :

« Citoyens,

« Les soussignés, chargés par vous d'aller présenter
au gouvernement de Versailles votre programme et d'of-
rir les bons offices de la Ligue pour arriver à la con-

clusion d'un armistice, ont l'honneur de vous rendre le compte suivant de leur mission.

« Les délégués, ayant donné connaissance à M. Thiers du programme de la Ligue, celui-ci a répondu que, comme chef du seul gouvernement légal existant en France, il n'avait pas à discuter les bases d'un traité, mais que cependant il était tout disposé à s'entretenir avec des personnes qu'il considérait comme représentant le principe républicain et à leur faire connaître les intentions du chef du pouvoir exécutif.

« C'est sous le bénéfice de ces observations, qui constataient d'ailleurs le véritable caractère de notre mission, que M. Thiers a fait sur les différents points de notre programme les déclarations suivantes :

« En ce qui touche la reconnaissance de la République, M. Thiers en garantit l'existence tant qu'il demeurera aù pouvoir. Il a reçu un état républicain, il met son honneur à conserver cet état. »

Eh ! voilà justement ce qui ne suffit point à Paris, au Paris qui veut la paix et la liberté. Nous avons tous la plus entière confiance dans l'honneur de M. Thiers. Nous sommes convaincus que, tant qu'il restera au pouvoir, on lira : « République française » en tête des blanches affiches gouvernementales. Mais, M. Thiers une fois descendu ou renversé du pouvoir — les assemblées nationales ont leurs caprices parfois — qui nous assure que nous ne serons pas la proie d'une restauration monarchique, ou même impériale ? Il y a des revenants dans l'histoire de France aussi bien que dans les romans d'Anne Radcliff. Considérer comme des républicains sincères les élus qui siégent à Versailles est un effort situé au delà de notre crédulité. Voyez, M. Thiers lui-même n'ose pas dire ce qu'il pense sur ce qui pourrait arriver, s'il quittait le pouvoir. Nous voilà donc dans le provisoire comme devant, et le provisoire, c'est justement ce qui nous fait peur. Nous nous adressons à l'Assemblée et nous lui demandons : « Nous sommes républicains; es-tu républicaine? » L'Assemblée fait la sourde oreille et les députés se contentent de chantonner à mi-voix, les uns : « Nous la voulons cette cocarde blanche, » et les autres : « Partant pour la Syrie... » Nous ne sommes pas satisfaits naturellement. M. Thiers dit, il est vrai, qu'il maintiendra tant qu'il le pourra la forme du gouvernement établi à Paris; mais il n'engage que lui-même, et il résulte clairement de tout cela que nous ne garderons pas longtemps la République, puisque son établissement définitif dépend en somme de la majorité de l'Assemblée, qui est royaliste et, par ci par là, impérialiste. — Mais continuons la lecture du rapport :

« En ce qui touche les franchises municipales de Paris, M. Thiers expose que Paris jouira de ses franchises dans les conditions où en jouissent toutes les villes, d'après la loi commune, telle qu'elle sera élaborée par l'Assemblée des représentants de toute la France. Paris aura le droit commun, rien de moins, rien de plus. »

Voilà encore qui est peu satisfaisant. Que sera ce droit commun? Que vaudra la loi élaborée par les représentants de toute la France? Encore une fois, nous avons en M. Thiers la confiance la plus entière. Mais sommes-nous en droit d'attendre une loi conforme à nos vœux, d'une réunion d'hommes qui, sur le point en somme le plus important de la question, sur la forme du gouvernement, a des opinions radicalement opposées à la nôtre ?

« En ce qui touche la garde de Paris, exclusivement confiée à la garde nationale, M. Thiers déclare qu'il sera procédé à une organisation de la garde nationale, mais qu'il ne saurait admettre le principe de l'exclusion absolue de l'armée. »

Et, à mon sens personnel, M. Thiers a grandement raison. Mais, au point de vue où avaient mission de se placer les délégués de l'*Union républicaine*, cette troisième déclaration n'est-elle pas aussi évasive que les deux premières ?

« En ce qui concerne la situation actuelle et les moyens de mettre fin à l'effusion du sang, M. Thiers déclare que, ne reconnaissant point la qualité de belligérants aux personnes engagées dans la lutte contre l'Assemblée nationale, il ne peut ni ne veut traiter d'un armistice ; mais il dit que si les gardes nationaux de Paris ne tirent ni un coup de fusil ni un coup de canon, les troupes de Versailles ne tireront ni un coup de fusil ni un coup de canon, jusqu'au moment indéterminé où le pouvoir exécutif se résoudra à une action et commencera la guerre. »

Ah ! les mots ! les mots ! Nous savons bien que, légalement, M. Thiers a le droit de parler ainsi, et que tous les combattants ne sont point des belligérants. Mais quoi ! est-il aussi juste que légal d'y regarder de si près lorsqu'il y va de la vie de tant d'hommes, et une petite concession grammaticale est-elle chose si grave qu'il faille, plutôt que de la faire, s'exposer sinon aux remords, du moins aux douloureux sentiments que doit inspirer la vue d'un champ de bataille au plus légitime vainqueur ?

« M. Thiers ajoute : « Quiconque renoncera à la lutte armée, c'est-à-dire quiconque rentrera dans ses foyers en quittant toute attitude hostile, sera à l'abri de toute recherche. »

M. Thiers est-il bien certain qu'il ne serait pas abandonné par l'Assemblée au moment où il s'engagerait dans cette voie de clémence et d'oubli ?

« M. Thiers excepte seulement les assassins des généraux Lecomte et Clément Thomas qui seront jugés, si on les trouve. »

Et il a cent fois raison. Nous étions donc bien aveugles le jour où ce double crime ne nous a point ouvert les yeux sur les hommes qui, s'ils ne l'ont ni commis ni fait commettre, ont du moins tout à fait négligé d'en rechercher les auteurs ?

« M. Thiers, reconnaissant l'impossibilité pour une partie de la population actuellement privée de travail de vivre sans la solde allouée, continuera le service de cette solde pendant quelques semaines.

« Tel est, citoyens, etc. » Ce rapport est signé de A. Dessonnaz, A. Adam et Bonvallet.

Hélas ! nous avions bien prévu quel serait le résultat de l'honorable démarche tentée par les délégués de l'*Union républicaine*. Que prouve-t-il, sinon qu'il n'y a pas seulement bataille entre les gardes nationaux de la Commune et les troupes régulières, mais qu'il y a opposition persistante entre la portion même la plus saine du peuple parisien et l'Assemblée nationale de Versailles? Et pourtant l'Assemblée représente, en effet, la France; elle parle et agit selon qu'elle a eu mission de parler et d'agir. Voici donc la vérité : Paris est républicain, la France n'est pas républicaine; il y a divorce entre la capitale et le pays. Le choc actuel, occasionné par un groupe d'écervelés, a cette divergence de sentiments pour cause efficiente. Qu'arrivera-t-il? Paris, vaincu une fois de plus par le suffrage universel, courbera-t-il la tête et recevra-t-il le joug des provinciaux et des ruraux? Le droit de ceux-ci est incontestable, mais primera-t-il — par suite de la supériorité du nombre — notre droit à nous, non moins incontestable? Questions obscures, qui tiennent les esprits en suspens, et font que, malgré notre désir d'amener à nous l'Assemblée nationale dont la plupart des membres ne sauraient nous suivre sans trahir leur mandat, et malgré le dégoût que nous inspirent les sinistres fredaines des hommes de l'Hôtel de Ville, nous supportons encore leur insupportable tyrannie.

L.

Pendant ce temps les murs éclatent de rire. Paris-gavroche, Paris-voyou, Paris-catin, se tordent d'aise devant les caricatures que des marchands ingénieux fixent avec des épingles aux devantures des boutiques ou aux portes des maisons. Qui a dessiné ces étranges images, coloriées à la diable, grossières, rarement plaisantes, souvent obscènes? Elles sont signées de noms inconnus, des pseudonymes sans doute; leurs auteurs probables — parmi lesquels il est triste que l'on soit obligé de compter des artistes de talent — font songer à des femmes libertines et d'un haut rang qui se mêleraient à quelque orgie, nues, mais masquées, ou à des satyres qui porteraient une feuille de vigne sur le visage seulement.

Ces images ont tort. Ces caricatures, quelquefois sanglantes, doivent entretenir, ou même faire naître chez quelques esprits peu cultivés, de condamnables pensées de mépris et de haine. Le rire n'est pas toujours innocent. Mais les gens qui passent ne songent point à cela, et ils sont tout à fait contents quand ils ont vu la tête de Jules Favre, figurée par un radis, ou le ventre de M. Ernest Picard, représenté par une citrouille. Où seront, dans quelques jours, ces grotesqueries malsaines ? Envolées, dispersées. Bien des collectionneurs s'arracheront les cheveux en songeant à l'impossibilité de retrouver ces témoins frivoles de nos malheurs. Je prends quelques notes, afin de diminuer, autant qu'il est en moi, leur désespoir.

Un sol vert, un ciel rose. Dans un cercueil noirâtre, dont elle s'efforce de soulever le couvercle, une femme demi-nue, coiffée d'un bonnet phrygien. Maigre, petit, en habit noir, la tête énorme, la langue épaisse et pendante, les cheveux hérissés comme ceux d'un saule pendant l'orage, un clou dans la main gauche, un marteau dans la droite, Jules Favre appuie le genou sur le couvercle de la boîte, et voudrait la refermer malgré les protestations bien naturelles de la femme demi-nue. Au loin, accourt une grosse face à lunettes et un bras armé d'un marteau : c'est M. Thiers. Au-dessous on lit : *Si on les écoutait, ces s.... atanées républiques, ça ne serait jamais mort!* Le tout est signé Faustin.

Même auteur. La même femme. Mais, cette fois, elle est couchée dans un lit aux rideaux couleur du drapeau rouge. Bien décolletée pour une République; mais ne faut-il pas rendre la République attrayante à ses bons amis les fédérés? Derrière le lit, le portrait de Rochefort; il paraît que Rochefort est le mignon de cette dame. A sa place je lui conseillerais de se vêtir un peu plus décemment. Et voici que trois hommes noirs, aux chapeaux de bandit, disloqués, grimaçants, s'approchent du lit en chantant, comme dans les opéras comiques : « Avan.... çons.... a.... vec.... pru.... dence.... ». Le premier, M. Thiers, tient un solide gourdin et une lanterne sourde; Jules Favre, le second, brandit un poignard; le troisième ne porte rien du tout, mais il a une plume de paon au chapeau et une autre plume de paon.... ailleurs. Je n'ai jamais vu Ernest Picard ; on me dit que c'est lui.

Toujours décolletée, la jeune République — une tête de petite dame de la rue Neuve-Bossuet — vient prier M. Thiers, étameur, restaurateur, qui, d'après l'enseigne, « place les prétendants sans ouvrage, change leurs vieilles bottes contre des neuves au plus juste prix, » vient prier M. Thiers, dis-je, de lui raccommoder ses souliers. « *Attends, attends*, dit le savetier, *je vais lui arranger cela qu'elle ne puisse plus marcher.* »

Perché sur le sommet exigu d'une tribune microscopique, voici un singe vert. Au bout de la queue il porte une couronne; il a sur la tête un bonnet phrygien. C'est M. Thiers, naturellement. « Mes bons messieurs, dit-il, je vous assure que je suis républicain et que j'adore votre vile multitude. » Mais, au-dessous, on lit : « Va-t-il être plumé, ce pauvre coq gaulois ! » Cette image est encore de M. Faustin. A ce que j'ai déjà dit du caractère blâmable de ces niaiseries en ces jours lugubres, j'ajouterai ici un reproche spécial : je n'aime pas la façon carricaturale dont l'auteur exprime la tête de M. Thiers ; il oublie à tort l'antique et célèbre ressemblance du chef du pouvoir exécutif avec Joseph Prudhomme, ou, ce qui est la même chose, avec Henry Monnier. Un jour Gil Perez rencontre Henry Monnier sur le boulevard Montmartre. « Eh bien ! ma vieille, te voilà donc revenu ? Allons-nous en faire, hein, de ces mauvaises farces ? » Henry Monnier fut étonné : c'était M. Thiers.

Celle-ci est signée Pilotel ! oui, Pilotel, le farouche commissaire, celui qui a arrêté M. Chaudey, et qui a gardé les 815 francs saisis dans le tiroir de M. Chaudey. Ah ! Pilotel, si, par suite de quelque mésaventure, vous succombiez un jour derrière une barricade, vous pourriez vous écrier comme Néron : « *Qualis artifex pereo !* » Mais oublions l'auteur, pour apprécier l'œuvre. C'est Gavroche, non pas le Gavroche des *Misérables,* mais le gamin de Belleville, chiquant comme un marin, ivre comme un fédéré ; blouse violette, pantalon vert ; les mains dans les poches, la casquette vers la nuque ; trapu, violent, bestial. Il lève la tête et dit : « J'en veux pas de roi, moi ! » Elle n'est pas tout à fait sans mérite, cette grossière ébauche.

Voilez-vous la face ! « Conseil de révision des amazones de la Seine, » dit la légende. O monstruosités formidables ! Oh ! si elles sont ainsi, en effet, nos braves amazones, il suffira de les placer dans la bataille au premier rang, sans costume, et j'affirme que pas un lignard, pas un gardien de la paix, non, pas même un gendarme, n'hésistera à cet aspect; mais, sur-le-champ, tous, sans exception, s'enfuiront avec une hâte si épouvantée qu'ils ne songeront même pas à lever la crosse en l'air! L'une — pourquoi faut-il que par suite de ma sympathie pour les collectionneurs je me sois engagé à décrire ces laideurs sans voiles! — l'une.... eh bien! non, et j'aime mieux vous laisser le soin d'imaginer ce tas d'himalayas de chair et de pyramides d'os, qui sont les Penthésilées de la Commune de Paris!

Ah! il est b..... en colère, le père Duchène. Les jambes courtes, les bras nus, la face rubiconde, le chef énorgueilli d'un immense bonnet rouge, il tient en sa droite puissante un tout petit M. Thiers, et l'étouffe comme on ferait d'une mauviette. Ici le dessin ne se contente pas d'être vil, il est bête.

Cette fois, elle est toute nue. Il est vrai que ce n'est plus la République, c'est la France. Quand la République est décolletée, la France peut bien ôter sa chemise; pour unique vêtement, elle a une colombe qu'elle presse sur sa poitrine. A gauche, le portrait de M. Rochefort. Encore! Ah! çà, mais c'est donc Lovelace lui-même, ce journaliste grêlé? Et là-bas, par la tabatière de la mansarde, on aperçoit deux chats aux griffes acérées, M. Jules Favre et M. Thiers. « Pauvre colombe! » soupire la légende.

Sainte Famille, d'après Murillo. Jules Favre-saint Joseph conduit l'âne par la bride, et une nourrice qui porte dans ses bras le comte de Paris au lieu de l'Enfant

Jésus est assise entre les deux paniers, essayant de
ressembler à la fois à M. Thiers et à la Sainte-Vierge.
Cela s'appelle : « *La fuite*.... *à Versailles.* » Ah ! pouah !
messieurs les caricaturistes, ne sauriez-vous être absurdes sans être immondes ?

Et en voici d'autres encore ; quelques-unes datent des
jours où Paris s'est débarrassé de l'Empire, et sont
ignobles à tel point que, par une réaction naturelle, elles
inspirent une manière d'estime pour ceux qu'elles veulent
faire mépriser ; d'autres, que tout le monde a vues pendant le siége, sont moins viles, à cause de la haine patriotique qui les a fait naître et qui les excuse ; elles sont
odieuses pourtant ! Ma foi, tant pis pour les collectionneurs qui ont négligé d'acheter une à une ces feuilles
volantes, le dégoût me prend tandis que je les décris,
et mes lecteurs — si jamais ces pages remplies au jour
le jour, plutôt pour fixer mes idées que pour les communiquer à d'autres, deviennent un livre —mes lecteurs
me sauront gré de ne pas poursuivre jusqu'au bout cette
écœurante énumération.

LI.

Que fait M. Courbet parmi ces gens-là ? C'est un
peintre, non un homme politique. Quelques harangues,
humectées de bière, à la brasserie Hautefeuille, ne con-
stituent pas un passé révolutionnaire. Un ruban refusé
par la simple raison qu'il est beaucoup plus piquant de
montrer une boutonnière sans ornement qu'une bouton-

nière ornée d'un liseré rouge, lorsqu'il est bien établi qu'on a méprisé ce que d'autres envient — un ruban rouge refusé n'est qu'un titre médiocre. A votre échoppe, Napoléon Gaillard ; à votre vielle, Billioray ; à vos pinceaux, Gustave Courbet ! Et si je dis cela, ce n'est pas seulement par crainte que les lumières économiques du maître d'Ornans ne soient insuffisantes et n'entraînent la Commune à des actes regrettables — quelle folie, hélas ! la Commune peut-elle faire encore ? — c'est surtout parce que M. Gustave Courbet est un bon peintre en somme, et que je crains pour le peintre les suites de la ridicule échauffourée du faux homme politique. Oui, quelle que soit mon horreur pour les femmes nues et autres monstruosités grivoises dont M. Courbet a honoré les *Salons* d'autrefois, je me souviens avec charme de plusieurs paysages si profondément vrais, avec leurs arbres si bien remplis de soleil et de brise, avec leurs sources qui murmurent si fraîchement sur les cailloux, avec leurs rochers où s'implante si grassement la ténacité des racines grimpantes ; je me rappelle çà et là, outre les paysages, quelques bons tableaux faits, sinon de main d'artiste — car ce mot, à mon sens, a une valeur plus haute — du moins de main d'ouvrier ; et je maudis la présence à l'Hôtel de Ville de ce peintre qui, au moment où le printemps réveille la plaine et la forêt, ferait beaucoup mieux de s'en aller dans les bois, à Meudon ou à Fontainebleau, étudier le frémissement des branches et l'énormité bossue des troncs de chêne, que de donner la réplique à M. Lefrançais —iconoclaste encore platonique — et à M. Jules Vallès, qui a lu Homère dans la traduction de Mme Darcier, ou qui ne l'a pas lu du tout. Qu'on fasse un peu de tout, et même de politique, quand on n'est capable de rien, cela est sinon excusable, du moins compréhensible ; mais que, lorsqu'on peut faire d'excellentes bottes comme Napoléon Gaillard, ou de bonnes peintures comme Gustave Courbet, on se croie obligé de se vouer délibérément à un ridicule et peut-être à une exécration éternels, c'est ce que je ne puis admettre. M. Gustave Courbet répliquera : « Ce sont les artistes que je représente ; ce sont les revendications de l'art moderne que je formule ! Il faut qu'il y ait un 93 en peinture ; fédérons-nous, je le veux ; coupons la tête à Titien et à Paul Véronèse, ces aristocrates ; établissons, au lieu de jury, un tribunal révolutionnaire destiné à condamner à une mort immédiate tout homme qui se soucie encore de l'idéal, ce roi déchu, un tribunal où je serai à la fois l'accusateur, les avocats et les juges. Oui, peintres, mes frères, rangez-vous autour de moi et mourons pour la Commune artistique ! Quant à ceux qui ne sont pas de mon avis, je m'en souci autant que d'un.... au coin d'une borne ». A ce dernier trait, les amis de M. Gustave Courbet reconnaîtront que je ne suis pas sans quelque expérience de sa conversation. Eh bien ! maître d'Ornans, vous ne savez pas ce que vous dites, et les véritables artistes vous enverront au diable, vous et votre fédération. Une association artistique, telle que vous la comprenez, savez-vous à quoi elle aboutirait ? A servir l'ambition mesquine d'un seul — du chef, car il y aurait un chef, n'est-ce pas, monsieur Courbet ? — et les mesquines rancunes d'un tas de rapins sans valeur et sans nom. Oh ! je n'ai pas l'honneur d'être peintre, et quand j'essaye, en marge de mes vers, de dessiner une mosquée, je confesse que ma mosquée a l'air d'un dromadaire, et que Polonius lui seul serait capable de la prendre pour une baleine. Mais je suis artiste à ma manière, et je vous assure que si n'importe quel poëte, eût-il composé des œuvres supérieures dans leur espèce au *Combat de cerfs* ou à la *Femme au perroquet*, venait me dire à moi, poëte : « Fédérons-nous, » je lui répondrais net : « Laissez-moi en paix, monsieur de la fédération ! Je suis un rêveur, un travailleur ; lorsque j'ai fait un poëme, je le publie, s'il se rencontre un éditeur qui croie pouvoir le tirer à quelques milliers d'exemplaires sans se réduire à la plus irréparable mendicité. Cela fait, je ne m'inquiète pas de ce qu'il adviendra de mon œuvre ; l'indulgence de quelques lecteurs, l'assentiment de quelques amis, la colère de quelques sots, c'est tout ce que j'espère, c'est tout ce que je demande. Me fédérer ? Pourquoi ? Avec qui ? Est-ce que ma besogne, si elle est mauvaise, deviendra bonne par suite de mes attaches avec n'importe quelle société ? Est-ce que la besogne des autres gagnera quelque chose à cette association ? Rentrons chez nous, messieurs les artistes, fermons les portes, disons à notre domestique — si nous avons un domestique — que nous n'y sommes pour personne, et, après avoir taillé notre meilleure plume ou saisi notre meilleur pinceau, travaillons dans la solitude, sans relâche, sans autre souci que de faire le mieux que nous pourrons, sans autre sommation que celle de notre conscience artistique, et, l'œuvre achevée, serrons franchement la main à ceux de nos camarades qui nous aiment ; aidons-les, qu'ils nous aident, mais librement, sans obligation, sans cotisation, sans statuts. Nous n'avons que faire de ces franc-maçonneries, absurdes dans le domaine de l'intelligence, et dans lesquelles on se met à cent, à deux cents pour ne pas faire ce que, du premier coup, sans s'être associé avec n'importe qui, n'importe quel nouveau venu, ignoré hier, illustre demain, accomplira brusquement, au nez de toutes les associations du monde ! » Voilà ce que, naïvement, je répondrais à M. Courbet s'il était poëte et s'il s'avisait de m'offfrir n'importe quel pacte.

Les artistes ont fait mieux encore que je ne ferais : ils n'ont pas répondu du tout ; car on ne peut dire que ce fût réellement une réunion d'artistes français, que cette « assemblée générale de tous les artistes du dessin, » présidée par M. Gustave Courbet, le 13 avril 1871, dans le grand amphithéâtre de l'École de médecine. Je connais quelques peintres illustres, je n'en ai vu aucun. Les citoyens Potier et Boulaix avaient été nommés assesseurs. Je les en félicite ; cette haute distinction pourra servir à fonder leur renommée, qui avait bon besoin d'une base quelconque. Y avait-il des sculpteurs du moins? J'ai vu de grandes barbes, des barbes qui m'étaient absolument inconnues. C'étaient peut-être des barbes de sculpteurs. Mais, à défaut d'artistes, que de bavards ! Avez-vous remarqué une chose? il n'y a pas de plus infatigables orateurs que les gens qui ne savent pas ce qu'ils veulent dire. Et les interruptions, les clameurs, les apostrophes, souvent imagées, plus rarement courtoises ! C'était un incroyable tohu-bohu.

— Plus de jury !

— Si, si, un jury !

— Réactionnaire !

— A bas Cabanel !

— Et les femmes ? Est-ce que les femmes seront du jury ?

— Ni les femmes, ni les invalides !

Et M. Gustave Courbet d'agiter désespérément la sonnette présidentielle, et de lancer de temps en temps quelque exclamation dominatrice. Mais tous les *quos ego* du monde n'auraient pas eu raison de cette effroyable tempête. Et de tout ceci, qu'est-il résulté ? rien du tout. Ah ! si fait, on a proposé quelques statuts — dame ! des sculpteurs ! — et on s'est énormément amusé.

— Eh bien ! tant mieux, dit quelqu'un ; on a ri et cela n'a fait de tort à personne.

— Je vous demande pardon, cela a fait beaucoup de tort..... à M. Gustave Courbet.

LII.

Il est défendu de traverser la place Vendôme ; il est à plus forte raison défendu de s'y promener. Depuis trois jours, je vais rôder chaque après-midi autour des sentinelles, au commencement de la rue de la Paix, espérant qu'un heureux hasard me permettra de braver la consigne ; j'en suis quitte pour quelques : « Marchez au large ! » vigoureusement accentués, mais je ne passe pas.

Aujourd'hui, pendant que je guettais un moment favorable, une petite dame qui relevait sa jupe pour montrer des bas rouges comme le drapeau de l'Hôtel de

Ville — communeuse, va ! — s'approcha de la sentinelle et lui adressa le plus gracieux sourire. Voyez-vous, ces fédérés ! Quoi qu'il en soit, le factionnaire, oubliant son devoir, engagea avec la promeneuse une conversation qui me parut assez intime pour que la discrétion m'ordonnât de faire un demi-tour à gauche, et, cinq minutes plus tard, j'arpentais la place interdite.

La place, non, c'est le camp qu'il faut dire. Une foule de petites tentes qui seraient blanches si elles avaient été blanchies, se montrent çà et là, et laissent échapper de la paille éparpillée. Sous les tentes, quelques gardes nationaux ; on ne les voit pas, mais on les entend : ils ronflent. Vous souvenez-vous du syllogisme absurde que l'on répète assez fréquemment dans les classes de philosophie? on pourrait le modifier ainsi : Celui qui a une bonne conscience dort bien ; or, les fédérés dorment bien ; donc, les fédérés ont une bonne conscience. D'autres gardes vont et viennent, la pipe à la bouche. Si je vous affirmais que ces honorables communalistes révèlent, par leur irréprochable tenue, leur mine distinguée et leurs entretiens bienséants, qu'ils font partie de la fine fleur de la société parisienne, vous seriez peut-être assez impertinents pour ne pas en croire un traître mot ; je juge donc préférable à tous égards de vous affirmer tout le contraire. Quelques-uns jouent leur solde au bouchon, sur les trottoirs de la place. La solde et le bouchon ! Celui qui voudrait écrire l'histoire de la garde nationale depuis le commencement du siége jusqu'à nos jours, pourrait l'intituler ainsi, et si, au bouchon, il ajoutait la bouteille, il pourrait se vanter d'avoir un titre **vraiment** complet. Les choses se passent ainsi : la femme a faim, les petits enfants ont faim, mais le père de famille a soif. Il touche trente sous ; que fait-il ? il va boire ; charité bien ordonnée commence par soi-même. Quand il a bu, que reste-t-il ? quelques sous, la bouteille vide et le bouchon. Très-bien : il joue les quelques sous au bouchon, et le soir, quand il rentre, il rapporte à la maison, quoi ? la bouteille vide.

Sur la place, deux barricades, l'une du côté de la rue de la Paix, l'autre du côté de la rue Castiglione. « Deux formidables barricades, » disent les journaux. Lisez : « un millier de pavés à gauche et un millier de pavés à droite. » Je me dis à part moi que deux petites pièces de campagne, l'une sur la place du Nouvel-Opéra, l'autre rue de Rivoli, ne tarderaient pas à avoir raison de ces deux barrières, en dépit de quelques canons qui allongent çà et là leurs cous de cuivre neuf.

Décidément, les fédérés sont galants. Une vingtaine de jeunes femmes, j'ai dit : jeunes femmes et non pas jolies femmes, débitent du café aux gardes nationaux, et ajoutent des grimaces engageantes à la monnaie qu'elles rendent.

Quant à la Colonne, elle n'a pas le moins du monde l'air d'avoir été effrayée par le décret de la Commune qui la menace d'un renversement prématuré. Elle se dresse toujours, pareille à un grand I de bronze ; l'empereur, c'est le point sur l'I. Elle a encore ses quatre aigles, cravattés de couronnes d'immortelles, aux quatre coins de son piédestal, et le double drapeau rouge qui flotte là-haut à son balcon, ne semble pas l'inquiéter outre mesure. La Colonne fait songer à l'antique honneur de la France, qui ne se laisse point intimider par les décrets ni par les baïonnettes, et conserve, au milieu des troubles et des menaces, sa hautaine sérénité.

LIII.

Qui s'en douterait? on vote. Lorsque je dis : on vote, je veux dire : « on pourrait voter, » car d'aller au scrutin, Paris n'a pas l'air de s'en soucier. La Commune était bien embarrassée. Vous vous rappelez la chanson des aventuriers de la mer :

> En partant du golfe d'Otrente
> Nous étions trente.
> Mais en arrivant à Cadix
> Nous étions dix.

Les personnages de l'Hôtel de Ville auraient pu chanter ce refrain en y introduisant quelques légères modifications. Ce n'est pas du golfe d'Otrante qu'ils sont partis, c'est de Montmartre ; mais, en revanche, ils étaient quatre-vingts. En arrivant à... non, je me trompe, au décret sur la colonne Vendôme, ils étaient un peu plus de dix, mais pas beaucoup plus. Quelles charmantes strophes parodiées des strophes de Victor Hugo, ferait Théodore de Banville ou Albert Glatigny avec les désertions successives des membres de la Commune ! D'abord se sont éloignés les maires de Paris, tout effrayés d'être envoyés par le suffrage de leurs concitoyens dans une compagnie qui n'était point, à ce qu'il paraît, leur idéal en fait de conseil municipal. Et, à ce propos, MM. Desmarest, Tirard et adjoints veulent-ils me permettre de leur adresser une question sans importance ? De quel droit nous ont-ils conseillé à nous, leurs administrés, d'élire la Commune de Paris, s'ils étaient résolus, lorsque les suffrages des amis de l'ordre se seraient réunis sur eux, à décliner toute responsabilité ? Leur présence à l'Hôtel de Ville n'aurait-elle pas été — comme nous espérions qu'elle le serait en effet — un modérateur puissant au milieu des excès que l'on pouvait déjà prévoir ? Quand on dit aux gens : « Soyez électeurs ! » a-t-on le droit de ne pas se considérer comme éligible ? En un mot, pourquoi nous engageaient-ils à élire la Commune de Paris, si la Commune de Paris devait être une chose mauvaise ; et si c'était une bonne chose, pourquoi n'ont-ils pas consenti à en faire partie ? Quoi qu'il en soit, aussitôt élus, aussitôt démissionnaires. Puis ont disparu l'un après l'autre les hésitants, les timides qui n'ont pas eu le courage d'être absurdes jusqu'au bout. Ajoutez les arrestations opérées dans son propre sein par l'assemblée de l'Hôtel de Ville, et vous vous expliquerez son embarras. Encore quelques jours, et la Commune cessait, faute de communeux. Donc, au scrutin, citoyens de Paris ! Et les affiches blanches d'annoncer, de remettre et de fixer enfin les élections complémentaires au dimanche 16 avril.

Mais, voilà bien le diable ; s'il y a des élections, il n'y a pas plus d'électeurs que sur la main. Des candidats, on en a trouvé — on trouve toujours des candidats — des bulletins où les noms des candidats sont inscrits, des urnes — non, des boîtes — pour recevoir les bulletins, on a trouvé tout cela, mais des électeurs pour mettre les bulletins dans les boîtes et pour élire les candidats, on en a vainement cherché. Il y a quelque chose de comparable au Sahara, vu au moment où aucune caravane ne passe à l'horizon, c'est l'un des locaux destinés à recevoir la foule empressée des votants, mais dans lesquels triomphe une parfaite solitude. Sommes-nous donc si loin du jour où la Commune de Paris — en dépit de nombreuses abstentions — a été formée grâce à un concours relativement considérable d'électeurs? Ah! c'est qu'en ce temps nous conservions quelques illusions encore, tandis que maintenant..... Avez-vous jamais assisté à la seconde représentation d'une comédie, lorsque la première n'a eu aucun succès? Hier il y avait foule, aujourd'hui il n'y a plus que la claque. Que voulez-vous? on sait ce que vaut la pièce. Mais dans la salle, que peuplent le silence et la solitude, la claque n'en continue pas moins à faire son devoir — elle reçoit une solde, elle aussi — et c'est pourquoi on rencontre çà et là quelques bataillons qui vont voter en commun du pas dont ils iraient à la porte Maillot, et qui, au retour, s'écrient : « Ah! citoyens, comme on vote! on ne vit jamais pareil enthousiasme. » Mais, dans la coulisse, je veux dire à l'Hôtel de Ville, auteurs et comédiens se disent à voix basse : « Décidément, c'est un four. »

LIV.

A propos, et la Bourse? Que fait, que dit, que devient la Bourse au milieu de tout ceci? Je m'adresse pour la première fois cette question, parce que, d'ordinaire, entre toutes les choses sublunaires dont je m'occupe peu, la Bourse est précisément celle dont je m'occupe le moins. Je suis un de ces niais excessifs qui ignorent absolument ce que peuvent faire pendant trois heures, chaque jour, ces hommes noirs allant et venant sous la colonnade du « temple de Plutus. » Je savais parfaitement qu'il existait des agents de change et des coulissiers ; mais si l'on m'avait demandé ce que c'est que des coulissiers et des agents de change, j'aurais été incapable de répondre un seul mot. Nous avons tous de ces ignorances spéciales. J'avais, il est vrai, entendu parler de la Corbeille ; mais je m'imaginais ingénument que cette fameuse corbeille, faite d'osier tressé, contenait un fouillis odorant de feuilles et de fleurs, et que les gens de bourse, galants comme il convient à des Français, passaient le temps autour d'elle à composer des bouquets emblématiques qu'ils offraient ensuite à leurs belles amies. Combien je me trompais ! Un ami m'a désabusé, et quand j'ai été éclairé, tant bien que mal, sur ce qu'on faisait autrefois à la Bourse, je suis allé voir ce qu'on y fait aujourd'hui.

Je dois reconnaître d'abord que tout à l'heure, en employant cette vieille métaphore : « le temple de Plutus, » je ne savais pas ce que je disais. La Bourse n'est pas un temple ; si elle était un temple, elle serait une église, ou à peu près, et par conséquent, il y a longtemps qu'elle aurait été fermée par ordre de notre gracieuse souveraine, la Commune de Paris.

Donc elle est ouverte ; mais à quoi bon ? les personnes qui la hantent aujourd'hui auraient bien su y entrer malgré les portes bourrues et les grilles discourtoises ; car on sait que les spectres, les fantômes et autres êtres surnaturels, n'éprouvent aucune difficulté à s'insinuer par les trous des serrures ou à glisser entre les barreaux. Pauvres fantômes! Grâce à la faiblesse de nos gouvernants qui ont négligé de mettre les scellés sur les huis de la Bourse, ils sont dans l'obligation d'entrer et de sortir comme des gens ordinaires, et un Parisien qui n'aurait pas, dans une longue intimité avec Hoffmann et Edgar Poe, appris à distinguer les morts d'avec les vivants, pourrait prendre pour de simples boursiers ces revenants de l'agiotage. Grâce à Dieu, je ne suis pas homme à me laisser abuser sur ce point par les plus spécieuses apparences, et j'ai reconnu sur-le-champ à qui j'avais affaire.

Ils étaient, sur les grands escaliers, quatre ou cinq spectres, maigres comme des vampires qui n'auraient pas bu de sang depuis trois mois; ils se promenaient en silence, de ce pas furtif dont les apparitions marchent entre les ifs des cimetières. Quelquefois l'un d'eux tirait d'un fantôme de gilet un spectre de carnet, et y inscrivait des apparences de notes avec une ombre de crayon. D'autres se rapprochaient en groupe et l'on entendait distinctement le cliquetis de leurs squelettes sous leurs vagues redingotes. Ils parlaient de cette voix inarticulée que comprennent seuls les confrères du mage Éliphas Lévy et ils se remémoraient les cours d'autrefois, les Autrichiens triomphants, la Rente à 70 (*quantum mutata ab illâ!*), les obligations-ville 1860 et 1869, et l'apothéose fugitive des actions de Suez. Ils soupiraient : « Vous souvenez-vous des primes? Autrefois on faisait des reports, autrefois il y avait des fins de mois où les portefeuilles, bien remplis, étaient semblables au ventre heureux de Charles Monselet ; mais maintenant, nous errons sur les débris de notre splendeur défunte, comme l'ombre de Diomède se promène à Pompéï sur les ruines de sa maison. Nous sommes ceux qui furent ; les cotes imaginaires des valeurs disparues sont comme de vaines épitaphes sur des tombeaux, et, spectres désespérés, nous mourrions de douleur une seconde fois, s'il ne nous était permis de nous apparaître l'un à l'autre dans ce palais désert et de nous y souvenir des hausses passées ! » Ainsi parlent les boursiers défunts, et ils ajoutent : « Ah ! Commune, Commune, rendez-nous nos fins de mois ! » Parfois un fantôme, qu'à sa mine encore hautaine, on reconnaît pour un mort de distinction, passe à côté d'eux. Du temps de Napoléon III et des Prussiens, c'était un agent de change ; il passe avec un portefeuille sous le bras. Tel le père d'Hamlet, après la tombe, conservait encore son casque et son épée. Il entre dans le palais, va vers la corbeille, pousse deux ou trois cris, auxquels répond seul l'écho des solitudes, et s'en retourne salué au passage par les autres fantômes. Et dire pourtant qu'il suffirait d'un petit bombardement suivi d'un assaut heureux, de sept ou huit cents maisons incendiées par les obus de Versailles, de sept ou huit mille gardes nationaux fusillés, de quelques femmes éventrées, de quelques enfants tués par-dessus le marché, pour rendre la vie et la joie à ces spectres désolés ! Mais, hélas ! tout espoir leur échappe ; la dernière circulaire de M. Thiers annonce que les grandes opérations militaires ne commenceront pas avant quelques jours. Il faut attendre, après avoir attendu ! Les gens qui passent sur la place de la Bourse s'écartent avec une religieuse terreur de la nécropole où dorment le trois pour cent et les obligations du Crédit foncier, et plus d'un, si les églises — ces lieux de débauche — n'étaient pas fermées, irait faire brûler un cierge pour apaiser les mânes des coulissiers désespérés.

LV.

Le tour est fait, la Commune est au complet. Premier arrondissement : inscrits 21,260, votants 9 ; Vesinier a eu 2 voix, Vesinier est élu. Lacord, plus rusé, n'a pas eu de voix du tout. Vaincue par cette unanimité des suffrages, la Commune de Paris sera dorénavant présidée par Lacord. Cela est logique. Pour tout esprit sérieux, il est évident que les législateurs de l'Hôtel de Ville on promulgué *in petto* une loi qu'ils n'ont pas jugé à propos de nous faire connaître, mais qui n'en existe pas moins, et qui doit être conçue à peu près en ces termes : « *Article premier.* Les élections ne seront reputées valables que si le nombre des votants ne dépasse pas le millième des électeurs inscrits. — *Article deuxième.* Tout condidat qui aura obtenun moins de 15 voix sera élu ; s'il en obtenait 16, il y aurait matière à discussion. » C'est ce qu'on pourrait appeler le scrutin à qui perd gagne. On voit d'ici les bienfaits probables d'une pareille loi. Raisonnons un peu. Par qui la France a-t-elle été conduite à deux doigts de sa perte ? par Napoléon III. Combien de suffrages avait obtenu Napoléon III ? sept millions et plus. Par qui Paris a-t-il été livré aux Prustiens? par les dictateurs du Quatre Septembre. Combien les dictateurs du Quatre Septembre ont-ils réuni de suffrages à Paris? plus de trois cent mille. *Ergo* — ou Cluseret n'est pas un grand homme de guerre — *ergo* les candidats qui obtiennent le plus grand nombre de suffrages sont des fripons ou des niais. La Commune de Paris ne veut pas laisser subsister un tel abus; elle conserve le suffrage universel — base auguste des institutions républicaines — mais elle le renverse. Michon n'a eu que la moitié d'une voix, obéissons à Michon!

Ah! tenez, vous ne faites pas seulement trembler et pleurer, vous faites rire aussi! Qu'est-ce que c'est que cette parodie du suffrage universel? qu'est-ce que la volonté de tous exprimée par une demi-douzaine d'électeurs? est-ce que vous allez réellement valider ces élections grotesques dont j'ai à peine exagéré l'insufisance? Il sera membre de la Commune, cet inconnu, qui doit son triomphe à la bienveillance de son concierge et de son porteur d'eau? Je serai gouverné par Vésinier, aidé de Briosne et de Viard? Ne voyez-vous pas que les quelques hommes doués d'un reste de raison, qui vous soutiennent encore, ont refusé de se présenter comme candidats, et que parmi ceux même qui ont été assez fous pour se déclarer éligibles, quelques-uns contestent aujourd'hui la validité des élections? Non, vous ne voyez pas, ou plutôt il vous plaît d'être aveugles. Que vous importent le droit et la justice! « Régnons, gouvernons, décrétons, triomphons, tout est là. Rogeard nous plaît, prenons Rogeard. Si le peuple ne veut pas de Rogeard, tant pis pour le peuple! » A merveille! Mais pourquoi ne ne pas dire franchement sa pensée? Il y avait, dans

les États du pape, d'honnêtes brigands (*par pari re-
fertur*), qui ne valaient peut-être pas mieux que
vous, mais qui au moins n'avaient pas la prétention
d'être légaux, et qui faisaient, sans hypocrisie, leur
métier de brigands. Quand, par suite de diverses
aventures, la troupe n'était plus au complet, ils ne
collaient pas des affiches blanches sur les murs pour
inviter leurs.... administrés à élire des remplaçants;
ils choisissaient tout simplement, parmi les vagabonds
et autres gens de bien, ceux qui leur semblaient le
plus capables de donner un coup de stylet ou de détrous-
ser un voyageur, et la troupe, convenablement renforcée, reprenait ses occupations antérieures. Que diable,
messieurs, il faut dire ce qui est et nommer les choses
par leurs noms. Appelons un chat un chat et Pilotel
un voleur. Le temps des illusions est passé; ne vous
obstinez pas à garder les masques; nous avons vu les
visages. Après le mardi-gras de la Commune, voici le
mercredi des cendres. Vous vous étiez habilement déguisés, messieurs ! vous aviez été chercher dans le ves-
tiaire de l'histoire les vieilles défroques révolutionnaires
des hommes de 93, vous y aviez ajouté quelques orne-
ments à la mode actuelle — gilets dits de la Commune,
chapeaux dits de la Fédération — et ainsi parés, vous
vous carriez. A vrai dire, on croyait s'apercevoir que ces
habits, faits pour des géants, étaient trop larges pour
vous, pygmées; ils flottaient autour de vos petites tailles
comme des ballons dégonflés; mais, rusés, vous disiez :
« Ce sont les persécutions qui nous ont maigris ! » On
remarqua aussi, dès les premiers jours, quelques taches
rouges comme du sang, toutes fraîches, sur vos vête-

i ments anciens. « Ne faites pas attention, avez-vous dit,
c'est le drapeau rouge que nous avons dans la poche et
qui sort ! » Et il arriva que quelques-uns vous crurent.
Nous-mêmes, quoique soupçonneux, nous nous lais-
sâmes prendre aux grands gestes de vos manches plus
longues que vos bras. Et puis vous parliez de toutes ces
belles choses : la liberté, l'émancipation des travailleurs,
l'association des forces ouvrières ; on s'est dit : « Voyons-
les à l'œuvre, avant de les condamner définitivement. »
Nous vous avons vus à l'œuvre, et maintenant que nous
savons comment vous travaillez, nous ne voulons plus
vous donner d'ouvrage. A bas les masques ! vous dis-je,
allons, faux Danton, redeviens Rigault ; masque de Saint-
Just, redeviens le visage de Serailler ! Toi, Napoléon
Gaillard, quoique cordonnier, tu n'es pas même Simon.
Sors de Robespierre, Rogeard ! Au diable vos défroques
empruntées à des jours grands et sinistres ! Apparaissez
chétifs et petits, burlesques ; soyez vous-mêmes, nous
serons tous plus à l'aise, vous pour être méprisables, et
nous pour vous mépriser.

Et ce que je vous dis ici, Paris vous l'a dit hier.
Qu'est-ce que cette abstention presque générale des
votants, comparée à l'empressement de naguère, si non
l'aveu de l'erreur à laquelle vos travestissements
avaient donné lieu ; et que prouve-t-elle, sinon la résolution de ne plus se mêler à votre carnaval ? Nous y
voyons clair, vous dis-je, et la saturnale touche à sa fin.
C'est vainement que l'orchestre des mitrailleuses et des
canons, sous la direction du maître de chapelle Cluseret,
continue à faire rage et à nous inviter à la fête ; c'en est
fait, on ne veut plus danser.

11

Mais quoi ! Paris s'en tiendra-t-il là ? ce serait funeste. Mépriser ne suffit pas, il faut haïr aussi, et agir contre ceux que l'on hait. Il ne suffit pas de déserter les urnes ; c'est dans le doute qu'on s'abstient, nous ne doutons plus, agissons. Se croiser les bras pendant que d'autres font la mauvaise besogne, c'est une façon d'être complice. Songez que depuis plus de deux semaines la fusillade n'a pas cessé, que Neuilly est un cimetière, qu'Asnières est un cimetière, que les maris tombent, que les femmes pleurent, que les enfants souffrent ; songeons qu'on a dû, hier 18 avril, transformer la chapelle de Longchamps en succursale de l'amphithéâtre des ambulances de la Presse, tant les morts de la journée avaient été nombreux ; songeons à la loi sur les otages, à la loi sur les réfractaires, aux perquisitions, au vol, aux prisons pleines, aux ateliers vides, aux massacres possibles et au pillage certain ; songeons enfin à notre propre honneur compromis, et faisons en sorte que ceux qui sont restés à Paris pendant ces lugubres heures, n'y soient pas demeurés uniquement pour le voir tomber et mourir

LVI.

Ah ! cette fois, Paris, je te mets au défi de rester indifférent ; tu as supporté pas mal de choses ces jours-ci ; on t'a dit : « Tu ne prieras plus, » tu n'a plus prié ; « tu ne liras plus les journaux qui te plaisent, » tu ne les a plus lus, et tu as continué de sourire, du bout des lèvres, il est vrai, et de te promener sur les boulevards. Mais voici enfin une chose qui va te faire tressaillir, je suppose. Sais-tu ce que je viens de lire dans l'*Indépendance belge* ? Ah ! pauvre Paris, les jours de ta gloire sont passés, ton antique postérité est détruite, tes antiques lauriers sont coupés, tu n'iras plus au Bois ! Qu'est-il donc arrivé ? Il est arrivé que tu es remplacé sur le trône de la mode. Le monde inquiet de la forme que devront avoir les chapeaux en cette triste année, et te voyant occupé à des discordes intestines, s'est adressé à Londres pour obtenir des renseignements, et Londres désormais dicte des lois à toutes les modistes de l'univers. C'est l'*Indépendance belge* qui apporte cette exécrable nouvelle. O ville désolée, que je te plains ! Ce n'est plus toi qui imposeras à l'humanité des lois souveraines concernant les « suivez-moi, jeune homme, » et les gants de peau de chien. Ce n'est plus toi dont on verra les faux-cols et les bottines arriver, à force de popularité, à orner même les habitants nus des îles Marquises. Humiliation profonde et choisie, c'est ta vieille rivale, c'est ta maigre et grande sœur, c'est la noire ville de Londres qui te prend ta marotte étincelante pour la transformer en un de ces bâtons couronnés que les-policemen portent dans leur poche gauche. Tu es destinée à voir, oui, dans tes propres murs — s'il te reste des murs — tes femmes et tes filles, à la démarche élégante, se promener lourdement chaussées de cuir anglais, la tête aplatie sous des chapeaux à forme ronde, entourées de crinolines et de volants, et étalant de toutes parts la couleur violette, cette abominable fusion du bleu et du rouge, qui t'a toujours comblée d'horreur, tu t'en souviens ? Puis, pour augmenter la ressemblance de tes Parisiennes avec les Londonniennes ou cockneys (il est temps que tu apprennes le langage de la fashion anglaise !), il sera indubitablement vendu chez tes dentistes — car tout s'enchaîne — de nouveaux râteliers dits insulaires, permettant d'appliquer par-dessus les palettes ou dents de devant naturelles, d'autres dents qui dépasseront la lèvre supérieure d'un demi-centimètre environ. Il sera également offert à l'approbation des dames des corsets dits Longfellows, ayant pour but de prolonger la taille jusqu'aux dernières limites du possible, et de faire rentrer en elles-mêmes les poitrines les plus abondamment rebelles. Eh bien, Paris, qu'en dis-tu ? ne frémis-tu pas ? Ah ! quand ces jours d'horreur seront arrivés, quand tu verras que tu n'as pas seulement renoncé à ton orgueil, mais aussi à ta vanité, quand tu seras bien convaincu que la Commune ne t'a pas seulement rendu odieux, mais ridicule, oh ! alors—oui, quand tu porteras des chapeaux que tu n'auras pas inventés — combien tu regretteras de ne pas t'être révolté le jour où l'archevêque de Paris a été mis au secret dans une cellule de Mazas !

LVII.

On m'a raconté, ou bien j'ai lu une touchante histoire. La voici telle que je m'en souviens. Il y a dans le faubourg Saint-Antoine une communauté de femmes qui donne asile à de misérables vieillards ; les infirmes, les hommes ou les femmes, redevenus enfants, sont reçus là gratuitement. On les loge, on les nourrit, on les vêt, et puis on prie pour eux. Les vieillards sont contents et le bon Dieu aussi.

Hier soir, on commençait à dormir dans la communauté. On avait couché les pauvres vieux, on avait fait son devoir, on dormait, lorsqu'un coup de feu retentit à la porte de la maison.

Vous vous imaginez la terreur. Les Petites-Sœurs des pauvres n'ont pas coutume d'entendre ce bruit-là si près de leurs oreilles. Ce fut un tumulte, un brouhaha, on se leva à la hâte, et dans les grands dortoirs, les vieillards, tirant leurs têtes de dessous les couvertures, se regardent les uns les autres avec un air étonné.

Cependant on est allé ouvrir la porte. Une centaine d'hommes menaçants se précipite à l'intérieur ; ils ont des sabres et des fusils, ils font un vacarme de démons. Il y en a un, le chef, qui a une grande barbe et qui parle d'un ton terrible. Les Petites-Sœurs se groupent toutes tremblantes autour de la supérieure.

— Fermez les portes, crie le capitaine, et si une seule de ces femmes fait mine de vouloir s'échapper, une, deux, trois, faites feu !

Alors la Bonne Mère — c'est la supérieure qu'on appelle ainsi — fait un pas en avant et demande :

— Qu'est-ce que vous voulez, messieurs ?

— Dites citoyens, sacrebleu ! »

La Bonne Mère fit le signe de la croix et reprit :

— Qu'est-ce que vous nous voulez, mes frères ?

Ah ! si le citoyen Rigault, qui a si spirituellement

remis à sa place Msr Darboy, s'était trouvé là, comme il aurait bien vite répondu à cette folle : « Vous n'êtes pas devant des frères, vous êtes devant des gardes nationaux ! » Mais on ne peut pas se trouver partout.

— Nous voulons visiter votre caisse, répliqua l'officier.

La Bonne Mère lui fit signe de la suivre, lui désigna une armoire, l'ouvrit, tira un tiroir et dit : « Voilà ce que nous avons. »

Il y avait vingt-deux francs.

— Vous n'avez que cela? demanda le capitaine d'un ton défiant.

— Rien que cela, dit-elle ; du reste, monsieur, vous pouvez chercher partout.

Alors les gardes nationaux se répandent dans la maison, vont et viennent, ouvrent les chambres, fouillent les meubles, et ils arrivent enfin, sans avoir rien trouvé, dans le dortoir où étaient couchés les vieillards. Alors, vieux et vieilles se dressent, pleins d'étonnement et d'effroi, et, bégayants, tremblants, on les entend jacasser tous à la fois :

— Qu'est-ce que vous faites ici? Vous ne voulez pas faire du mal aux bonnes sœurs, au moins? C'est indigne, c'est une honte, allez-vous-en, c'est lâche ; mon bon monsieur, qu'allons-nous devenir si vous les emmenez?

Les vieilles sont furieuses et les vieux se lamentent. Les gardes et l'officier ne s'attendaient probablement pas à une telle scène. Ils hésitent à continuer leur perquisition.

— Non, non, bonnes gens, dit l'officier qui avait été le plus violent et fut le plus vite radouci, non, nous n'emmènerons pas les sœurs, et nous ne leur ferons pas de mal ; là, êtes-vous contents ?

Et les gardes nationaux commencent à redescendre l'escalier. En passant devant l'armoire :

— Ma sœur, vous n'avez pas fermé le tiroir, dit le capitaine.

— C'est vrai, monsieur. Je n'en ai pas l'habitude. Chez nous, vous savez, c'est bien inutile.

— N'importe ! fermez-le aujourd'hui. Vous comprenez, moi, je ne connais pas tous ces hommes qui sont avec moi.

En parlant ainsi, il rebrousse chemin, ferme lui-même le tiroir sans en toucher le contenu, et donne la clef à la supérieure. Il semble très-gêné, il finit par dire :

— Nous ne savions pas... si nous avions su que c'était comme cela... on nous avait dit... c'est très-bien d'avoir soin de ces pauvres vieux.

En le voyant si troublé et si bienveillant, une Petite-Sœur, qui n'a plus peur du tout, s'approche de lui et se hasarde jusqu'à lui parler :

— Nous sommes bien effrayées depuis un mois, monsieur l'officier. On dit que les rouges veulent nous prendre la maison. C'est horrible ! Vous nous protégerez, n'est-ce pas, monsieur !

— Certainement, répond bravement le capitaine, donnez-moi la main, et si quelqu'un veut vous faire du mal, c'est à moi qu'il aura affaire.

Une minute plus tard les gardes nationaux étaient partis, Petites-Sœurs et vieillards s'étaient recouchés, et la maison était paisible, absolument comme si elle n'avait pas été un abominable repaire de calotins et de conspirateurs.

Eh bien, si j'étais la Commune de Paris, c'est moi qui le ferais fusiller, ce capitaine-là !

LVIII.

Les gens de l'Hôtel de Ville se sont dit : « Nous aurons beau faire et beau dire, le délégué Cluseret et le commandant Dombrowski auront beau nous adresser les dépêches les plus encourageantes, nous ne parviendrons pas à persuader à la population parisienne que notre lutte contre l'armée de Versailles n'est qu'une longue suite de victoires décisives ; quoi que nous fassions, on finira par s'apercevoir que les bataillons fédérés ont singulièrement lâché pied devant les mitrailleuses blindées, avant-hier, à Asnières, et on croira difficilement que nous occupions encore ce village célèbre par ses fritures et ses cocottes, à moins que nous réussissions à faire admettre comme parfaitement valable ce raisonnement frivole : nous avons évacué Asnières, donc nous nous y maintenons avec énergie. De sorte que les choses prennent pour nous une assez mauvaise tournure. Comment remédier à l'inconvénient d'être vaincu ? Que faire pour détruire la mauvaise impression qu'ont produite nos triomphes douteux ? » Et là dessus les membres de la Commune ont rêvé. « Eh ! parbleu ! se sont-ils écriés après quelques secondes de réflexion — mais en une seconde les « élus de Paris » font plus de réflexions que tous les députés de l'Assemblée nationale ne sont capables d'en faire en trois ans — eh ! parbleu ! décrétons, proclamons, affichons ! Par quels moyens avons-nous réussi à nous imposer à ces benêts de Parisiens ? par des décrets, des proclamations et des affiches. Persévérons. Ah ! les traîtres ont enlevé le château de Bécon et se sont emparés d'Asnières, que nous importe ! vite, quatre-vingts plumes et quatre-vingts encriers ! à l'œuvre, gens de lettres, peintres et cordonniers ! Franckel qui est Hongrois, Napoléon Gaillard, qui est savetier, Dombrowski, qui est Polonais, et Billioray, qui écrit omelette avec deux H, feront peut-être une assez médiocre besogne. Mais, grâce au ciel, nous avons parmi les nôtres Félix Pyat, le grand dramaturge ; Pierre Denis qui a fait d'assez mauvais vers pour qu'il puisse, en revanche, écrire de bonne prose, et Vermorel enfin, l'auteur de « *Ces Dames,* » un petit livre orné de photographies à l'usage des lycéens, et de *Desperanza,* un roman qui a valu bien des insomnies à Gustave Flaubert. Écrivez, ô nos Benjamins ! Il y a longtemps qu'on nous demande ce que nous entendons par ces mots : « la Commune, » dites-le si vous le savez, écrivez-le, proclamez-le, et nous l'afficherons ! quand même vous ne le sauriez pas, dites-le tout de même : le grand art d'un bon cuisinier consiste à faire un civet sans aucune espèce de lièvre. » Et voilà pourquoi on a vu ce matin sur les murs une immense pancarte blanche où ces mots apparaissent en lettres énormes : « Déclaration au peuple français. »

Il y a vingt jours, on aurait peut-être pris garde à cette longue proclamation qui prétend exprimer et essaye de définir les tendances de la révolution du 18 mars. Aujour-

11.

d'hui, nous sommes revenus de bien des illusions, et les plus belles phrases du monde ne sauraient prévaloir sur notre irréconciliable indifférence. Lisons cependant, et commentons.

« Dans le conflit douloureux et terrible qui impose une fois encore à Paris les horreurs du siége et du bombardement, qui fait couler le sang français, qui fait périr nos frères, nos femmes, nos enfants écrasés sous les obus et la mitraille, il est urgent que l'opinion publique ne soit pas divisée, que la conscience nationale ne soit pas troublée. »

A la bonne heure ! je suis tout à fait de votre avis : Il est effectivement très-urgent que l'opinion publique ne soit pas divisée. Mais voyons un peu comment vous vous y prendrez pour obtenir un résultat si désirable.

« Il faut que Paris et le pays tout entier sachent quelle est la nature, la raison, le but de la révolution qui s'accomplit. »

Sans doute ; mais si cela est indispensable aujourd'hui, cela n'était pas moins utile le jour même de la révolution, et nous ne voyons pas bien pourquoi vous nous avez fait attendre si longtemps.

« Il faut enfin que la responsabilité des deuils, des souffrances et des malheurs dont nous sommes les victimes retombe sur ceux qui, après avoir trahi la France et livré Paris à l'étranger, poursuivent avec une aveugle obstination la ruine de la capitale, afin d'enterrer, dans le désastre de la République et de la liberté, le double témoignage de leur trahison et de leur crime. »

Hein ! quelle phrase ! Est-elle de vous, Félix Pyat, cette phrase si précise, si nette et qui apporte tant de clarté dans les ténèbres de la situation actuelle, — la Commune a dit : « *Pyat lux !* » et la lumière fut, — ou de vous, Pierre Denis, ou de toi, Vermorel? J'admire particulièrement le double témoignage enterré dans le désastre de la République. Heureuse métaphore !

« La Commune a le devoir d'affirmer et de déterminer les aspirations et les vœux de la population de Paris ; de préciser le caractère du mouvement du 18 mars, incompris, inconnu et calomnié par les hommes politiques qui siégent à Versailles. »

Ah ! oui, la Commune a ce devoir ; mais, de grâce, ne nous faites pas languir. Vous voyez bien que nous mourons d'impatience.

« Cette fois encore, Paris travaille et souffre pour la France entière dont il prépare par ses combats et ses sacrifices la régénération intellectuelle, morale, administrative et économique, la gloire et la prospérité. »

Cela est si vrai, que depuis que la Commune existe à Paris, les ateliers sont fermés, les usines chôment, et que la France, pour laquelle elle se sacrifie, perd quelque chose comme une cinquantaine de millions par jour. Voilà des faits, ce me semble; et je ne vois point ce que peuvent répondre à cela les traîtres de Versailles.

« Que demande Paris? »

Ah ! oui, que demande-t-il? Nous ne serions vraiment pas fâchés de le savoir. Ou plutôt que demandez-vous?

car, de même que Louis le Grand avait le droit de dire : « l'Etat, c'est moi, » vous pouvez dire : « Paris, c'est nous. »

« Il demande la reconnaissance et la consolidation de la République, seule forme de gouvernement compatible avec les droits du peuple et le développement régulier et libre de la société. »

Cette fois, vous avez raison. Paris demande la République en effet, et il faut qu'il la désire avec un amour bien vivace, puisque ni vos excès ni vos folies n'ont réussi à le faire changer d'avis.

« Il demande l'autonomie absolue de la Commune étendue à toutes les localités de la France, et assurant à chacune l'intégralité de ses droits et à tout Français le plein exercice de ses facultés et de ses aptitudes comme homme, citoyen et travailleur. L'autonomie de la Commune n'aura pour limite que le droit d'autonomie égal pour toutes les autres communes adhérentes au contrat, dont l'association doit assurer l'unité française. »

Un peu obscur. Je comprends à peu près ceci : vous voulez faire de la France une fédération de communes ; mais que signifient ces mots : « adhérentes au contrat ? » Vous admettez donc que certaines communes pourraient ne pas y adhérer ? Dans ce cas, quelle serait la situation de ces rebelles ? Les laisseriez-vous libres ou les contraindriez-vous à obéir aux conventions du plus grand nombre ? Songez qu'il suffirait d'une ville comme Pezenas, refusant d'adhérer, pour que l'association ne

fût pas entière, c'est-à-dire pour que l'unité française
n'existât pas. Etes-vous bien sûrs de Pezenas? Qui vous
dit que Pezenas ne conçoit pas l'indépendance à sa
façon, et que nous ne soyons pas sur le point d'entendre
dire que Pezenas vient d'élire un duc qui lève des
armées et fait battre monnaie? Duc de Pezenas! cela
résonne fort bien. Remarquez aussi que bien des « localités » peuvent suivre l'exemple de Pezenas, et peut-être,
avant de souffrir pour leur assurer l'autonomie de la
Commune, auriez-vous sagement fait de leur demander
si elles en voulaient. Puis, qu'entendez-vous par « localités? » Marseille est une localité; une ferme isolée au
milieu d'un champ est une localité aussi. Voilà la
France divisée en une infinité extraordinaire de communes. S'accorderont-ils ensemble, ces innombrables
petits Etats? En supposant même qu'ils adhèrent tous
au contrat, il ne serait pas impossible que les rivalités
de clocher amenassent des querelles, puis des rixes ; un
procès à propos d'un mur mitoyen pourrait dégénérer
en guerre civile. De quelle manière réduirez-vous à la
raison les localités récalcitrantes, puisque, en admettant
même que les communes aient le droit de vaincre une
commune, les révoltées pourraient toujours vous échapper en déclarant qu'elles n'adhèrent plus au pacte social?
De sorte que si cette scission n'était pas produite seulement par la vanité d'un ou plusieurs petits hameaux, mais
par l'orgueil d'une ou plusieurs grandes villes, la France
se trouverait tout à coup dénuée de ses plus importantes
cités. Ah! Messieurs, cette partie de votre programme
laisse vraiment quelque chose à désirer, et je vous con-

seille de la faire remanier, à moins que vous ne préfériez la supprimer entièrement.

« Les droits inhérents à la Commune sont « le vote du budget communal ; la fixation et la répartition des impôts ; la direction des services locaux ; l'organisation de la magistrature et de la police intérieure et de l'enseignement ; l'administration des biens appartenant à la Commune. »

Ce paragraphe est sournois. Au premier abord, il n'en a pas l'air, mais regardez de près, et vous verrez que la ruse la plus machiavélique a présidé à sa rédaction. Son habileté consiste à placer à côté de droits qui appartiennent incontestablement à la Commune, des droits qui ne lui appartiennent pas le moins du monde, et à ne pas paraître attacher plus d'importance aux uns qu'aux autres, afin que le lecteur se dise, entraîné par la légitimité évidente de plusieurs de vos revendications : « Mais, en effet, c'est fort juste, *tout* cela ! » Débrouillons, s'il vous plaît cet écheveau de laine rouge, volontairement emmêlé. Le vote du budget communal, recettes et dépenses, la fixation et la répartition des impôts, l'administration des biens communaux, sont des droits qui appartiennent indubitablement à la Commune ; si elle ne les avait pas, elle n'existerait pas. Et pourquoi lui appartiennent-ils ? Parce qu'elle seule peut savoir, sur ces points, ce qui lui est bon, et qu'elle peut prendre ici telle décision qu'elle voudra sans nuire au pays tout entier. Mais il n'en est pas ainsi des mesures qui concernent la magistrature, la police et l'enseignement. Eh bien, si un beau jour, une commune s'écriait :

« Des magistrats? je n'en veux pas, moi. Ils ne me servent à rien ces gens à robe noire ; libre à mes sœurs de nourrir des fainéants qui envoient aux galères de braves filous et d'honnêtes assassins. J'aime les assassins et j'honore les filous, et dorénavant, chez moi, ce seront les coupables qui jugeront les procureurs de la République. » Si une commune disait cela, ou quelque chose d'approchant, que pourriez-vous répondre? Absoment rien ; car, selon votre système, chaque localité de la France a le droit d'organiser sa magistrature à son gré. En ce qui concerne la police et l'enseignement, il serait aisé de faire des hypothèses analogues et de démontrer ainsi l'absurdité de vos prétentions communales. « Désormais on n'arrêtera plus personne, et il sera défendu, sous peine de mort, d'apprendre par cœur la fable *le Loup et le Renard*. » Que dire à cela? Rien, sinon que vous vous êtes trompés tout à l'heure en affirmant que l'autonomie de la Commune ne doit avoir pour limite que le droit d'autonomie égal pour toutes les autres communes. Il existe une autre limite, et c'est l'intérêt général du pays, du pays qui ne peut pas souffrir qu'aucune de ses parties nuise aux autres par le mauvais exemple ou de toute autre façon ; le pouvoir central a seul qualité pour connaître des questions à propos desquelles une seule mesure absurde — dont plus d'une « localité » se rendrait probablement coupable — compromettrait l'honneur ou les intérêts de la France, et la magistrature, la police, l'enseignement sont, de toute évidence, des questions de cette nature.

Les autres droits de la Commune sont, toujours d'après la Déclaration au peuple français : « le choix par l'élection ou le concours, avec la responsabilité, et le droit permanent de contrôle et de révocation, des magistrats ou fonctionnaires communaux de tout ordre.

« La garantie absolue de la liberté individuelle, de la liberté de conscience et de la liberté du travail.

« L'intervention permanente des citoyens dans les affaires communales par la libre manifestation de leurs idées, la libre défense de leurs intérêts : garanties données à ces manifestations par la Commune, seule chargée de surveiller et d'assurer le libre et juste exercice du droit de réunion et de publicité.

« L'organisation de la défense urbaine et de la garde nationale, qui élit ses chefs et veille seule au maintien de l'ordre dans la cité. »

A propos de l'affirmation de ces droits, nous pourrions répéter ce que nous avons dit plus haut, c'est-à-dire que quelques-uns appartiennent à la Commune en effet, mais que la plupart ne lui appartiennent pas.

« Paris ne veut rien de plus à titre de garanties locales, à condition, bien entendu, de retrouver dans la grande administration centrale…»

Remarquer qu'on ne dit pas : « gouvernement, » mais ce serait à peu près la même chose sous un autre nom, n'est ce pas ?

«… Dans la grande administration centrale, délégation des communes fédérées, la réalisation et la pratique des mêmes principes. »

Ce qui veut dire, en d'autres termes, que Paris consentirait volontiers à être de l'avis des autres, si tout le monde était de son avis.

« Mais, à la faveur de son autonomie et profitant de sa liberté d'action, Paris se réserve d'opérer comme il l'entendra, chez lui, les réformes administratives et économiques que réclame sa population ; de créer des institutions propres à développer et propager l'instruction, la production, l'échange et le crédit ; à universaliser le pouvoir et la propriété... »

Aïe ! universaliser la propriété, qu'est-ce que cela signifie, s'il vous plaît ? Le « communalisme, » ici, ressemble singulièrement au « communisme. »

«... Et la propriété, suivant les nécessités du moment, le vœu des intéressés, et les données fournies par l'expérience.

« Nos ennemis se trompent ou trompent le pays quand ils accusent Paris de vouloir imposer sa volonté ou sa suprématie au reste de la nation, et de prétendre à une dictature qui serait un véritable attentat contre l'indépendance et la souveraineté des autres communes.

« Ils se trompent ou trompent le pays quand ils accusent Paris de poursuivre la destruction de l'unité française, constituée par la Révolution, aux acclamations de nos pères accourus à la fête de la fédération de tous les points de la vieille France.

« L'unité politique, telle qu'elle nous a été imposée jusqu'à ce jour par l'Empire, la monarchie et le parlementarisme, n'est que la centralisation despotique, intelligente, arbitraire ou onéreuse.

« L'unité politique, telle que Paris la veut, c'est l'association volontaire de toutes les initiatives locales, le concours spontané et libre de toutes les énergies individuelles en vue d'un but commun, le bien-être, la liberté et la sécurité de tous.

« La révolution communale, inaugurée par l'initiative populaire du 18 mars, inaugure une ère nouvelle de politique expérimentale, positive, scientifique. »

Ne vous semble-t-il pas que, depuis quelques paragraphes, le ton de la déclaration s'est quelque peu modifié? On dirait que Félix Pyat, fatigué, a cédé la plume à Pierre Denis ou à Delescluze. Après le communalisme, le socialisme.

« La révolution communale, c'est la fin du vieux monde gouvernemental et clérical, du militarisme, du fonctionnarisme (ce nouveau rédacteur paraît aimer les mots en isme), de l'exploitation, de l'agiotage, des monopoles, des priviléges, auxquels le prolétariat doit son servage, la patrie ses malheurs et ses désastres. »

Eh ! mon Dieu, je ne demanderais pas mieux, moi ; mais si j'étais bien sûr que le citoyen Rigault, au moyen d'une loupe perfectionnée qui lui permet de nous observer à plusieurs kilomètres de distance sans quitter son cabinet ni son fauteuil, si j'étais bien sûr que le citoyen Rigault n'est pas en train de lire, par-dessus mon épaule, ce que j'écris en ce moment, je me permettrais peut-être d'insinuer que la révolution du 18 mars, au contraire, me paraît, jusqu'à cette heure, le triomphe éclatant de la plupart des crimes qu'elle prétend avoir supprimés.

« Que cette chère et grande patrie, trompée par des mensonges et des calomnies, se rassure donc ! »

Dame ! pour qu'elle se rassure, il y a un moyen : allez vous-en !

« La lutte engagée entre Paris et Versailles est de celles qui ne peuvent se terminer par des compromis illusoires. L'issue n'en saurait être douteuse. (Oh ! non, elle n'est pas douteuse !) La victoire poursuivie avec une indomptable énergie par la garde nationale restera à l'idée et au droit. »

« Nous en appelons à la France ! »

A quoi bon, puisque vous avez l'indomptable énergie de la garde nationale ?

« Avertie que Paris en armes possède autant de calme que de bravoure... »

Voilà une chose que vous persuaderez difficilement à la France !

« Qu'il soutient l'ordre avec autant d'énergie que d'enthousiasme... »

L'ordre ! l'ordre ! sans doute, celui qui régnait à Varsovie, l'ordre qui régnait le lendemain du 4 décembre.

« Qu'il se sacrifie avec autant de raison que d'héroïsme... »

Oui, la raison d'un homme qui se précipite du quatrième étage pour prouver à la rue que sa tête est plus dure que les pavés.

« ... qu'il ne s'est armé que par dévouement pour la gloire et la liberté de tous. — Que la France fasse cesser ce sanglant conflit ! »

Elle le fera cesser, soyez tranquilles, mais pas de la façon dont vous l'entendez.

« C'est à la France de désarmer Versailles... »

Convenons que jusqu'à présent elle a fait précisément le contraire.

« ... par la manifestation de son irrésistible volonté. Appelée à bénéficier de nos conquêtes, qu'elle se déclare solidaire de nos efforts, qu'elle soit notre alliée dans ce combat qui ne peut finir que par le triomphe de l'idée communale ou la ruine de Paris. »

La ruine de Paris, ce n'est, je suppose, qu'une expression figurée ?

« Quant à nous, citoyens de Paris, nous avons la mission d'accomplir la révolution moderne la plus large et la plus féconde de toutes celles qui ont illuminé l'histoire.

« Nous avons le devoir de lutter et de vaincre ! »

La Commune de Paris.

Telle est cette longue déclaration emphatique et souvent obscure. Elle ne manque pas pourtant d'une certaine éloquence ; et, bien qu'entachée à chaque instant d'exagérations manifestes, elle contient çà et là quelques idées justes ou du moins conformes aux vœux de la grande majorité. Détruira-t-elle le mauvais effet produit par les défaites successives des fédérés à Neuilly et à Asnières ? ramènera-t-elle à quelque faveur pour la Commune les esprits qui, de jour en jour, s'éloignent davantage des hommes de la Commune? Non, il est trop tard. Affichée il y a quinze ou vingt jours, cette proclamation aurait été approuvée en quelques-unes de ses parties, et l'on aurait discuté les autres. Aujourd'hui, on passe et l'on sourit. Ah ! c'est que depuis trois semaines il s'est passé bien des choses. Les actes de la Commune de Paris ne nous permettent plus de prendre ses déclarations au sérieux, et nous jugeons ses membres trop fous — sinon pires, — pour croire que par hasard ils ont pu être raisonnables. Ces hommes ont fini par rendre exécrable ce qu'il y avait de bon dans leur idée.

LIX

Nous avons une cour martiale ; elle est présidée par le citoyen Rossel, chef d'état-major à la guerre. Elle vient de condamner à mort le commandant Girod, qui a refusé de marcher à « l'ennemi ; » mais la commission exécutive a gracié le commandant Girod. Raisonnons un peu : si la commission exécutive passe le temps à défaire ce que la cour martiale a fait, je ne m'explique pas bien pourquoi la commission exécutive a institué la cour martiale. A la place de cette dernière, je me fâcherais : « Quoi! dirais-je, on m'installe dans la salle des conseil de guerre, rue du Cherche-Midi, on me donne des gardes, et mon président a le droit de s'écrier : Gardes! reconduisez l'accusé. Enfin, on fait de moi quelque chose qui ressemble à un véritable tribunal autant qu'une parodie peut ressembler à l'œuvre parodiée ; et lorsque moi, cour martiale, je veux profiter des droits qui m'ont été conférés, pour faire fusiller le commandant Girod, on s'oppose à justice et on assure la vie sauve à celui que j'ai condamné? c'est absurde! c'est odieux! j'avais de la tendresse pour ce commandant, moi, et j'aurais voulu qu'il mourût de mes mains! »

Allons, allons, calmez-vous, cour martiale. Vous prendrez votre revanche avant qu'il soit longtemps. Il n'y a pas moins, à l'heure où j'écris, de soixante-trois ecclésiastiques dans les prisons de Mazas, de la Conciergerie et de la Santé. Bien que ce ne soient pas précisément des militaires, on vous les donnera à juger, et vous pourrez en faire tout ce que vous voudrez, sans que la commission exécutive entremette son veto. Les réfractaires aussi vont vous donner de la besogne, et contre eux vous pourrez sévir à votre guise. Quant au commandant Girod, vous comprenez, c'était différent ; il est l'ami du citoyen Delescluze. Les membres de la Commune n'ont plus assez d'amis pour qu'ils laissent supprimer le peu qu'il leur en reste. Mais, consolez-vous, une douzaine de vicaires vaut bien un commandant de la garde nationale.

LX.

Hé ! c'est justement parce que les hommes qu'ils envoient à la mort se battent avec un héroïque courage, que nous en voulons aux membres de la Commune. Qu'ils soient maudits de dilapider de la sorte la richesse morale de Paris ! Qu'ils soient maudits d'employer au service d'une mauvaise cause les admirables forces dont le hasard d'une émeute triomphante leur permet de disposer ! Laissez-moi vous raconter ce qui s'est passé hier, 22 avril, sur le boulevard Bineau, et reconnaissons avec joie que la France — qui a perdu tant de choses — peut du moins compter encore sur la bravoure souriante qui a été son antique honneur.

Un enfant de dix-sept ans, clairon de son métier, marchait en tête de sa compagnie qui avait été chargée d'aller occuper une barricade abandonnée par les Versaillais. Quand je dis qu'il marchait, je me trompe ; la vérité est que, précédant les gardes nationaux d'une centaine de pas, il faisait la roue, le saut périlleux et autres exercices familiers aux clowns et aux gavroches. Il arriva ainsi devant la barricade, lui fit un pied de nez, s'élança, et, en quatre bonds, retomba de l'autre côté sur les mains. Mais la barricade n'était pas abandonnée ! Le petit clairon fut immédiatement cerné par un assez grand nombre de lignards, qui se dissimulaient derrière les pavés et les sacs de terre pour envelopper la compagnie quand elle viendrait, sans défiance, occuper la position. Les chassepots s'abaissèrent vers le pauvre gamin et un sergent lui dit :

— Si tu fais un pas, si tu pousses un cri, on te tue!

Que fit le clairon? Il se précipita vers le haut de la barricade, et hurla de toute la force de ses poumons :

— N'entrez pas! il y a quelqu'un!

Puis il retomba percé de quatre balles; mais sa compagnie était sauvée.

LXI.

Un autre coin du tableau, plus horrible. C'était sur l'avenue des Ternes. Un convoi mortuaire passait. Le cercueil, porté par deux hommes, était tout petit; un cercueil d'enfant. Derrière marchaient un ouvrier en blouse, le père sans doute, et quelques amis. C'était fort triste, mais ce qui suivit fut abominable. Un obus arrivé du Mont-Valérien tomba sur la petite boîte funèbre, et, en éclatant, jeta au visage du père, des débris de planches, d'os et de chair. Le cadavre avait été broyé en même temps que son enveloppe. Massacrer la mort! Il faut avouer que les obusiers sont des destructeurs ingénieux et raffinés.

LXII.

Enfin les misérables habitants de Neuilly ont pu sortir de leurs caves! Pendant trois semaines, s'attendant à chaque minute à recevoir sur le dos le toît de leurs maisons effondrées, guettant un instant de lassitude dans l'acharnement de la canonnade pour se procurer à la hâte de quoi ne pas mourir de faim, pendant trois semaines ils ont enduré toutes les terreurs, tous les dangers de là bataille et du bombardement. Beaucoup sont morts, tous se croyaient sûrs de mourir. On raconte maintenant d'épouvantables détails. Deux vieillards, le mari et la femme, habitaient un peu au-dessus du restaurant Gilet, la maison où se trouve le bureau des omnibus Louvre-Courbevoie. Dès les premiers jours de la guerre, leur petit logement fut ravagé par trois obus qui vinrent y éclater coup sur coup. Les pauvres vieux ruinés, car ils ne possédaient guère autre chose que leur mobilier, se réfugièrent dans la cave selon la coutume. Là, le mari mourut, après quelques heures d'effroi. Comme il avait soixante-dix ans, il n'avait pas pu résister aux affres de l'épouvante. La femme, un peu plus jeune, fut plus forte. Quand là lutte s'interrompait, — bien rarement, hélas! — elle sortait, et elle disait à ses voisins qui approchaient leurs têtes des soupiraux de leurs caves :

— Mon mari est mort. Il faudrait l'enterrer; que me conseillez-vous de faire?

De porter le cadavre au cimetière, il n'en fallait pas parler. Qui aurait voulu se charger, en ce moment, de cette lugubre besogne. D'ailleurs, en route, les porteurs auraient probablement rencontré quelque boulet ou quelque balle, et il aurait fallu trouver d'autres gens pour les porter eux-mêmes. Une fois, la vieille veuve se hasarda jusqu'à la Porte-Maillot, et, réunissant toutes les forces de sa voix, elle cria :

— Mon mari est mort dans la cave. Venez le chercher, et laissez-nous rentrer dans Paris.

Le factionnaire qui était facétieux — nous espérons qu'il n'était que cela — la coucha en joue et elle s'enfuit précipitamment.

Il y avait quatre jours que son mari était un cadavre. La nuit, elle dormait auprès du mort. Le jour, à la clarté qui venait du dehors, elle regardait le corps, et sanglottait de douleur et d'horreur.

Puis la corruption commença à se révéler. Oh ! alors, elle n'y tint plus. Elle sortit, elle cria à ses voisins :

— Vous l'enterrerez ! sinon, j'irai me mettre debout, au milieu de l'avenue, pour mourir tout de suite.

Quelques-uns eurent pitié d'elle. On descendit dans sa cave, on fit un trou, et l'on y plaça le mort. Elle est restée pendant quinze jours assise sur la terre renflée. Aujourd'hui, quand on est venu la chercher, elle était comme folle. De la fosse maladroitement comblée, sortait une des jambes du cadavre.

Donc ce matin 25 avril, dès neuf heures, une foule innombrable montait les Champs-Elysées : piétons de tout âge et de toute classe, et voitures de toute espèce. La trêve, obtenue par les membres de *l'Union républicaine des droits de Paris* devait enfin avoir lieu, et l'on allait recueillir les pauvres habitants de Neuilly. On s'avançait pourtant avec précaution, car ni la canonnade ni la fusillade n'avaient encore cessé, et l'on craignait à chaque instant de voir tomber quelque projectile parmi la multitude compacte. Sur l'avenue de la Grande-Armée, un

)obus venait d'incendier la maison connue sous le nom
)de château de l'Étoile. Cependant, peu à peu, le duel
)d'artillerie diminua de violence, puis cessa tout à fait,
)et on se précipita vers les remparts.

La Porte-Maillot, à vrai dire, n'existe plus. Il y a longtemps, en dépit des assertions contraires de la Commune, que le pont-levis a été disloqué, que les murs sont
renversés, que le fossé est comblé. De la gare, il reste
un amas informe de pierres noircies, de moellons émiettés, de vitres brisées et de ferrures tordues ; la tranchée
profonde où passaient les trains est remplie de débris
de muraille ; pour passer, il faut faire un détour.

On juge de l'embarras produit à cet endroit par une
myriade de gens, de carrioles, de voitures de déména-
gements, convergeant sur le même point. Tout le monde
veut passer à la fois, on crie, on se bouscule, on
étouffe. Les gardes nationaux essayent en vain d'établir
un peu d'ordre. Ajoutez que, pour aggraver les difficultés, il y a certaines formalités de laisser-passer. Je
réussis à m'accrocher à une charrette qui est sur le
point de sortir de Paris, et, après mille poussées et
mille temps d'arrêt, j'entre, les habits en loque, dans
Neuilly.

Le spectacle est affreux. D'abord apparaît le vaste
espace circulaire que l'on nomme la zone militaire. C'est
un désert poussiéreux, où une seule bâtisse est debout,
a chapelle de Longchamps ; on en a fait une ambulance,
et j'y vois flotter le drapeau blanc orné d'une croix
rouge. A vrai dire, les blessés ne doivent guère être en
sûreté dans ce sépulcre qui est justement placé sur le
chemin des obus. A gauche, s'étend le bois de Boulogne,

ou plutôt ce qui fut le bois de Boulogne, car, du point où je me trouve, on voit très-peu d'arbres, et la forêt montre d'immenses clairières désolées.

J'ai hâte d'avancer. D'ailleurs, la foule me pousse. Voici Neuilly, enfin ; le désastre est complet. La réalité dépasse tout ce que j'avais pu supposer. Les toits effondrés sortent des maisons par les fenêtres. Quelques murs sont écroulés ; dans ceux qui sont restés debout, il y a d'énormes trous noirs. C'est par là que les obus sont entrés, puis ils ont éclaté à l'intérieur, cassant, disloquant, émiettant les meubles, les tableaux, les glaces, et brisant des hommes aussi. A chaque instant, des morceaux de vitre achèvent de se briser sous les bottes des passants ; pas une fenêtre n'a conservé un carreau. De loin en loin, une maison sur laquelle les boulets, on ne sait pourquoi, se sont acharnés, n'est plus qu'un monceau de débris d'où le vent emporte une poussière de briques et de plâtres.

Eh bien, Parisiens, que dites-vous de cela ? N'êtes-vous pas d'avis que le citoyen Cluseret, quoique Américain, est un excellent Français, et ne serait-il pas temps de rendre un décret ainsi conçu : « Considérant que si Neuilly est en cendres, la France doit surtout cet heureux résultat à la glorieuse résistance organisée par le délégué à la guerre, décrète : *Article unique :* Le citoyen Cluseret, destructeur de Neuilly, a bien mérité de la France et de la République. »

Cependant, de toutes les maisons, ou du moins de tout ce qui reste de toutes les maisons, se précipitent des gens chargés de tables, de matelas, de coffres. Les ressuscités sortent de leurs tombeaux. Les parents em-

brassent les parents ; on ne croyait plus se revoir. On va,
on vient, on court. On charge les voitures à briser les
essieux. On pensait que tout était perdu ; on ne veut
rien oublier. Je vois partir vers Paris une grande tapis-
sière remplie d'Enfants-Trouvés ; une sœur est assise à
côté du cocher. Déjà les personnes qui ont déménagé
avec le plus de promptitude, gagnent la Porte-Maillot.
Qui leur donnera l'hospitalité dans le vaste Paris ? on ne
paraît pas songer à cela. Cet immense remuement de
gens et de choses est presque joyeux sous la belle clarté
du soleil pur. Le temps passe, il faut se hâter ; dans un
instant la courte trêve aura expiré. Les retardataires
bourrent leurs poches, chargent leur dos. Aux portes de
Paris, nouvel encombrement, plus inextricable que celui
du matin, car les voitures, très-chargées, ne peuvent
avancer que lentement et versent volontiers. On crie de
plus belle, on se démène, on passe cependant, on est en
sûreté, et bientôt dans toutes les rues se répandent les
carrioles des émigrants. C'est une exode. Mais que Paris
est triste pour une terre promise !

Et maintenant, de part et d'autre, recommencez, canonnade et fusillade, puisqu'il faut enfin que cette horrible
querelle soit vidée par la destruction de l'un des deux
partis. Tuez-vous les uns les autres, puisque vous le
voulez absolument, combattants nés sous le même ciel !
il y aura du moins quelques femmes qui dormiront en
paix cette nuit.

LXIII.

J'étais presque décidé à ne pas continuer ces notes. Fatigué, navré, je suis resté deux jours sans sortir, voulant ne rien voir, ne rien savoir, m'enfonçant dans des lectures, me reprenant à de chers travaux; mais je n'ai pu y tenir plus longtemps. Il est dix heures du matin, je vais, je cours, je m'informe. Que de choses ont pu se passer en deux jours!

Une foule très-agitée stationne au coin des rues qui débouchent dans la rue de Rivoli, non loin de l'Hôtel de Ville. On attend, sans nul doute. Qu'attend-on? Des bruits vagues, mais presque tous empreints d'un espoir de paix et de conciliation, circulent parmi les groupes, où les femmes sont nombreuses.

« — Ah! s'ils s'en mêlent, nous sommes sauvés! » dit une ouvrière qui tient à la main un petit garçon habillé en garde national.

« — Qu'est-ce donc? » lui demandé-je.

« — Eh! monsieur, ce sont les franc-maçons qui se mettent de la Commune. Depuis que le monde est monde, ils ne se sont jamais montrés, et voilà qu'ils vont traverser Paris devant nous! Il faut bien que la Commune ait raison, puisqu'ils se dérangent pour elle. »

« — Les voilà! les voilà! » s'écrie le petit garçon, en tirant sa mère de toutes ses forces.

Les voitures se rangent, la foule se serre de plus en plus en avançant sur la chaussée; des tambours lointains battent aux champs, une musique de cuivres entonne la *Mar-seillaise,* et derrière elle apparaissent d'abord cinq officiers d'état-major, puis six membres de la Commune, ceints d'écharpes rouges frangées d'or. Je crois reconnaître parmi eux les citoyens Delescluze et Protot.

« — Ils vont à l'Hôtel de Ville, » dit un garçon boucher qui soutient d'une main un panier de viande sur sa tête, tandis que de l'autre il fait des signes enthousiastes à deux camarades placés de l'autre côté de la rue. « Je les ai vus se réunir ce matin à la place du Carrousel, avec leurs bannières, c'était beau, allez! Et puis, ce bataillon que vous voyez, avec sa musique, est venu les prendre. A présent, ils vont saluer la République; il faut les suivre. En avant, marche! » Et le garçon boucher, la femme au petit garçon, moi et toute la foule, nous suivons les huit à dix mille membres de la franc-maçonnerie parisienne qui remplissent la rue de Rivoli.

En avant et en arrière du cortége, je remarque une foule de gens sans armes, vêtus d'une espèce de pantalon de zouave en drap gros bleu, de guêtres blanches, de ceintures blanches et de vestes bleues. Ils sont presque tous nu-tête. On me dit que ce sont les « tirailleurs de la Commune. »

Je vois flotter, bien en avant de nous, les curieux, une grande bannière blanche, portant une inscription que je ne puis lire à cause de la distance; mais le garçon boucher l'a vue, lui! Il y a dessus « Aimez-vous les uns les autres, » à ce qu'il paraît. Heureux francs-maçons! que d'illusions ils conservent! « Tolérez-vous les uns les autres » serait à peine pratique!

Nous avançons toujours. Sur le passage du cortége,

beaucoup de cris, peu de « Vive la Commune ! » mais beaucoup de « A bas les meurtriers ! mort aux assassins ! à bas Versailles ! » A l'un de ces cris, un franc-maçon répond en se découvrant ;

— « Vive la paix ! C'est elle que nous allons chercher. »

A vrai dire, je ne sais pas encore au juste ce qui se passe et ce qu'on va faire ; mais patience, à l'Hôtel de Ville tout s'expliquera. Nous voici arrivés. La garde nationale fait la haie, le cortége entre dans la cour d'honneur. Emporté par la foule, je me trouve tout près de la porte, et je puis voir ce qui se passe à l'intérieur. La Commune tout entière est sur le balcon, au faîte de l'escalier d'honneur devant la statue de la République, qui porte, comme tout le monde, une écharpe rouge. Des trophées de drapeaux rouges frémissent de toutes parts. Les bannières viennent se placer sur les marches ; sur chacune d'elles, apparaît en lettres éclatantes une maxime humanitaire. Le Grand-Orient, le Rite Ecossais et le Misraïm sont représentés au grand complet. Le doyen des francs-maçons, portant le cordon des vénérables, est venu en voiture. On l'aide à descendre, avec les marques du plus grand respect ; les francs-maçons les plus proches se découvrent. La cour est pleine. Un cri immense de : « Vive la Franc-Maçonnerie ! Vive la République universelle ! » sort de toutes les poitrines, et le citoyen Félix Pyat, membre de la Commune, s'avance sur le balcon pour parler. Enfin ! Je vais savoir de quoi il s'agit. Mais non ! On me pousse tellement qu'il me faut défendre à la fois ma canne, mon chapeau, mon porte-monnaie, mon porte-cigares, et ma respiration. Je n'entendrai pas le

citoyen Pyat! Si, cependant; voici quelque chose de
précis: « Patrie universelle... liberté, égalité, fraternité,
... manifeste du cœur... (qu'est-ce que c'est que cela?)...
drapeau 'humanité, remparts... » Mon Dieu, si je pouvais entendre! « balles homicides... boulets fratricides...
paix universelle... » Comment ! c'est pour entendre cela
que toutes les loges maçonniques sont venues à l'Hôtel
de Ville? « Vous allez tendre une main désarmée... »
Enfin, beaucoup d'autres phrases que le vent me dérobe
et une explosion de cris : « Vive la Commune! vive la
République! » Mais pourtant, moi, je voudrais comprendre, à la fin.

« — Ils viennent tirer au sort pour savoir qui ira tuer
M. Thiers, » dit un gamin roux.

« — Mais non, idiot, puisqu'ils ont des « mains dé-
sarmées, » répond un autre gamin non moins roux.

« — Ecoute, et tu sauras. »

Le conseil est bon, je m'efforce de le suivre. Mais on
m'étouffe de plus en plus. Tout à coup, une éclaircie !
causée par l'asphyxie probable d'un bourgeois dont le
crâne chauve vient de s'éteindre subitement à mes yeux.
Ah! enfin, on respire et on entend un peu.

« La Commune avait décidé qu'elle choisirait cinq
de ses membres pour avoir l'honneur de vous accompagner, et il a été proposé justement que cet honneur fût
tiré au sort. »

— Tu vois bien, » crie le gamin roux d'une voix
étranglée, « je savais bien qu'ils venaient tirer au sort ! »

Un vigoureux coup de poing de l'autre gavroche répond
à cet aperçu judicieux.

« Le sort a désigné cinq d'entre nous pour vous sui-

vre, pour vous accompagner dans cet acte glorieux, victorieux. »

La rime est heureuse ; mais de quoi s'agit-il donc ?

« Votre acte, citoyens, restera dans l'histoire de la
France et de l'humanité. »

— Il parle d'humanité, je te dis qu'on va tuer
M. Thiers ! »

Pour le coup, le second gamin empoigne le premier
gamin, le foule aux pieds, lui frappe la tête contre le bord
du trottoir, et finalement se fait jour avec lui à travers
la foule, le rossant toujours.

Dans mon esprit, la résignation commence à remplacer
l'ardente curiosité. Que la volonté de la Commune soit
faite ! Je saurai quand je pourrai.

Un autre membre de la Commune, le citoyen Beslay,
je crois, exprime le regret de n'avoir pas été désigné
pour aider à l'accomplissement de cet « acte héroïque »
dont je ne puis parvenir à concevoir la nature ; il parle
aussi de tirage au sort. Ma tête commence à se troubler.
S'agirait-il, en effet, de ce pauvre M. Thiers ?

« Que vous dirai-je, citoyens, après les paroles si élo-
quentes de Félix Pyat ? Vous allez faire un grand acte
de fraternité... (Oh ! alors, ce sera horrible !) en posant
votre drapeau sur les remparts de notre ville, et en vous
mêlant dans nos rangs contre nos ennemis de Versailles. »

Le jour commence à se faire dans mon esprit. En
même temps le citoyen Beslay embrasse le franc-maçon
le plus proche, et un autre franc-maçon réclame l'honneur

de planter la première bannière sur les remparts, celle de la *Persévérance,* qui flotte depuis l'an 1790, et la musique joue — horriblement faux — la *Marseillaise,* et on donne un drapeau rouge aux francs-maçons, accompagné d'un discours, et le citoyen Térifocq prend le drapeau rouge, et fait un autre discours, et le même citoyen Térifocq agite le drapeau en criant : « Maintenant, citoyens, plus de paroles; à l'action ! »

Donc, résumons. Les francs-maçons vont planter leurs bannières sur les murs de Paris, en compagnie des oriflammes de la Commune. Or, je ne crois pas qu'il soit aisé de persuader aux gens doués d'une cervelle bien organisée que les obus et les boulets, quelque homicides, fratricides ou infanticides qu'ils soient, sont doués, outre leurs facultés explosives, d'un tact assez sûr pour éviter dans leur chute les étendards de la franc-maçonnerie, et ne trouer que ceux de la Commune. Comme les projectiles de Versailles n'ont d'autre but que celui de mettre en miettes les Parisiens et leurs drapeaux, naturellement, si les drapeaux parisiens et les Parisiens sont troués, il est probable que les bannières maçonniques seront également détériorées, puisqu'elles se trouveront dans un voisinage dangereux. Alors, qu'arrivera-t-il? Selon le citoyen Térifocq, « les francs-maçons de Paris appelleront à leur aide toutes les vengeances ; la maçonnerie de toutes les provinces de France suivra leur exemple ; sur chaque point du pays où les frères verront des troupes se diriger sur Paris, ils iront au-devant d'elles pour les engager à fraterniser. Ou bien, si Versailles ne tire pas sur les maçons et ne tire que sur les gardes nationaux (*sic!*); alors les maçons se joindront aux compagnies de guerre pour prendre part à la bataille et encourager de leur exemple les glorieux soldats, défenseurs de notre ville. »

Tout cela est bien compliqué. Il me semble que si c'est de cette manière que les francs-maçons de Paris entendent la conciliation, ils feraient beaucoup mieux de prendre tout simplement leur fusil et de dire aux fédérés : « Nous en sommes ! »

Mais voici qu'on se met en marche. Il faut voir ce qui adviendra de tout ceci. Nous parvenons, suivis d'une foule toujours grossissante, à la place de la Bastille. On prononce quelques discours au pied de la colonne de Juillet. Le bruit, le mouvement, la poussière ont distrait mon attention. Je n'entends plus un mot. Du reste, cela doit être toujours la même chose, car les mêmes cris répondent aux mêmes gestes des orateurs.

Nous repartons, descendant les boulevards: l'immense cortége, bariolé de bannières et d'insignes, est salué au passage par la curiosité populaire.

Arrivé place de la Concorde, je demeure en arrière. Il y a des groupes çà et là. Je ne serais pas fâché de connaître l'opinion des clubs en plein air sur la manifestation de la franc-maçonnerie.

Mais bientôt voici des gens qui reviennent des Champs-Elysées en poussant de grands cris : « Quelle horreur ! quelle abomination ! Ils ne respectent rien ! Vengeance ! » J'interroge, on me répond qu'un frère a été tué par un obus en face de la rue du Colisée. On ajoute que le drapeau blanc vient d'être troué, que beaucoup d'entre les francs-maçons sur lesquels Versailles a tiré *directement,* sont morts et blessés. En peu de temps, ces horribles nouvelles, grossies et exagérées à chaque instant, vont se répandre et remplir d'indignation tous les quartiers de Paris. Et je rentre chez moi dans une situation d'esprit assez perplexe, d'où je ne suis tiré que par l'arrivée, à cinq heures du soir, d'un de mes amis, franc-maçon, et par conséquent bien informé. Voici ce qui s'était passé :

« Au moment de son arrivée à l'avenue des Champs-Elysées, le cortége se divisa en plusieurs groupes qui choisirent chacun une avenue ou une rue adjacente. L'un suivit le faubourg Saint-Honoré et l'avenue Friedland jusqu'à l'Arc-de-l'Etoile, d'où il parvint à la Porte-Maillot ; un autre gagna la porte des Ternes par l'avenue des Ternes, un troisième la porte Dauphine par l'avenue Uhrich. Pendant ce trajet, aucun franc-maçon ne fut blessé, malgré les obus qui tombaient de temps en temps. Les VV∴ de chaque loge marchaient en avant avec les étendards maçonniques.

« Dès que le drapeau blanc flotta sur le bastion qui se trouve à droite de la Porte-Maillot, les batteries Versaillaises suspendirent leur feu. Les Frères purent donc dépasser les remparts, et marchèrent vers Neuilly. Là, ils furent reçus assez froidement par le colonel commandant le détachement. Tous les officiers, de même que leur chef, étaient fort irrités contre Paris. Mais les soldats semblaient las de la guerre.

« Après quelques pourparlers, la manifestation obtint l'autorisation d'envoyer un certain nombre de délégués à Versailles, pour faire une nouvelle tentative de conciliation auprès du gouvernement. »

Ce nouvel effort sera-t-il plus heureux que les précédents ! La franc-maçonnerie obtiendra-t-elle ce que l'Union Républicaine n'a pas pu obtenir ? Je voudrais le croire et je ne le crois pas. L'obstination de l'Assemblée de Versailles est devenue de la surdité. Avouons aussi que la conduite des francs-maçons pour arriver à la concorde est assez singulière, et qu'ils ont tout à fait l'air de mettre le chassepot sous la gorge de M. Thiers en lui criant : « La paix ou la vie ! »

LXIV.

Ah ! non pas, non pas, Monsieur Félix Pyat, vous y resterez, s'il vous plaît ! vous en avez été, vous en êtes, vous en serez. Il est bon que vous récitiez tous les temps du verbe. Je ne m'étonne pas que, voyant les choses mal tourner, un homme aussi habile que vous ait jugé à propos de donner sa démission. Quand la maison brûle, on saute par la fenêtre. Mais vous aurez été habile en pure perte, car vos aimables confrères vous attendent dans la rue afin de vous ramener en plein incendie. C'est en vain que vous aurez écrit la lettre suivante, un chef-d'œuvre, au président de la Commune :

« Citoyen président, si je n'avais été retenu au ministère de la guerre le jour où la question des élections a été tranchée, j'aurais voté avec la minorité de la Commune.

« Je crois que la majorité, cette fois, s'est trompée. »

« Cette fois » est poli.

« Je doute qu'elle veuille revenir sur son erreur. »

Dame ! c'est que si elle revenait chaque fois qu'elle se trompe, elle n'avancerait guère !

« Mais je crois que les élus n'ont pas le droit de remplacer les électeurs. Je crois que les mandataires n'ont pas le droit de se substituer au souverain. Je crois que la Commune ne peut créer aucun de ses membres, ni les faire, ni les parfaire ; qu'ainsi elle ne peut de son chef fournir l'appoint qui leur manque pour leur nomination légale. »

Oh ! la légalité, Monsieur Félix Pyat, elle est bien démodée, et c'est bon pour Versailles, cela.

« Je crois enfin, puisque la guerre a changé la population... »

Oh ! oui, la guerre a changé la population, sinon comme vous l'entendez, du moins dans ce sens que beaucoup de gens raisonnables, je ne dis pas cela pour vous, sont devenus des fous, et que bien des vivants sont devenus des morts !

« .... Je crois qu'il était juste de changer la loi plutôt que de la violer. Née du vote, en se complétant sans lui, la Commune se suicide. Je ne veux pas être complice de la faute. »

Nous comprenons cela ; c'est déjà bien assez d'être complice du crime.

« Je suis convaincu de ces vérités au point que si la Commune persiste dans ce que j'appelle une usurpation du pouvoir électif, je ne pourrais concilier le respect dû

au vote de majorité avec celui dû à ma conscience ; et
alors je serais forcé, à mon grand regret, de donner,
avant la victoire, ma démission de membre de la Commune.

« Salut et fraternité,

« Félix PYAT. »

« Avant la victoire, » est infiniment spirituel ! Mais,
entraîné par le désir de laisser voir tout l'esprit qu'il a,
M. Félix Pyat ne s'est pas aperçu que son ironie était un
peu trop transparente, que « avant la victoire » signifiait
trop évidemment « avant la défaite, » et que, par conséquent, sans tenir compte des excellentes raisons déduites
dans la lettre au président de la Commune, on se borne-
rait à se rappeler que les rats s'en vont quand le navire
va sombrer. Cette fois, les rats resteront à fond de
cale. Vos collègues, Monsieur Pyat, ne vous permettront
de vous dérober seul à l'honneur, puisque vous aurez été
comme eux à la peine. N'osant fuir, ils vous feront rester.
Vermorel vous empoignera par le collet de votre habit,
au moment où vous vous aviseriez d'ouvrir la porte pour
vous esquiver, et M. Pierre Denis, qui a été poëte du
temps qu'il était cordonnier, murmurera à votre oreille
ces vers de Victor Hugo qui, avec peu de modifications,
s'adapteraient fort bien à votre cas :

Maintenant il se dit : — L'empire est chancelant ;
        La victoire est peu sûre.
Il cherche à s'en aller, furtif et reculant.
        Reste dans la mesure !

Tu dis : Le plafond croule ; ils vont, si l'on me voit,
    Empêcher que je sorte.
N'osant rester ni fuir, tu regardes le toit,
    Tu regardes la porte.

Tu mets timidement la main sur le verrou ;
    Reste en leurs rangs funèbres !
Reste ! La loi qu'ils ont enfouie en un trou
    Est là dans les ténèbres.

Reste ! Elle est là, le flanc percé de leurs couteaux,
    Gisante, et sur sa bière
Ils ont mis une dalle. Un pan de ton manteau
    Est pris sous cette pierre !

Tu ne t'en iras pas ! Quoi ! quitter leur maison !
    Et fuir leur destinée !
Quoi ! tu voudrais trahir jusqu'à la trahison
    Elle-même indignée !

Quoi ! n'as-tu pas tenu l'échelle à ces fripons
    En pleine connivence ?
Le sac de ces voleurs ne fut-il pas, réponds,
    Cousu par toi d'avance ?

Les mensonges, la haine au dard froid et visqueux,
    Habitent ce repaire ;
Tu t'en vas ! De quel droit, étant plus renard qu'eux
    Et plus qu'elle vipère ?

Et M. Félix Pyat restera, oui, malgré toutes les bonnes raisons qu'il aurait pour aller faire un tour en Belgique. Ses collègues le prendront, s'il le faut, par la douceur. « Vous êtes bon, vous êtes grand, vous êtes pur ; que deviendrions-nous sans vous ? » Et enfin, il ne le lâcheront pas, comme ces poltrons qui, dans un grand danger , s'attachent à leurs compagnons , en criant chaleureusement : « Mourons ensemble ! » et les embrassent pour qu'ils ne puissent pas s'en aller.

LXV.

Un anonyme, qui n'est autre, dit-on, que le citoyen Delescluze, vient d'imprimer ceci : « La Commune s'est assuré une recette de 600,000 francs par jour , — 18 millions par mois. »

Il y avait, une fois, un faussaire nommé Collé, célèbre par le nombre et l'importance de ses escroqueries, et qui possédait, disait-on, une grande fortune. Quand on l'interrogeait à ce propos, il répondait : « Je me suis assuré une recette de cent francs par jour, — trois mille francs par mois. »

Entre Collé et la Commune, il y a cependant deux différences : la première, c'est que Collé aimait particulièrement le clergé dont il revêtait fréquemment les divers costumes, et que la Commune ne peut pas souffrir les curés ; la seconde différence, c'est que Collé, en s'assurant une recette de trois mille francs par mois, avait fait tout ce qu'il avait pu, tandis que la Commune, qui s'en tient pauvrement à 18 millions, aurait pu s'assurer mieux que cela. Il est prodigieux, et j'ajouterai peu digne d'elle, qu'elle se contente d'une somme aussi médiocre. Ah ! vous êtes trop modeste ! on n'est pas victorieux pour se gêner en tout. 18 millions, une misère. On s'expliquerait votre réserve si vous étiez scrupuleux sur le choix des moyens ; Dieu merci, il n'en est rien. Donc, un peu plus d'énergie, s'il vous plaît ! « Mais, soupire la Commune, il me semble que j'ai fait ce que j'ai pu. Grâce à Jourde qui fait oublier Law, et à Dereure qui a été cordonnier, — le savetier et le financier, — j'encaisse tous les jours le prix brut de la vente des tabacs, ce qui constitue une assez jolie spéculation, puisque je n'ai eu à payer ni la matière première ni la main-d'œuvre. J'ai, en outre, grâce à ce que j'appelle le « produit régulier des services publics, » un bon nombre de petits revenus qui ne me coûtent pas grand'chose et qui me rapportent beaucoup. Tenez, voyez la Poste, par exemple ! Je me garde bien d'expédier aucune des lettres qui me sont confiées, et je m'en fais payer l'affranchissement, qui consiste en un paraphe de mes employés. Cela est assez habile, je suppose. Enfin, aujourd'hui, j'ai humblement prié les compagnies de chemins de fer de vouloir bien verser dans ma poche la somme de deux millions de francs : la compagnie du Nord m'offrira trois cent trois mille francs ; la compagnie de l'Ouest deux cent soixante-quinze mille francs ; la compagnie de l'Est trois cent cinquante-quatre mille francs ; la compagnie de Lyon six cent quatre-vingt-douze mille francs ; la compagnie d'Orléans trois cent soixante-seize mille francs. C'est mon délégué aux finances, M. Jourde, la forte tête de la troupe, qui a imaginé cette combinaison. Et, en vérité, je trouve que je fais tout ce que je peux, et que vous avez tort de vouloir m'humilier en me comparant à Collé qui avait du bon, mais qui, en somme, ne me valait pas ! » Mon Dieu, chère Commune, je ne nie que vous n'ayez d'excellentes dispositions ; j'approuve les tabacs et le produit des services publics, dans lequel vous comprenez, n'est-ce pas? le bénéfice des expéditions nocturnes autour des caisses publiques et autres, et vos visites fructueuses dans les églises. Quant à l'impôt sur les chemins de fer, il m'inspire une admiration voisine de l'enthousiasme. Mais, pour l'amour de Dieu! ne vous en tenez pas là ! On n'a rien fait tant qu'il reste quelque chose à faire. Quoi! vous perdez le temps à compter vos revenus, lorsqu'il y a tant d'occasions de les augmenter ? N'y a-t-il pas de banquiers à Paris? pas d'agents de change? pas de notaires ? Envoyez-moi de braves patriotes chez tous ces réactionnaires. Cent mille francs d'un côté, deux cent mille francs de l'autre, c'est toujours bon à prendre. Les petits ruisseaux font les grandes rivières. A votre place, je ne négligerais pas non plus les comptoirs des boutiquiers ni les tiroirs des rentiers. Ce sont des bourgeois, ces gens-là ; et la bourgeoisie est votre ennemie. Prélevez, morbleu ! prélevez! Ne faut-il pas faire des rentes aux bonnes amies de vos bons amis ! Manquez-vous de fausses clefs, par hasard? Bah ! vous en ferez faire ; il y a bien, parmi vos membres, un ou deux serruriers. Considérez Pilotel! c'est un vrai homme, celui-là ! Il n'y avait que huit cents francs dans le secrétaire de M. Chaudey ; il a pris les huit cents francs. C'est ainsi qu'on fait les bonnes maisons et les bons gouvernements. Et là où il n'y aura pas d'argent, empoignez-moi les marchandises, les meubles, tout ! Vous ne manquez pas de recéleurs, je pense. On racontait hier que vous aviez envoyé à Londres les Titien et les Véronèse du Louvre, afin de vous en faire de l'argent. C'était une excellente mesure, cela, et je me l'expliquais d'autant mieux que M. Courbet devait avoir bonne envie de se débarrasser de ces deux peintres pour lesquels il éprouve une haine profonde et bien légitime. Mais, hélas! c'était un faux bruit! vous vous êtes bornée à mettre en vente les matériaux qui composent la colonne de la place Vendôme et que vous avez divisés en quatre lots : deux lots de matériaux et deux lots de métaux. Deux lots seulement? Vous ne savez pas faire valoir la marchandise. Il y a autre chose que des matériaux et des métaux dans la colonne, il y a en elle ce qu'un tas d'imbéciles appelaient autrefois la gloire de la France. Le joli spectacle, lorsque après la vente terminée, les brocanteurs emporteront sous le bras, qui un morceau de Wagram, qui un morceau d'Iéna! Tel qui n'aura cru acheter qu'un kilogramme de bronze, aura acquis le premier consul à Arcole ou l'empereur à Austerlitz. Il est fâcheux que vous n'ayez pas prévenu les surenchérisseurs de la valeur de l'objet en vente ; votre spéculation eût été meilleure. Vous êtes fort maladroite, Commune, ma mie, et vous ne savez pas profiter de la situation. Réparez vos fautes! imposez, prenez, volez! Tout est à vous, ne dédaignez rien, et ne craignez pas qu'on vous résiste ; tout le monde a peur. Tenez, j'ai cinq francs dans ma poche, les voulez-vous?

LXVI.

« La révolution sociale ne pourrait aboutir qu'à un immense cataclysme, dont l'effet immédiat serait :

« De stériliser la terre ;

« D'enfermer la société dans une camisole de force ;

« Et, s'il était possible qu'un pareil état de choses se prolongeât seulement quelques semaines,

« De faire périr par une famine inopinée trois ou quatre millions d'hommes.

« Quand le gouvernement sera sans ressources, quand le pays sera sans production et sans commerce ;

« Quand Paris affamé, bloqué par les départements, ne payant plus, n'expédiant plus, restera sans arrivages ;

« Quand les ouvriers, démoralisés par la politique des clubs et le chômage des ateliers, chercheront à vivre n'importe comment ;

« Quand l'Etat requerra l'argenterie et les bijoux des citoyens pour les envoyer à la Monnaie ;

« Quand les perquisitions domiciliaires seront l'unique mode de recouvrement des impositions ;

« Quand les bandes affamées, parcourant le pays, organiseront la maraude ;

« Quand le paysan, le fusil chargé, gardant sa récolte, abandonnera sa culture ;

« Quand la première gerbe aura été pillée, la première maison forcée, la première église profanée, la première torche allumée, la première femme violée ;

« Quand le premier sang aura été répandu ;

« Quand la première tête sera tombée ;

« Quand l'abomination de la désolation sera par toute la France,

« Oh ! alors, vous saurez ce que c'est qu'une révolution sociale :

« Une multitude déchaînée, armée, ivre de vengeance et de fureur ;

« Des piques, des soldats, des salons nus, des couperets et des marteaux ;

« La cité morne et silencieuse ; la police au foyer de famille, les opinions suspectées, les paroles écoutées, les larmes observées, les soupirs comptés, le silence épié, l'espionnage et les dénonciations ;

« Les réquisitions inexorables, les emprunts forcés et progressifs, le papier-monnaie déprécié ;

« La guerre civile et l'étranger sur les frontières ;

« Les proconsulats impitoyables, un comité suprême, au cœur d'airain.

« Et voilà le fruit de la révolution dite démocratique et sociale. »

Qui a écrit cette admirable page ? Proudhon.

Prenez pitié de la France, juste Dieu ! car voilà où nous en sommes.

LXVII.

Un ballon ! vite, un ballon ! il n'y a pas une minute à perdre. Les habitants de Brive-la-Gaillarde et les montagnards de la Savoie sont affamés de vérité ; versons sur eux la manne salutaire. Rédige, Pierre Denis ! Gonflez, émules de Godard ! et que les quatre vents du ciel emportent nos « Déclarations » aux quatre coins de la France ! Ah ! ah ! les Versaillais — tas de traîtres ! — ne s'attendaient pas à ceci. Ils réunissent des soldats, les imbéciles ! ils bombardent nos forts et nos maisons aussi, les niais ! Nous, nous proclamons et nous distribuons nos proclamations à toute la patrie par le moyen d'un nombre infini d'aérostats révolutionnaires. Puissent-ils être guidés par le vent qui vient à travers la Montagne ! Comme ils vont être heureux, les braves cultivateurs, les bons rentiers, les ardents travailleurs des départements, lorsqu'ils recueilleront, tombées du ciel, ces pages où sont inscrits les droits et les devoirs de l'homme moderne ! Ils n'hésiteront pas un seul instant. Ils quitteront leurs champs, leurs maisons, leurs ateliers. « Mon fusil ! mon fusil ! » crieront-ils ; et, sans songer qu'ils laissent derrière eux des femmes sans maris et des enfants sans pères, ils viendront à nous, heureux de vaincre ou de mourir pour la gloire du citoyen Delescluze et du citoyen Vermorel ! Ah ! quelle ardeur ! quel patriotisme ! Ils sont déjà en route, ils approchent, les voici. Ceux qui n'avaient pas de fusils ont pris des piques et des débris de charrue. Hourra ! en avant, marche ! Aux armes ! citoyens. Salut à la France qui vient au secours de Paris !

Eh bien ! pas du tout, les habitants de Brive-la-Gaillarde et les montagnards de la Savoie, goîtreux ou non, ne songent pas le moins du monde à prendre les armes. Ils n'ont jamais été plus tranquilles ni plus décidés à demeurer en paix. Quand ils voient un de vos ballons — en supposant que vos ballons dépassent les lignes versaillaises et n'aient pas pour unique but de transporter en lieu sûr des communalistes repentis — quand ils voient un de vos ballons, ils s'écrient tout simplement : « Tiens ! voilà un ballon ! d'où diable peut-

il venir ? » S'il tombe du ciel quelques feuilles impri-
mées, ils les ramassent et se disent : « Je les ferai lire
ce soir par mon fils, quand il reviendra de l'école. » Le
soir, le fils épèle, le père écoute. Le fils ne comprend
pas, le père s'endort. « Ah ! ces Parisiens ! » dit la
mère. Que voulez-vous ! ces gens-là sont nés pour vivre
et mourir sans savoir ce qu'il y a d'admirable dans les
hommes de l'Hôtel de Ville. Ils sont assez sots pour
tenir à leur vie et à la vie des leurs. Ils ne se tuent pas
entre eux, ce sont des sauvages ! Et vous ne réussirez
jamais à leur persuader que, lorsqu'ils ont acquitté
leurs impôts, travaillé, nourri leurs femmes et leurs
enfants, il leur reste encore un devoir à accomplir, le
plus saint et le plus impérieux des devoirs : celui de
venir à la Porte-Maillot et d'y recevoir dans le ventre
une balle ou un éclat d'obus.

Mais ces ballons pourraient être utiles cependant.
Choisissons-en un, le plus solide, le plus vaste, le
mieux gréé. Fourrons-y le citoyen Félix Pyat — qui ne
sera pas le dernier à s'asseoir — et le citoyen Delescluze,
sans omettre le citoyen Cluseret, ni aucun des citoyens
qui, en ce moment, font la joie de Paris et la tranquillité
de la France. Des gaz les plus subtils gonflons cet
admirable aérostat qui emporte toutes nos espérances.
Et maintenant, souffle le vent ! oh ! un vent terrible, un
vent furieux ! et qu'ils partent ! qu'ils nous abandonnent !
Les ballons ont des caprices quelquefois ; vous avez
lu l'histoire de Hans Pfaal ? Mon Dieu, si la brise pouvait les emporter jusque dans la lune, ou même beaucoup plus loin !

LXVIII.

Je m'étonne moi-même, en relisant les pages qui précèdent, des contradictions étranges qui s'y rencontrent. Dans les premiers jours, j'étais presque favorable à la Commune, j'attendais, j'espérais; aujourd'hui, c'est tout à fait différent. Lorsque j'écris le soir ce que j'ai vu ou pensé dans la journée, je me laisse aller à blâmer vertement des hommes qui naguère m'inspiraient une manière de sympathie. Que s'est-il donc passé? Est-ce que j'ai changé d'opinion? Je ne crois pas. D'ailleurs, d'opinion, en réalité, je n'en ai qu'une. J'éprouve et je dis ce que j'éprouve, sans parti pris, sans arrière-pensée. Si jamais ces feuillets épars sont réunis en volume, ils auront du moins le rare mérite d'être un livre véritablement sincère. Est-ce donc alors que ma nature s'est modifiée? Pas davantage. Si j'étais indulgent il y a un mois, c'est que je ne connaissais pas ceux dont je parlais, et que, naturellement, je suis disposé à la bienveillance et à l'espoir. Si je suis sévère à cette heure, c'est que — comme Paris entier — j'ai appris à les connaître.

LXIX.

La Commune, naturellement, a fait éclore un nombre infini de journaux. Essayez de compter, si vous le voulez absolument, les feuilles de la forêt, les grains de sable dès rivages, les étoiles du ciel, mais ne tentez pas même en rêve d'énumérer les gazettes qui ont vu le jour depuis la bienheureuse journée du 18 mars. Félix Pyat a un journal : *le Vengeur* ; Vermorel a un journal : *le Cri du Peuple* ; Delescluze a un journal : *le Réveil* ; chaque membre de la Commune s'est donné le luxe d'un carré de papier dans lequel journellement il dit de tous ses collègues tout le mal qu'il en pense. Il faut avouer que ces messieurs ont une bien mauvaise opinion les uns des autres. Je défie le *Gaulois* de Versailles, oui, le *Gaulois* lui-même, de traiter Félix Pyat comme le traite Vermorel, et si l'on considère d'autre part ce que Félix Pyat dit de Vermorel, on trouvera le *Gaulois* singulièrement bienveillant. Il y a longtemps que Napoléon a dit : « Lavons notre linge sale en famille. » Mais on ne peut pas exiger que de bons patriotes profitent des leçons d'un tyran. Donc les journaux de la Commune sont quotidiennement consacrés à « l'éreintement » réciproque des membres de la Commune ; mais où seront-elles dans six mois, dans un mois, dans huit jours peut-être, ces gazettes éphémères ? Le vent qui emporte la feuille de rose et la feuille de laurier n'emporte pas avec moins de cruauté les feuilles politiques. Offrons à la postérité un modèle de ce qu'est aujourd'hui — on dira bientôt « de ce qu'était » — la Presse communaliste. Qu'ils soient rédigés par Marotteau, par Duchêne, par Paschal Grousset ou par n'importe quel autre émule de Paul-Louis Courier, ces bons journaux se valent, et, par un seul exemple, nous les montrerons tous.

D'abord, et généralement en énormes caractères, il y a les DERNIÈRES NOUVELLES, les nouvelles de la Porte-

Maillot où combattent les amis de la Commune et de Versailles, où siégent les ennemis de la Patrie ; elles sont conçues en ces termes :

« Il se confirme de plus en plus que l'Assemblée de Versailles, cernée par les troupes revenues d'Allemagne, est prisonnière. Les généraux de l'Empire ont proclamé de nouveau Napoléon III empereur. »

« A la suite d'une vive querelle au sujet de quelques gardes nationaux que le maréchal Mac-Mahon, après les avoir fait fusiller, a omis de faire manger tout crus à ses soldats, M. Thiers a envoyé deux témoins au maréchal. Ces témoins n'étaient autres que le duc de Chambord et le comte de Paris. Mac-Mahon a choisi pour second l'ex-empereur et M. Paul de Cassagnac. La rencontre a eu lieu dans la rue des Réservoirs, au milieu d'une foule immense. Le maréchal a été tué, ce qui l'a obligé à déclarer qu'il renonçait au commandement des troupes ; mais l'Assemblée n'a pas accepté sa démission. »

« Nous sommes en mesure d'affirmer qu'une compagnie du 132ᵉ bataillon a cerné ce matin, dans le parc de Neuilly, quinze mille gendarmes et sergents de ville. Voyant que toute résistance était inutile, les suppôts de M. Thiers se sont rendus à discrétion. Il y avait parmi eux dix-sept membres de l'Assemblée nationale qui, non contents de donner des ordres pour l'égorgement de nos frères, avaient voulu assister au massacre. »

« Une personne digne de foi nous raconte le fait

suivant : Une cantinière du 44e bataillon (quartier des Batignolles) était en train de verser à boire à un artilleur du fort de Vanves, lorque celui-ci a été coupé en deux par un obus versaillais. La brave cantinière a bu le verre d'eau-de-vie et a pris la place de l'artilleur. Elle s'est si bien acquittée de son nouveau devoir, que douze secondes plus tard, il n'y avait plus un seul canon intact dans les batteries de Meudon. Quant aux servants des pièces, ils ont tous été précipités, par quelques boulets bien dirigés, à une distance de plusieurs kilomètres, et on a cru reconnaître parmi eux — mais nous donnons cette nouvelle sous toute réserve — M. Ollivier, l'ex-ministre de l'ex-empereur, et le comte de Bismark, qui avait voulu vérifier par lui-même la portée des canons qu'il a prêtés à ses bons amis de Versailles. »

Après les DERNIÈRES NOUVELLES, le premier-Paris, le bulletin du jour, comme on dit à présent. C'est ici que se révèle le talent du rédacteur en chef, membre de la Commune. Nous espérons que le spécimen suivant n'est pas tout à fait indigne de la signature de M. Félix Pyat ou de la signature de M. Vermorel:

« Paris, 29 avril 1871.

« Ils nous guettent, ces tigres altérés de sang !

« Ils sont là, ces vandales qui ont fait le serment de ne pas laisser dans Paris un seul homme ni une seule pierre debout !

« Mais ils ne nous tiennent pas ; non, ils ne nous tiendront jamais !

« La garde nationale veille, victorieuse et sublime. Ce ne sont point des poitrines de chair qu'ils ont devant eux, ce sont des poitrines de bronze, sur lesquelles rebondissent les balles !

« Ah ! ils se disaient, ces Jules Favre larmoyants, ces Picard obèses, ces Jules Ferry infâmes, ils se disaient : « Nous prendrons Paris, nous le raserons, et son sol sera distribué, après la victoire, aux femmes des sergents de ville !

« Ils commencent à comprendre tout ce qu'il y avait d'insensé dans leur projet. C'est Paris qui prendra Versailles, qui prendra tous ces vieux aux yeux clignotants, qui, parce qu'ils ne peuvent regarder en face M. Thiers lui-même, s'imaginent qu'il est le soleil.

« C'est en vain qu'ils gorgent de sang et de vin les soldats trompés ; le moment est proche où ceux-ci ne consentiront plus à marcher contre la ville qui combat pour eux. Hier déjà, du fort de Vanves, on distinguait la mêlée d'une bataille ; c'étaient les lignards qui en étaient venus aux mains avec les gendarmes de Valentin et les zouaves de Charette. Courage ! Paris, encore quelques jours, et tu auras triomphé de tous les infâmes, qui osent entraver la marche de la Commune triomphante !

« Mais ce n'est pas assez de vaincre les ennemis du dehors, il faut se débarrasser des ennemis du dedans.

« Plus de pitié ! Plus d'atermoiements ! La justice du peuple est lasse des formalités et veut être satisfaite. Mort aux espions ! Mort aux réactionnaires ! Mort aux prêtres ! Pourquoi la Commune nourrit-elle dans les prisons ce ramas de malfaiteurs, tandis que l'argent qu'ils nous coûtent chaque jour serait si utile aux femmes et aux enfants de ceux qui combattent pour le salut de Paris? On nous affirme que l'ex-archevêque de Paris a mangé hier un demi-poulet à son repas du soir; que de bons patriotes auraient été sauvés de la misère par la somme dont cette orgie a dépouillé la caisse de la République! Il n'est plus temps d'hésiter : les Versaillais fusillent et mutilent nos prisonniers, vengeons-nous! Il faut faire un tel exemple, qu'en apercevant de loin sur nos remparts les têtes de leurs ignobles complices, les traîtres de Versailles, confondus par la magnanimité de la Commune, déposent enfin les armes et se rendent à discrétion.

« Quant aux réfractaires parisiens, nous n'avons pas de mots pour exprimer l'étonnement que nous inspire la faiblesse avec laquelle on se conduit à leur égard.

« Quoi! nous souffrons qu'il y ait encore des lâches à Paris? Je pensais qu'ils étaient tous à Versailles. Nous souffrons qu'il y ait parmi nous des gens qui ne sont pas de notre avis?

« Cet état de choses a trop longtemps duré. Qu'ils prennent leur fusil ou qu'ils meurent. Fusillez ceux qui ne voudront pas marcher. Ils ont des femmes, des enfants, ils sont pères de famille, disent-ils; la belle raison! La Commune avant tout! Et d'ailleurs, il ne faut avoir aucune pitié pour les femmes des réactionnaires et pour les enfants des mouchards! »

Les bulletins du jour sont quelquefois conçus en termes moins doux, mais nous avons choisi une moyenne honorable entre les journalistes tièdes et les journalistes exagérés.

Puis vient l'article de fond, l'article sérieux, écrit d'ordinaire par une plume bien et dûment autorisée, par la plus forte tête de l'endroit. Le sujet varie selon les circonstances, mais il s'agit le plus souvent de démontrer que Paris n'a jamais été aussi riche, aussi libre, aussi heureux que sous le gouvernement de la Commune, et cela, en vérité, n'est pas bien difficile à prouver. Pouvoir vivre sans travailler, n'est-ce pas la meilleur preuve de la richesse des gens? Eh bien, voyez les gardes nationaux : il y a plus d'un mois qu'ils n'ont pas touché un outil, et ils ont tant d'argent, qu'ils sont obligés d'en céder aux. marchands de vins contre un nombre illimité de litres et de bouteilles cachetées. Libres, qui pourrait dire que nous ne le sommes pas? Les journaux qui se permettaient d'affirmer le contraire ont été prudemment supprimés. D'ailleurs, n'est-ce pas être libres que d'être débarrassés du joug honteux des hommes qui ont vendu la France, que de ne plus subir l'oppression des « calottins, » des réactionnaires, des traîtres? Et quant au bonheur le plus parfait, nous en jouissons incontestablement, puisque nous sommes riches et libres.

Enfin, après les dépêches officielles rédigées dans le style que vous savez, et les récits des dernières batailles, apparaissent les faits divers. Ici se montre surtout l'ingéniosité des rédacteurs.

« Hier soir, vers dix heures, dans la rue Saint-Denis, l'attention des passants fut attirée par des cris qui paraissaient venir d'une maison à quatre étages, située au coin de la rue Sainte-Apolline. Ces cris étaient des cris de désespoir. On alla prévenir le poste le plus voisin, et quatre gardes nationaux, précédés de leur caporal, pénétrèrent dans la maison. Ils arrivèrent au quatrième étage, guidés par les cris, et enfoncèrent une porte. Alors, à leurs yeux et à ceux des personnes qui les avaient suivis s'offrit un horrible spectacle. Trois enfants en bas âge rampaient sur le parquet d'une chambre où le désordre des meubles témoignait d'une lutte récente. Les pauvres petits étaient sans vêtements et leurs membres nus montraient des traces de coups ; l'un deux avait une blessure au front. Les gardes nationaux, avec un soin tout maternel, interrogèrent les victimes. Ces enfants n'avaient pas mangé depuis quatre jours, et ils étaient, grâce à ce jeûne prolongé, dans un tel état physique et moral qu'on ne put tirer d'eux aucun renseignement précis. Le caporal s'adressa aux voisins, et une partie de l'affreuse visite ne tarda pas à être connue.

« Dans cette chambre habitait une pauvre ouvrière, jeune et assez jolie. En rapportant de l'ouvrage à son magasin, elle remarqua un jour qu'elle était suivie par un homme bien mis, mais dont la physionomie révélait les passions les plus basses. Il s'approcha d'elle et lui fit des propositions infâmes. D'abord elle les repoussa avec énergie, mais il redoubla d'efforts et multiplia les tentations. Elle se souvint alors qu'elle était pauvre, que l'ouvrage n'allait pas, elle céda enfin ! Ne la blâmons pas, plaignons-la, et réservons toute notre colère pour le scélérat qui l'a séduite !

« Après trois années qui ne furent pour la malheureuse femme qu'une suite de remords et d'angoisses, et pendant lesquelles elle n'eut d'autre consolation que le sourire des enfants qu'elle mettait au monde avec régularité, elle commençait un peu à s'accoutumer à la tristesse de son existence, lorsque son amant cessa tout à coup de venir la voir.

« Cette disparition coïncida avec la glorieuse révolution du 18 mars, et la pauvre ouvrière, qui était bonne patriote, trouva quelque soulagement à se dire que ce jour, si malheureux pour elle, était du moins bien heureux pour la France !

« Deux semaines s'écoulèrent. La mère délaissée n'espérait plus revoir le père de ses trois enfants, lorsqu'un soir — c'était vendredi dernier — un homme, enveloppé d'un manteau noir, pénétra dans la maison et demanda au concierge — un bon patriote, commandant du 114e bataillon — si Mlle C... était chez elle. Sur la réponse affirmative de l'héroïque défenseur des droits de Paris, l'homme monta chez l'ouvrière. C'était lui, le séducteur ! Le concierge l'avait reconnu. Que se passa-t-il entre le bourreau et sa victime ? On ne le saura jamais peut-être. Ce qu'il y a de certain, c'est qu'une heure après, il sortit, toujours enveloppé de son manteau noir.

« Le lendemain et les trois jours suivants, le concierge fut assez étonné de ne pas voir sa locataire du quatrième qui avait coutume de s'arrêter dans la loge quand elle allait acheter de la crème pour son café au lait. Mais le sentiment de ses devoirs comme commandant du 114e bataillon occupait tellement son esprit qu'il accorda peu d'attention à cet incident. Il ne prit pas plus garde à des soupirs et à des sanglots qui descendaient des étages supérieurs. Il ne saurait être blâmé pour cette négligence : il étudiait sa théorie.

« Enfin, le quatrième jour, les cris étaient si violénts qu'ils donnèrent de l'inquiétude aux passants, et nous avons raconté comment quatre hommes et un caporal furent requis pour voir ce dont il s'agissait.

« On sait ce qu'ils virent et ce qu'ils apprirent ; mais les explications des voisins n'éclaircissaient pas la partie la plus ténébreuse du mystère, et peut-être n'aurait-on jamais connu la vérité tout entière, si le caporal — montrant alors par une rare preuve d'intelligence combien il était digne du grade dont ses camarades l'avaient honoré — si le caporal n'avait eu l'idée de soulever les rideaux du lit.

« Sur ce lit, hélas ! gisait, un poignard dans le cœur, le cadavre de la malheureuse mère ! et dans la main crispée du cadavre on trouva un papier sur lequel, avant de rendre l'âme, la victime avait eu le temps d'écrire ces quelques lignes : « Je meurs assassinée par le misérable qui m'a séduite ; il allait poignarder également les trois enfants que je lui ai donnés, mais un bruit dans la chambre voisine lui a fait prendre la fuite. Il était revenu de Versailles exprès pour accomplir ce quadruple crime et pour faire disparaître par ce moyen toutes les traces des attentats auxquels, pendant trois années, il s'est livré sur ma personne. Son nom est Jules Ferry ! vous qui lirez ceci, vengez-moi ! »

LXX.

— Il est pris !

— Il n'est pas pris.

— Mégy l'a livré.

— Eudes l'occupe de nouveau.

Depuis ce matin je ne recueille que des bruits contradictoires. Le fort d'Issy est-il, oui ou non, au pouvoir des Versaillais ? Espérant être mieux informé en me rapprochant du combat, je suis allé à la porte d'Issy. J'en reviens, et je ne sais rien.

Il y avait peu de monde de ce côté : quelques gardes nationaux, abrités sous une casemate et quelques femmes guettant le retour de leurs fils ou de leurs maris. La canonnade était furieuse ; en moins d'un quart d'heure, j'ai entendu siffler cinq obus au-dessus de ma tête.

Vers midi, le pont-levis a été abaissé, et j'ai vu s'avancer une soixantaine de soldats poussiéreux, tristes, las, que précédaient deux officiers à cheval. C'étaient des « vengeurs de la République. »

— D'où venez-vous ? leur ai-je dit.

— Des tranchées. Nous étions quatre cents, voilà ce qui reste.

Mais quand je leur ai demandé : « Le fort d'Issy est-il pris ? » ils n'ont pas répondu. A leur suite marchaient quatre hommes portant une civière chargée d'un cadavre. C'est derrière ce triste cortége que je suis revenu dans Paris. De temps en temps les porteurs déposaient le mort à terre, et s'en allaient boire chez un marchand de vins. J'ai profité d'un de ces moments où la civière était abandonnée pour écarter le manteau qu'on avait mis dessus : le mort était un tout jeune homme, presque un enfant ; on ne voyait pas sa blessure, mais sa chemise était rouge autour du cou. Quand les porteurs revinrent pour la troisième fois, ils étaient ivres. Ils soulevèrent non sans peine le triste fardeau, et s'en allèrent en titubant. Au détour d'une rue, le cadavre tomba; j'accourus pendant qu'ils le ramassaient. Un des ivrognes fondait en larmes et disait : « Mon pauvre frère ! »

LXXI.

Plus de Cluseret ! Cluseret est destitué, Cluseret est en prison ! pourquoi ? qu'a-t-il fait ? Est-ce qu'on lui en veut à cause du fort d'Issy ? On aurait le plus grand tort, car, enfin, si le fort d'Issy a été évacué hier par les fédérés, il a été réoccupé ce matin, et notons en passant qu'on ne s'explique pas bien pourquoi les troupes de Versailles ont abandonné, après l'avoir prise, une position à laquelle elles paraissaient attacher une certaine importance. Si ce n'est pas à propos du fort d'Issy que Cluseret a été poliment prié d'aller tenir compagnie à Mgr Darboy, pourquoi est-ce donc ? Je me souviens qu'il a couru hier et avant-hier certains bruits au sujet d'une lettre du général Fabrice dans laquelle cet excellent Prussien priait, disait-on, le général Cluseret d'intercéder auprès de la Commune en faveur des prêtres incarcérés. Est-ce que par hasard le délégué à la guerre, au risque de passer pour un calottin, aurait hasardé la démarche demandée ? Peste ! M. Cluseret, il y avait bien là de quoi se faire arrêter et même de quoi se faire fusiller. Mais non, vous n'avez fait aucune démarche de cette espèce, et cela par l'excellente raison que le général Fabrice n'a pas plus songé à vous écrire qu'à nous rendre l'Alsace et la Lorraine. Quel est donc le motif de cette soudaine décadence ? On parle d'une querelle avec Dombrowski. Il paraît que ce dernier avait conclu une trêve sans l'autorisation de Cluseret. Une trêve ? à quoi bon, une trêve ? Est-ce que Dombrowski, par hasard, trouverait que l'on tue trop de monde ? Là-dessus, Cluseret se serait fâché tout rouge, mais son rival l'aurait emporté sur lui. Dame ! si l'un est Américain, l'autre est Polonais; entre deux étrangers le cœur de la Commune peut balancer.

Mais non, ni l'évacuation du fort d'Issy — quoi qu'en dise le *Journal officiel* — ni M⁶ʳ Darboy, ni la querelle avec Dombrowski, ne sont les véritables causes de la chute de Cluseret. Cluseret était destiné à tomber, Cluseret est tombé, parce qu'il n'aimait pas les galons. Telle est la cause, comme dit Shakespeare, et les autres raisons ne sont que des prétextes.

Ah ! le délégué à la guerre s'imaginait qu'il pourrait chaque matin faire afficher des proclamations où il ordonnait aux officiers placés sous ses ordres de découdre les rubans d'or ou d'argent qui ornaient fastueusement leurs manches et leurs képis? Il croyait que son état-major allait renoncer aux aiguillettes et autres breloques militaires? Mais c'était tout simplement de la démence. Eh! je vous demande un peu ce qu'aurait dit Armentine ou Cora, si le soir, au café de Suède ou au café de Madrid, son amant ne s'était pas fait remarquer par ce luxe militaire qui distinguait le général des singes, dans les baraques de la fête de Neuilly, des temps, hélas! qu'il y avait des fêtes et qu'il y avait un Neuilly. Exigez d'un militaire quelconque, fédéré ou autre, qu'il renonce à sa solde, à son grand sabre retentissant, à son grade même,

il cédera peut-être, mais renoncer à des galons, jamais!
Comment voulez-vous qu'un homme sérieux consente
à ne pas ressembler à un saltimbanque ?

Une autre prescription, analogue d'ailleurs, a nui
considérablement au citoyen Cluseret. Un beau jour, il
lui a passé par la tête de défendre aux hommes de guerre
de galoper sur les boulevards et dans les rues. Et cela,
sous le frivole prétexte que l'allure trop rapide des cour-
siers pouvait donner lieu à des accidents. Des accidents?
Eh bien, après? Est-ce qu'un capitaine d'état-major
va se priver du plaisir de caracoler sous les regards de
belles promeneuses, pour ne pas s'exposer à renverser
sur le macadam ou sur les pavés quelques vieilles femmes et deux ou trois petits enfants? Le général Cluseret
ne savait ce qu'il disait. — Il est certain que si ce bon
général avait tant à cœur d'éviter les accidents, il aurait
dû commencer par interdire les coups de fusil à Courbevoie, qui sont bien plus dangereux que le galop d'un
cheval sur le boulevard Montmartre. — Donc on continua
de galoper et de porter des galons, au nez et à la barbe
du délégué à la guerre, qui, lui, stoïque, affectait de se
promener en habit bourgeois. Mais, tout en ne lui obéissant pas, on lui en voulait des ordres qu'il avait donnés.
Une opposition sourde couvait, prête à éclater. Le fort
d'Issy a offert un prétexte, et Cluseret a succombé,
victime de son goût pour la simplicité; mais il emporte
les regrets — douce récompense de sa sollicitude, — il
emporte les regrets de tous les chevaux de charrette qui
tiennent lieu de purs-sang à notre brave état-major, et
qui, elles, les pauvres bêtes, ne demandaient pas mieux
que de ne pas galoper.

LXXII.

Un homme déguisé entre au bal de l'Opéra ; il est ivre ; il va, vient, court, gambade, insulte les femmes, gouaille les hommes, éteint les lustres, met le feu aux tentures, se fait huer, houspiller, et enfin tout le monde crie : « A la porte ! » Que fait l'homme déguisé? il se retire, descend chez le costumier du coin, remplace son costume de pierrot par un costume de paillasse, rentre dans le bal, recommence les folies qu'il a déjà faites, et se dit : « J'ai changé d'habit, on ne me reconnaîtra pas. » Il se trompe : il n'y a pas moyen de se méprendre à la façon dont il se comporte. La foule l'entoure, lui crie : « Je te connais, beau masque ! » et finalement, s'il a eu l'imprudence de fermer la porte, on le jette par la fenêtre.

Nous te reconnaissons, Commission exécutive ! c'est en vain que tu as pris les sanglants oripeaux du Comité de salut public, tu es toi-même, tu es encore Félix Pyat, tu es toujours Ranvier, tu n'as pas cessé d'être Gérardin ; tu espères te faire mieux obéir grâce à ce travestisement lugubre? tu te trompes. Ordonne-nous d'aller nous battre, nous ne bougerons pas ; poursuis-nous, nous fuirons à peine ; envoie-nous en prison, nous éclaterons de rire. Tu n'es pas plus la Terreur que Gil-Pérez n'est Talma. Les soufflets que tu reçois font tomber ton faux nez de papier peint ; tu as beau proscrire, voler, incarcérer, tu es trop drôle pour être terrible. Si jamais, poussant la parodie jusqu'au bout, tu t'avisais de dres-

ser la guillotine et d'aiguiser le couperet, sache bien
que nous ne te prendrions pas au sérieux pour cela, et que,
quand même nous verrions l'une après l'autre cinq cents
têtes tomber dans le panier, nous n'en persisterions pas
moins à croire que ton couperet est en bois et ta guillotine en carton.

LXXIII.

On lit dans le *Journal officiel* de Paris : « Les membres de la Commune ne pourront être traduits devant
aucune autre juridiction que la sienne (celle de la Commune). » Ah! vraiment, vous vous imaginez cela, Messieurs de l'Hôtel de Ville? Eh bien! et la cour d'assi-
ses?

LXXIV.

M. Rossel n'a pas de chance! Qu'est-ce que c'est que
M. Rossel? le successeur provisoire du citoyen Cluseret.
Oh! provisoire est bien le mot. La Commune lui a con-
fié la direction des choses militaires, et il l'a acceptée,
mais avec un air de hauteur. Ce « communeux » m'a tout
l'air d'un aristocrate. Quoi qu'il en soit, il n'a pas joué
de bonheur. A peine s'était-il chargé du salut de Paris,
que le Moulin-Saquet a été surpris par les Versaillais.
Cet échec n'a pas précisément relevé le courage des fé-

dérés. D'ailleurs, l'affaire est demeurée obscure, et mon concierge, qui en était, me raconte des choses étranges.

— Imaginez-vous, Monsieur, que je venais de jouer une partie de piquet avec le capitaine, et que je me disposais à faire un somme, car il était plus de onze heures du soir, lorsque je crus entendre quelque chose comme le bruit que fait une troupe en marchant. Je regardai autour de moi pour voir si les autres avaient entendu ; ils étaient déjà couchés, et l'on voyait une ligne circulaire de souliers devant les petites tentes plantées en rond. Le capitaine me dit :

— Ce doit être une patrouille qui vient de la rue de Villejuif.

— Ah ! oui ! dis-je, de la barricade.

Et je m'endormis sans inquiétude. Il n'y avait pas moyen d'être inquiet en effet. Le Moulin-Saquet domine toute la plaine qui s'étend de Vitry à Choisy-le-Roi, et de Villejuif à la Seine ; il était impossible qu'un homme s'approchât de la redoute sans être aperçu par la sentinelle. Donc je dormais depuis un moment, lorsque je fus réveillé par ce dialogue :

— Halte-là ! Qui vive ?

— Patrouille !

— Caporal, venez reconnaître patrouille.

— Bon, me dis-je, voilà nos amis qui viennent nous rendre visite ; on va boire un litre, bien sûr.

Et je me levai pour dire bonsoir aux camarades. Le capitaine était allé lui-même reconnaître la troupe.

— Avance à l'ordre, cria-t-il !

Le chef de la patrouille avança et répondit :

— Vengeur !

— Tiens, pensé-je, pourquoi donc parle-t-il si haut en donnant le mot d'ordre ?

Je n'avais pas achevé de me dire cela que je vis trois hommes s'élancer sur le capitaine et le renverser. En même temps deux ou trois cents gardes nationaux se précipitèrent à travers le camp, tuant à coup de baïonnette les artilleurs qui ronflaient sur leurs pièces, et faisant des feux de peloton sur les tentes où dormaient nos camarades. C'étaient tout simplement des gueux de sergents de ville qui s'étaient habillés en gardes nationaux! Dame! vous comprenez, dans ces moments-là, chacun pour soi et la grande route pour tous. Quand je dis : la grande route, c'est une façon de parler. Je me mis à plat ventre et me laissai rouler dans la tranchée. Il n'y avait pas de danger qu'on entendît le bruit de ma chute au milieu de la fusillade. Je me cachai, tant bien que mal, dans une espèce de creux qui était là, et qui avait été fait sans doute par un obus. De mon trou, je ne pouvais rien voir, mais j'entendais très-bien. Clic ! clac ! clic ! le chassepot fait tout à fait le bruit d'un grand coup de fouet. Et des cris à fendre l'âme ! Il y avait aussi des grincements d'essieux et des roulements de roues ; c'étaient nos canons qu'ils emportaient, ces filous ! Puis, je n'entendis plus rien que les plaintes des blessés, et je me hasardai à remonter. Ah ! Monsieur, j'étais le seul qui fût en état de se tenir debout; les Versaillais avaient emmené tous ceux qui ne s'étaient pas enfuis ou qui n'étaient pas hors de combat; et là-bas, on voyait courir dans la direction de Vitry ce tas de chenapans, qui se pressaient et qui avaient peur comme des voleurs qui s'en retournent. »

— Et vous ne savez pas, lieutenant, demandé-je à mon concierge, comment les Versaillais avaient appris le mot d'ordre?

— Ma foi, non ; seulement, le commandant, qui est un brave homme, mais qui a le défaut d'aimer à se voir le nez en rouge...

— En rouge?

— Eh ! oui, dans une verre de vin.

— Ah ! j'entends.

— Eh bien ! le commandant était allé, dans la soirée, du côté de la route d'Orléans ; il ne manque pas de cabarets de ce côté-là...

— Et vous supposez que, s'étant grisé, il a dit le mot à quelque espion?

— Je ne jurerais pas du contraire ; mais ce qu'il y a de sûr, c'est que nous sommes trahis!

Hélas ! oui, pauvres gens, vous êtes trahis ; non pas de la façon dont vous l'entendez, mais trahis en effet. Ils vous trompent, ces fous ou ces criminels qui décrètent à l'Hôtel de Ville, pendant que vous mourez à Issy, à Vanves, à Montrouge, à Neuilly, au Moulin-Saquet ; ils vous trompent, en vous parlant de royalistes et d'impérialistes ; ils vous trompent, en vous disant que la victoire est certaine et que la défaite serait glorieuse. La victoire est impossible et la défaite est sans honneur ; car, lorsque vous tombez en criant : « Vive la Commune ! vive la République ! » la Commune, c'est Félix Pyat, et la République, c'est Vermorel.

LXXV.

Maudit soit l'homme qui a conçu ce décret, maudite l'assemblée qui l'a approuvé, et malheur au bras qui, le premier, brisera une pierre de ce tombeau ! Ah ! croyez-le, je ne suis pas de ceux qui regrettent le temps du bon plaisir royal, et pour qui tout irait pour le mieux dans le meilleur des mondes possibles, si Louis XVII avait succédé sur le trône de France à son père Louis XVI, accablé de caducité. L'auteur de la sanglante tragédie de Quatre-vingt-treize savait ce qu'il faisait en multipliant les terribles catastrophes : cet auteur-là, c'est l'infaillible nécessité. Je suis prêt à confesser d'ailleurs que l'indolent époux de Marie-Antoinette n'avait aucune des qualités qui font un grand roi, et j'ajouterai même, si vous y tenez absolument, que le seul fait d'être roi constitue un crime digne de mille morts. Quant à Marie-Antoinette elle-même, à l'Autrichienne, comme dirait le *Père Duchêne,* je vous accorde que, dans l'implacable histoire, elle n'est pas tout à fait aussi aimable que dans les romans d'Alexandre Dumas, et que sa proche parenté avec la reine Caroline-Marie dont on connaît les petits soupers, à Naples, en compagnie de lady Hamilton, prête une sigulière vraisemblance aux plus étranges calomnies. En ai-je assez dit pour m'exposer, dans le cas d'une restauration bourbonnienne, à ne jamais obtenir aucune pension sur la cassette particulière de notre sire le roi? Oui. Eh bien ! malgré ce que j'ai dit et malgré ce que je pense, je répète : « Ne touchez pas à ce tombeau ! » Comme la colonne Vendôme est le symbole d'une époque héroïque et terrible, la Chapelle Expiatoire rappelle tout le passé monarchique de la France : tout un passé qui n'a pas été sans tristesse, mais qui n'a pas été sans honneur. Soyons républicains sans supprimer notre histoire qui fut royaliste. Toute la cendre de la monarchie repose en paix sous ce monument ; qu'elle y demeure à jamais, respectée à l'égal des ancêtres qui l'honorèrent ; et puis, briseurs d'images, profanateurs des gloires mortes, ne craignez-vous pas, en exécutant votre décret, de produire un effet diamétralement opposé à celui que vous en attendez? Persécuter les rois jusque dans leur dernier asile, n'est-ce pas pousser à les plaindre, à les regretter peut-être, les consciences encore hésitantes ? Dans l'intérêt même de la République, prenez garde ! Les morts sortent plus aisément des sépulcres ouverts.

LXXVI.

Réjouissez-vous, pauvres ménagères, qui, dans un jour de disette, avez été obligées de porter au Mont-de-Piété votre robe de noce ou la redingote de votre mari ; réjouissez-vous, artisans, fatigués le soir, et qui trouvez votre lit bien dur depuis que son dernier matelas a été rejoindre, rue des Blancs-Manteaux, votre dernière paire de draps. La Commune a décrété que « tous les objets engagés au Mont-de-Piété pour une somme de vingt francs et au-dessous, seraient restitués gratuitement aux per-

sonnes qui établiraient leurs qualités de légitimes propriétaires et de déposants primitifs desdits objets. »
Grâce à ce bienfaisant décret, vous pouvez espérer que
les objets engagés par vous vous seront remis avant
trois ou quatre cents jours.

Comptez sur vos doigts, s'il vous plaît : on évalue à
1,200,000 le nombre des articles sur lesquels porte cette
mesure de la Commune. Comme il y trois magasins seulement, les dégagements ne pourront avoir lieu que dans
trois bureaux, et, en tenant compte des difficultés que
présentera inévitablement la constatation de l'identité de
chaque réclamant, je ne pense pas qu'il soit possible de
restituer plus de trois mille objets par jour. La Commune dit qu'elle en restituera quatre mille ; mais la Commune ne sait pas ce qu'elle dit. Admettons cependant les
quatre mille restitutions ; combien de temps dureront les
dégagements ? dix ou douze mois.

Pendant ce temps, hommes et femmes, à qui la misère
a depuis longtemps appris le chemin du triste Mont-
de-Piété, pendant ce temps, vous vous lèverez tous
les jours aux heures les plus matinales, vous négligerez
de vous livrer à vos travaux ordinaires, qui vous
font vivre cependant, et vous irez, suant l'été, gelant
l'hiver, faire la queue ; quelquefois vous obtiendrez de
vous asseoir sur un banc de bois dans les grandes salles
nues, et lorsque vous aurez attendu longtemps, bien
longtemps, il arrivera que votre numéro, tiré au sort,
vous obligera à revenir le lendemain, le surlendemain,
pendant un mois, pendant deux mois, pendant un an
peut-être.

A vrai dire, il serait injuste de blâmer la Commune au

sujet de la tristesse de cette longue attente; l'abréger est absolument impossible.

Une chose qui n'est pas moins impossible, c'est de dédommager l'administration du Mont-de-Piété de ces restitutions gratuites. Le citoyen Jourde, délégué aux finances, dit : « Je donnerai 100,000 francs par semaine. » Sans perdre le temps à demander à cet économiste où il prendra ces 100,000 francs hebdomadaires, je me contenterai de faire remarquer que ces versements ne suffiront pas du tout à désintéresser le Mont-de-Piété, et que la Commune, cette fois, fera l'aumône avec l'argent des autres.

Enfin, si, par suite de ce décret, quelques misérables rentrent en possession des pauvres loques qu'ils ont aliénées dans un moment de détresse, il n'y aura pas trop lieu à se plaindre. Le Mont-de-Piété fait de bonnes affaires, et la misère publique sera toujours là, prête à l'enrichir. Notons d'ailleurs qu'à tous ces malheureux que l'on rapporte de Neuilly, d'Issy, blessés, écharpés, mourants, la Commune doit bien un matelas où ils puissent mourir en paix.

LXXVII.

C'est à Saint-Lazare qu'on les a mises. Qui? les religieuses de Picpus. On les a mises là, parce qu'on les a arrêtées; mais pourquoi les a-t-on arrêtées? C'est ce que M. Rigault lui-même ne pourrait pas expliquer clairement. Quelques-unes sont vieilles; elles vivaient, recluses, depuis bien longtemps ; elles ont changé de cellule, et après avoir été les prisonnières de Dieu, elles sont des prisonnières du citoyen Mouton. Dans ce lieu abject, ces saintes femmes ! Victor Hugo a dit :

Saint-Lazare ! Il faudra broyer cette bâtisse.

Oui, plus tard, quand on aura le temps. Ce qui importe, c'est de renverser la colonne Vendôme et de démolir la Chapelle expiatoire. En attendant, elles sont tristes. Un de mes amis est allé les visiter : elles n'ont ni livres de prières, ni crucifix. On leur a pris jusqu'aux amulettes qu'elles portaient au cou. Mon Dieu! vous, citoyens de la Commune, vous en parlez bien à votre aise. Vous êtes des esprits forts ! Vous vous souciez d'une croix autant qu'un poisson d'une pomme, et vous avez bien raison. Vous avez étudié, vous avez deviné, et vous vous dîtes le soir en regardant les étoiles : « Il n'y a pas plus de Dieu que sur la main! » Mais, comprenez cela, ces pauvres religieuses, ce n'est pas la même chose. Elles n'ont pas lu les philosophes. Elles croient que le Père a créé le monde en six jours et que le Fils est mort sur la croix pour le salut du monde. Quand elles étaient libres — libres d'être captives à leur guise — elles priaient le matin, elles priaient le jour, elles priaient le soir, et ne s'interrompaient guère de cette occupation blâmable, j'en conviens, que pour enseigner à de pauvres petites filles qu'il est bon d'être vertueux, honnête, reconnaissant, et que le Ciel récompense les personnes qui font le bien. Voilà ce qu'elles faisaient, pauvres esprits simples ! Vous les avez mises à Saint-

Lazare pour cela. Vour auriez dû choisir une autre prison, car enfin leur présence a pu être désagréable aux dames qui étaient là, avant elles, pour d'autres raisons. Mais, là ou ailleurs, elles ne se plaignent pas ; seulement elles voudraient un livre d'heures et un crucifix de bois. Allons, citoyen délégué à l'ex-préfecture, un bon mouvement, et à moins que l'avenir de la République ne doive être compromis par cette concession, donnez-leur un crucifix. Qu'est-ce qu'un crucifix ? deux morceaux de bois l'un sur l'autre. Il restera toujours assez de rotins dans la forêt pour le jour où la vengeance des honnêtes gens s'exercera sur votre dos obscène d'argousin !

LXXVIII.

Après Bergeret, Cluseret ; après Cluseret, Rossel. Mais Rossel vient de donner sa démission. Je conseille une chose : reprenons Cluseret que nous remplacerons ensuite par Bergeret — à moins que l'on ne préfère se jeter sur l'heure dans les bras toujours ouverts du généreux Lhuillier. D'ailleurs, le soin de confier la défense de Paris à n'importe quel général d'aventure ne me regarde en rien, et la Commune, sultane sans favori, peut jeter, s'il lui plaît, le mouchoir au tendre Delescluze, comme on lui en prête l'intention ; je n'y verrai aucun mal. Pourquoi Delescluze ne serait-il pas un excellent général ? N'était-il pas journaliste ? et quel journaliste, je vous le demande, n'en sait pas plus long sur les choses de la guerre que Napoléon Ier ou que M. de Moltke ? En attendant, nous sommes en deuil de notre troisième délégué à la guerre, et M. Rossel ne fera plus de temps de galop, sur un cheval bai brun, de la place Vendôme au fort de Montrouge. Il vient d'adresser la lettre suivante aux membres de la Commune :

« Citoyens, membres de la Commune,

« Chargé par vous à titre provisoire de la délégation à la guerre, je me sens incapable de porter plus longtemps la responsabilité d'un commandement où tout le monde délibère et où personne n'obéit.

« Lorsqu'il a fallu organiser l'artillerie, le Comité central d'artillerie a délibéré et n'a rien prescrit. Après deux mois de révolution, tout le service de vos canons repose sur l'énergie de quelques volontaires dont le nombre est insignifiant.

« A mon arrivée au ministère, lorsque j'ai voulu favoriser la concentration des armes, la réquisition des chevaux, la poursuite des réfractaires, j'ai demandé à la Commune de développer les municipalités d'arrondissement.

« La Commune a délibéré et n'a rien résolu.

« Plus tard, le Comité central de la fédération est venu offrir presque impérieusement son concours à l'administration de la guerre. Consulté par le Comité de salut public, j'ai accepté ce concours de la manière la plus nette, et je me suis dessaisi, en faveur des membres de ce Comité, de tous les renseignements que j'avais sur l'organisation. Depuis ce temps-là, le Comité central délibère et n'a pas encore su agir. Pendant ce délai, l'ennemi enveloppait le fort d'Issy d'attaques aventureuses et imprudentes dont je le punirais si j'avais la moindre force militaire disponible.

« La garnison, mal commandée, prenait peur, et les officiers délibéraient, chassaient du fort le capitaine Dumont, homme énergique qui arrivait pour les commander, et, tout en délibérant, évacuaient leur fort, après avoir sottement parlé de le faire sauter, chose plus impossible pour eux que de le défendre.

« Ce n'est pas assez. Hier, pendant que chacun devait être au travail ou au feu, les chefs de légion délibéraient pour substituer un nouveau système d'organisation à celui que j'avais adopté, afin de suppléer à l'imprévoyance de leur autorité, toujours mobile et mal obéie. Il résulta de leur conciliabule un projet au moment où il fallait des hommes, et une déclaration de principes au moment où il fallait des actes.

« Mon indignation les ramena à d'autres pensées, et ils ne me promirent pour aujourd'hui, comme le dernier terme de leurs efforts, qu'une force organisée de 12,000 hommes, avec lesquels je m'engage à marcher à l'ennemi. Ces hommes devaient être réunis à onze heures et demie : il est une heure, et ils ne sont pas prêts ; au lieu d'être 12,000, ils sont environ 7,000. Ce n'est pas du tout la même chose.

« Ainsi, la nullité du comité d'artillerie empêchait l'organisation de l'artillerie ; les incertitudes du Comité central de la fédération arrêtent l'administration ; les préoccupations mesquines des chefs de légion paralysent la mobilisation des troupes.

« Je ne suis pas homme à reculer devant la répression, et hier, pendant que les chefs de légion discu-

taient, le peloton d'exécution les attendait dans la cour.
Mais je ne veux pas prendre seul l'initiative d'une mesure énergique, endosser seul l'odieux des exécutions qu'il faudrait faire pour tirer de ce chaos l'organisation, l'obéissance et la victoire. Encore, si j'étais protégé par la publicité de mes actes et de mon impuissance, je pourrais conserver mon mandat !

« Mais la Commune n'a pas eu le courage d'affronter la publicité. Deux fois déjà je vous ai donné des éclaircissements nécessaires, et deux fois, malgré moi, vous avez voulu avoir le comité secret.

« Mon prédécesseur a eu le tort de se débattre au milieu de cette situation absurde.

« Éclairé par son exemple, sachant que la force d'un révolutionnaire ne consiste que dans la netteté de la situation, j'ai deux lignes à choisir : briser l'obstacle qui entrave mon action ou me retirer.

« Je ne briserai pas l'obstacle, car l'obstacle, c'est vous et votre faiblesse : je ne veux pas attenter à la souveraineté publique.

« Je me retire, et j'ai l'honneur de vous demander une cellule à Mazas.

« ROSSEL. »

Eh bien ! certainement, je n'aime pas la Commune de Paris telle que nous l'ont faite les hommes de l'Hôtel de Ville. Abusé au commencement, trompé par des illusions tenaces, je sens, je sais, je vois aujourd'hui qu'on ne peut plus attendre d'elle que folies et folies, qu'attentats et attentats. Je la hais à cause des journaux supprimés, des journalistes emprisonnés, des prêtres retenus à Mazas comme des assassins, des religieuses enfermées à Saint-Lazare comme des filles de joie; je lui en veux parce qu'elle espère forcer au crime de la guerre civile des gens qui se sont ou qui se seraient battus contre les Prussiens, mais qui ne veulent pas se battre contre les Français; je la hais à cause des pères de famille qu'elle envoie à la bataille, c'est-à-dire à la mort, à cause de nos remparts démantelés, à cause de nos forts ruinés, dont chaque pierre qui tombe blesse un vivant ou achève un blessé, à cause des enfants sans pères et des veuves à qui elle a pris leurs hommes et à qui elle ne fera pas de rentes en dépit de tous ses décrets; je ne lui pardonne ni les caisses forcées ni les compagnies de chemins de fer pressurées, ni les titres de l'emprunt vendus à un changeur de Liége; je la méprise à cause de Clémence qui a été mouchard et je ris d'elle à cause d'Allix qui est fou; je suis triste quand je songe à deux ou trois intelligences d'élite fourvoyées parmi ses membres, et qu'elle entraîne dans une irrémédiable chute, et je l'abhorre surtout à cause de l'idée qu'elle a représentée un instant, à cause de l'admirable et féconde idée de l'indépendance municipale, à cause de cette juste revendication qu'elle n'a pas su formuler avec honêteté et clarté, et qui, grâce aux excès qu'elle a commis en son nom, a perdu pour longtemps peut-être toute chance d'estime et de triomphe!

Mais si grande que soit aujourd'hui mon horreur pour la parodie de gouvernement que nous subissons depuis deux mois bientôt entiers, je n'ai pas lu sans un vif sentiment de répulsion la lettre du citoyen Rossel. Oh! elle est fort bien faite, cette lettre; très-nette, très-ferme, très concluante, elle diffère essentiellement des écrits emphatiques et obscurs auxquels nous ont accoutumés les écrivains de la Commune, et elle me révèle en outre bien des détails qu'il m'est fort agréable de connaître puisqu'ils me permettent de supposer que le règne de nos tyrans touche à sa fin. Je suis heureux de savoir que la Commune, si elle a de l'artillerie, n'a pas d'artilleurs. Il m'est doux d'apprendre qu'elle ne dispose que de sept mille combattants ; je craignais qu'elle ne fût en situation d'en faire tuer bien davantage ; et quant à ce que dit le citoyen Rossel des comités et des chefs de légion qui délibèrent au lieu d'agir, j'en suis charmé, puisque me voilà convaincu que la Commune sera tout à fait impuissante à continuer longtemps la lutte où Paris enfin périrait ; et cependant je désapprouve la lettre du citoyen Rossel, parce qu'elle est de sa part une sorte de trahison et que ce n'est pas aux amis ni aux serviteurs de la Commune qu'il convient de révéler ses fautes et de découvrir sa faiblesse. Qui donc a contraint le chef d'état-major Rossel à prendre la place de son général destitué et emprisonné ? N'a-t-il pas accepté librement une mission dont il devait depuis longtemps avoir reconnu les difficultés ? « Mon prédécesseur, dit-il, a eu le tort de se débattre au milieu de cette situation absurde. » Pourquoi s'être placé volontairement là où un autre avait mal fait de vouloir demeurer ? Si le nouveau délégué à la guerre espérait, par son habileté, modifier la position, il ne doit, la position étant restée ce qu'elle était, il ne doit s'en prendre qu'à sa propre insuffisance. En somme, ce qui pourrait être conclu de ses déclarations, c'est qu'il n'a accepté le pouvoir que pour s'en démettre avec éclat, comme Caton n'assistait aux spectacles publics que pour se retirer avec bruit au moment où les spectateurs criaient : « Que les acteurs se déshabillent! » M. Rossel ne pouvant sauver la Commune ou ne le voulant pas, a voulu se sauver lui-même en la perdant. Il y a là quelque chose qui blesse la conscience. Oh! remarquez bien que je ne crois pas le moins du monde à M. Rossel acheté par M. Thiers; ces histoires de sommes offertes aux membres de la Commune sont des contes à dormir debout. Vous savez ce qu'on a dit de Cluseret? Il avait l'habitude de déjeuner au café d'Orsay et d'y jouer aux dominos. Un jour son adversaire lui dit: « Voulez-vous livrer le fort de Montrouge aux Versaillais? je vous donnerai deux millions. » A qui fera-t-on croire de pareilles billevesées? Donc Rossel ne s'est pas vendu, et cela par l'excellente raison que personne n'a songé à l'acheter. C'est de son propre mouvement qu'il a fait ce qu'il a fait. Pour le plaisir d'être insolent et de paraître hardi il a brûlé ce qu'il avait adoré ; de sorte que, maintenant, le plus coupable des membres de la Commune, ancien escroc et pillard récent, peut dire à M. Rossel, qui est, à ce qu'on assure, un homme d'intelligence et de cœur : « Tu vaux moins que moi, car tu m'as trahi ! »

LXXIX.

Quelqu'un a vu et entendu ceci :

Dans un petit cabinet de l'Hôtel de Ville, cinq personnages sont réunis autour d'une table. On dîne. Le repas est plus que modeste ; une soupe, un plat de viande, un plat de légumes et du fromage. Une bouteille de vin ordinaire par tête. On se croirait dans un cabinet de restaurant à deux francs, n'était la moutarde qui s'est moisie pendant le siége. De plus, le goût des mets a quelque chose d'officiel, d'atone, de solennel, qui affadit l'appétit.

Toutefois les cinq personnages mangent vite.

Celui qui tient le haut de la table, c'est le citoyen Jourde.

Jourde paraît avoir vingt-huit ans ; sa tête est fine et mathématique ; de longs cheveux chatains et bouclés, le teint fatigué; un Henri Heine de la finance. Grand et élancé, l'écharpe rouge autour des reins, il frappe le regard comme une figure de la Convention.

On est d'abord silencieux, on s'observe. Puis, à la fin du premier service, Jourde murmure en examinant sa cuiller :

— De l'argenterie, tiens ! c'est vrai, il y a de l'argenterie à l'Hôtel de Ville ; je la ferai prendre demain.

Un convive répond, en souriant :

— Pardon, mais j'en réponds et je ne la donnerai pas.

— Si fait, répond Jourde : je vous ferai faire sommation par le Domaine.

— Ah ! pourvu que je sois à couvert, libre à vous.

Puis, Jourde, de bonne humeur, songe tout haut. Il vient de découvrir en dînant 300,000 francs inespérés. Un jour de solde. Il pourra mettre quatre millions de coté à la fin de la semaine. Il fait des économies ; mais la guerre lui dévore ses ressources. « Au moins qu'on me prévienne trois jours d'avance pour les payements qui dépassent cent mille francs ! » dit-il. Puis, il critique Beslay, par un haussement d'épaules. Il espère amortir la dette prussienne avant un an, si la Commune vit un an. Il énumère des aperçus sur les douanes, les brevets, les impôts. « Sinon, dit-il, le billet de banque pris à cent francs un matin vaudra vingt sous le soir; car le numéraire est timide ; il s'exile. Je trouve rare les gros sous; mais si on me laisse libre, je réponds du salut! »

Il a l'air de la sincérité convaincue.

Le dîner fini, il salue et sort vivement, sans écouter les réponses des autres convives.

Parfois des cris s'élèvent dans les rues et font tressaillir, derrière les rideaux sombres, les membres de la Commune.

A cette question faite à Johannard :

— Pensez-vous qu'ils entreront dans Paris?

— Bah! vous êtes un homme à idées exaltées! répond celui-ci. Delescluze sait bien que c'est impossible; et Dombrowski, en garçon froid et intelligent, se met à rire lorsqu'on lui en parle. N'est-ce pas, Rigault?

Celui qui n'a rien dit jusqu'à ce moment fait un signe de tête approbatif. Il paraît très jeune malgré sa barbe épaisse et noire. Ses yeux sont atones. Il a l'air retors et cauteleux, — pouvant être grossièrement jovial à ses heures.

Puis, un rideau s'abaissa, et celui qui a entendu et vu ce qui précède, n'entendit et ne vit plus rien.

LXXX.

Je regrette Cluseret. Cluseret était vif, surtout en paroles. Il nous criait : « tous gardes nationaux !» Mais, comme avec le ciel, il était avec Cluseret des accommodements. Il suffisait de répondre aux décrets du délégué à la guerre : « Comment donc ! mais je ne demande pas mieux. J'allais justement vous prier de m'envoyer à la porte Maillot. » Et, cette concession faite, on pouvait s'en aller à ses affaires sans être inquiété davantage. Quant à sortir de Paris, en dépit de la loi qui ferme les portes aux hommes âgés de moins de quarante ans, rien n'était plus facile. On allait à la gare du Nord, on s'adressait à un citoyen assis devant une planche, derrière un guichet, au bureau des passeports.

— Quel âge avez vous ? demandait-il.

— Soixante-dix-huit ans, répondiez-vous en promenant avec complaisance votre main droite dans votre belle chevelure noire.

— Seulement? Vous paraissez plus âgé, citoyen.

Et le complaisant employé vous remettait un petit papier sur lequel était écrit un mot cabalistique. Le jour où la fantaisie me prit d'aller passer deux heures à Bougival, mon petit carré portait ces lettres étranges: « Caminolus. » Muni du mystérieux sauf-conduit, il ne restait plus qu'à prendre un billet de première et à monter en wagon. On était libre ! et rien ne pouvait plus vous empêcher d'aller, si telle était votre fantaisie, proclamer la Commune à Arcachon ou à Monaco.

Que les temps sont changés! Le Comité de salut public et le Comité central de la garde nationale s'entendent pour rendre la vie dure aux pauvres réfractaires. Je ne parle pas des désarmements qui n'ont en soi rien de désagréable, puisque en somme un homme désarmé peut nourrir le doux espoir qu'on ne l'enverra pas à la bataille. Il y a pis que cela et je ne demanderais pas mieux que d'avoir quatre-vingts ans, pendant un mois ou deux. Les visites domiciliaires sévissent étrangement : quatre gardes nationaux entrent chez le premier bourgeois venu, lui expliquent poliment, ou de toute autre façon, qu'il est de son devoir strict d'aller dans les tranchées de Vanves et de tuer le plus de Français qu'il pourra. Si le bourgeois résiste, on l'emporte en lui annonçant que, vu sa résistance, il aura l'honneur d'être mis au premier rang de sa compagnie dans la prochaine affaire. Quelquefois ces visites donnent lieu à des rixes. On raconte que, rue Oudinot, un jeune homme a reçu un coup de baïonnette dans le ventre parce qu'il résistait à un farouche caporal ; et, comme on ajoute que les faits de cette espèce ne sont pas rares, les réfractaires ne jouissent plus de toute leur tranquillité d'âme. Un rien les épouvante ; ils observent avec terreur la grimace de leur concierge, qui est de la Commune peut-être. Coucher dans son lit ? Il n'y faut plus penser. C'est justement pendant les heures nocturnes que les agents de la Commune se livrent à leurs perquisitions. Cette nécessité de changer de domicile et d'en changer souvent a fait éclore une industrie nouvelle, ou du moins a permis d'ajouter un perfectionnement à une industrie ancienne : sur les cartes des petites dames complai-

santes, au-dessous de ces noms charmants : Amélia ou
Rosaline, on lit quatre mots écrits au crayon : « Se
charge des réfractaires. » Mais que font les gens vertueux qu'indigne le seul aspect d'un chignon roux ? Ils
courent d'hôtel en hôtel, se défiant des garçons, donnant
des noms imaginaires, tressaillant la nuit, et croyant
à chaque instant entendre des crosses de fusil tombant
sur le palier.

Avant hier, une troupe de réfractaires a eu le courage
du désespoir. Ils étaient trois cents. Ils sont allés à la
porte Saint-Ouen.

— Voulez-vous nous laisser sortir ? ont-ils demandé
au chef de poste.

— Non, a répondu celui-ci.

Alors, en un clin d'œil, ils ont empoigné le capitaine,
désarmé les simples gardes, et cinq minutes après, ils
couraient à travers champs.

D'autres emploient la douceur, ou, si l'on veut, la
corruption. Ils vont dans les cabarets de Belleville ; ils
se font aimables et soumis, ils nouent des relations ami-
cales avec les fédérés les moins farouches de l'endroit.

— Ainsi vous êtes de garde, mardi, à la porte de
La Chapelle ?

— Mon Dieu, oui.

— De sorte qu'il ne tiendrait qu'à vous de laisser
sortir un camarade qui aurait une visite à rendre à
Saint-Denis ?

— Mais, pas du tout ; les autres m'en empêcheraient
et me dénonceraient au capitaine.

— Et, avec le capitaine, il n'y a rien à faire ?

— Rien du tout. C'est un fier patriote, allez !

— C'est bien ennuyeux. Moi qui, justement, suis obligé de me trouver à Saint-Denis, mardi soir ! Je donnerais vingt francs de ma poche pour faire une petite promenade de l'autre côté de la porte.

— Dame ! il y aurait bien un moyen.

— Lequel ? lequel ?

— Vous ne tenez pas précisément à sortir par la porte ?

— Oh ! mon Dieu, non ; être dehors, c'est tout ce que je demande.

— Eh bien, écoutez-moi : venez du côté de La Chapelle mardi soir, et promenez-vous le long du rempart; je tâcherai d'être de faction vers huit heures. Vous me reconnaîtrez, vous viendrez à moi, et je ne crierai pas : Qui vive !

— Jusque-là c'est très-simple ; mais après ?

— Après ? je vous passe sous les bras une forte corde que vous avez apportée...

— Ah ! diable !

— Je vous jette dans le fossé...

— Sapristi !

— Mais là, bien doucement, sans vous faire de mal. Je vous laisse glisser le long du mur...

— Aïe !

— Vous atteignez le sol et, en deux bonds, vous disparaissez dans la nuit. Que dites-vous de ma proposition ?

— Je dis, je dis que j'aimerais mieux sortir en voiture ; mais n'importe, j'accepte.

D'ordinaire, ce plan s'exécute sans encombre. On dit que les fédérés de Belleville et de Montmartre se font un joli petit revenu au moyen de ces évasions.

Quelquefois, au contraire, la chose ne réussit qu'à moitié : soit que la corde casse, soit que le fédéré, considérant qu'il peut accommoder fort simplement son intérêt avec son devoir, envoie une balle dans le dos au réfractaire échappé.

On se sert aussi des déguisements. Un poëte — dont les vers ont été justement applaudis à la Comédie Française, pendant le siége — s'est esquivé grâce à un employé du chemin de fer du Nord qui lui a prêté une tunique et une casquette. Un autre poëte — cette race est ingénieuse — a conçu un projet plus hardi. Il a pris, un jour, sur le boulevard, un fiacre, le premier venu ; il avait eu soin seulement de choisir un cocher d'un âge respectable.

— Cocher, faubourg Saint-Denis, chez un restaurateur, le meilleur du quartier, allez !

Et la voiture de rouler. En route, le poëte se disait : « Ce cocher, comme tous les cochers, a dans sa poche un laisser-passer de la Commune qui lui permet de sortir de Paris et d'y rentrer à sa guise ; rappelons-nous le quatrième acte de mon dernier drame et je suis sauvé. »

La voiture s'arrête devant un restaurant d'assez bonne apparence, non loin de la maison Dubois. Le jeune homme descend, demande un cabinet et dit au garçon :

— A propos, dites-donc à mon cocher de monter, j'ai à lui parler ; un gamin surveillera son cheval.

Le cocher entre au moment où on sert le déjeuner.

— Eh ! dites-donc, mon brave, je vous préviens que je vous garde toute la journée ; est-ce que vous refuserez de boire un verre de vin pour vous donner des forces ?

Une heure plus tard, le poëte et le cocher avaient dé-jeuné comme de vieux camarades, et six bouteilles vides témoignaient que ni l'un ni l'autre n'avaient résolu de mourir de soif.

Peste ! pensait le réfractaire, trois bouteilles de Clos-Vougeot, une de Léoville, deux de Moulin-à-Vent, et le gredin n'est pas encore ivre ! Alllons, les grands moyens ! Garçon, du champagne !

— Tiens, petit, dit alors le cocher qui, s'il n'était ivre, était du moins familier, le champagne ne fera pas plus d'effet que le bourgogne ; et si tu ne comptes que là-dessus pour me prendre mon laisser-passer, ma foi, tu comptes sans ton convive.

— Ah ! diable ! s'écria le jeune homme stupéfait de voir sa ruse éventée et songeant avec effroi au prodi-gieux total de l'addition inutile.

— On a déjà voulu me mettre dedans, mais j'ouvre l'œil, mon petit !

Puis, il ajouta en égouttant la dernière bouteille dans son verre :

— Donne-moi deux louis de dix francs et je te fais sortir.

— Ah ! monsieur, que de reconnaissance !

Mais, au fond, le poëte était humilié parce qu'il était obligé de reconnaître que son quatrième acte ne valait rien.

— Appelle le garçon et paye la carte.

Le garçon fut appelé et la carte payée, avec un soupir.

— Donne-moi ton veston.

— Mon veston ?

— Oui, ce machin de velours que tu as sur le dos.

Il le donna.

— Ton gilet, ta culotte.

— Ma culotte ? Ah ! cocher !

— Plus vite que ça, ou je t'emmène au poste, méchant réfractaire !

Il les donna.

— Bien. Maintenant, voilà mes habits ; habille-toi en deux temps et filons.

Pendant que le poëte revêtait sans enthousiasme la défroque du cocher, le cocher, obèse, faisait craquer les vêtements du poëte. Cela fait, ils sortirent.

— Monte sur le siége.

— Moi ?

— Eh ! oui, imbécile ! (le sauveur devenait de plus en plus familier) Moi, j'entre dans la voiture. Maintenant, conduis-moi où il te plaira.

Tout marcha le mieux du monde. A la porte de la Chapelle, le faux cocher exhiba un laisser-passer en règle, et le garde national qui regarda à l'intérieur du fiacre, dit :

— Oh ! celui-là peut passer : c'est un grand-père.

La voiture roula sur le pont-levis, et c'est ainsi que M... — ah ! diable ! j'allais le nommer — c'est ainsi, dis-je, que le jeune poëte nargua les ordres du Comité de salut public et dîna le soir même à l'hôtel des Réservoirs, ayant à sa gauche un député de la droite et un député de la gauche à sa droite.

Moi, partirai-je ? Pourquoi non ? Ai-je donc envie d'être enfermé un beau matin dans quelque caserne, ou d'être envoyé bon gré mal gré aux avant-postes ? Notez que ma situation de réfractaire est singulièrement aggravée par un redoutable voisinage. J'étais fort intrigué depuis plusieurs jours des regards farouches que ne manquait pas de me lancer, quand nous nous rencontrions sur l'escalier, le locataire du second. J'ai chargé ma domestique de s'informer adroitement. Juste ciel ! ce locataire hargneux, c'est Gérardin, Gérardin de la Commune ! Si l'on rapproche de cette circonstance le fait périlleux que mon concierge est lieutenant dans un bataillon fédéré, on conviendra que j'ai de bonnes raisons pour être le plus inquiet des réfractaires. Mais n'importe ! je persiste et je reste ! et je resterai jusqu'à la fin, le terrible Pyat et le doux Vermorel fussent-ils logés sur le même carré que moi, et quand même j'aurais pour concierge M. Delescluze lui-même !

LXXXI.

Ce qui me console, c'est que j'ai revu Lhuillier. Nous avons perdu Cluseret, perdu Rossel, Delescluze ne nous suffit point, et s'il ne nous restait Dombrowski et La Cécilia, au doux nom de cantatrice, la troupe de la Commune serait, à vrai dire, sans premiers sujets. Heureusement Lhuillier nous est rendu. Qu'était-il devenu? A peine écrivait-il sept ou huit lettres par jour à Rochefort et à Maroteau. A quoi employait-il son activité sans égale et celle des deux cents amis qui lui faisaient, avec leurs costumes rouges de garibaldiens et

leurs costumes bleus de matelots, le plus pittoresque des
cortéges? Méditait-il quelque gigantesque entreprise,
et la dictature que Cluseret avait rêvée, que Rossel
avait dédaignée, allait-il l'usurper pour le salut de la
République? Je ne sais. Mais, quoi qu'il en soit, je l'ai
revu, et c'était au club de l'église Saint-Jacques.

Ah! tas de cagots et d'inquisiteurs qui, depuis dix-
huit cents ans, écrasez, abêtissez, torturez les pauvres
prolétaires, vous pensiez que ce serait toujours fête,
moines, curés, archevêques? Grâce à la Commune de
Paris, vous prêchez à cette heure dans les prisons de la
République ; vous pouvez confesser, s'il vous plaît,
les araignées de votre cachot, et donner le saint viatique
aux rats qui vous grimpent aux jambes! Vous ne ferez
plus de mal aux patriotes. Plus d'églises! plus de
couvents! Dans vos couvents on logera les b... b...
qui n'ont pas d'hôtels aux Champs-Elysées, et dans vos
églises se tiennent d'honnêtes assemblées où le peuple
vient s'instruire de ses droits. Quant à ses devoirs, il
sait aujourd'hui que c'étaient des inventions des réactionnaires. Plus de sermons! des discours. Après Bos-
suet, Napoléon Gaillard.

En entrant dans l'église-club, je fus d'abord ravi à la
vue du bénitier où l'eau bénite avait été remplacée par
du tabac de cantine ; au fond, l'autel était couvert de
chopes et de bouteilles. Quelqu'un me dit : « C'est le
comptoir.» Dans une petite chapelle il y avait une statue
de la sainte vierge, affublée d'un uniforme de cantinière;
on lui avait mis une pipe à la bouche. Mais je fus surtout
charmé par l'aimable aspect du public que je voyais réuni.
Le sexe auquel nous devons les tricoteuses était en

grande majorité. Mais on ne voyait point là ces toilettes élégantes et ces grâces frivoles qui ont trop longtemps déshonoré la plus belle moitié de l'espèce humaine. Non, Dieu merci. Mes yeux contemplaient avec joie les héroïques haillons des dames qui, le matin, consentent à balayer les rues de la capitale, et plusieurs de ces belles patriotes s'enorgueillissaient de porter au milieu du visage un nez qui aurait pu flotter sur le faîte de l'Hôtel de Ville. O glorieux nez rouges, symboles des âmes républicaines ! Quant aux hommes, ils sembaient avoir été choisis dans les rangs les plus distingués de la nouvelle aristocratie. Il fallait voir avec quelle grâce militaire s'inclinait sur l'oreille la crânerie de leurs képis! leurs visages, naguère hideux, étaient illuminés par la joie d'êtres libres, et certainement la fumée épaisse qui sortait de leurs brûle-gueule devait être bien plus agréable à Dieu — en supposant que Dieu existe — que le fade encens que lui offraient naguère les calottins de curés.

— Le mariage, citoyennes, est la plus grande erreur de l'humanité ancienne. Etre marié, c'est être esclave. Voulez-vous être esclaves ?

— Non ! non ! crièrent tous les assistants, et l'orateur — une grande femme maigre, au nez de buse, et qui paraissait avoir la jaunisse — et l'orateur, flattée par cette unanimité, reprit :

— Le mariage ne saurait donc être toléré dans une cité vraiment libre. Il devrait être considéré comme un crime et réprimé par des lois sévères. Nul n'a le droit, en aliénant sa liberté, de donner un mauvais exemple à ses concitoyens. L'état matrimonial est un perpétuel attentat aux bonnes mœurs. Et qu'on ne vienne pas me

dire que le mariage pourrait être toléré si on lui donnait
pour correctif le divorce. Non, citoyennes et citoyens,
il ne suffit pas de pallier le mal, il faut le couper dans
sa racine. Le divorce n'est qu'un expédient, et si j'ose
employer ce mot détestable, un expédient orléaniste !

Tonnerre d'applaudissements.

— C'est pourquoi, j'ose présenter à l'Assemblée une
motion ayant pour but de faire modifier par la Commune
de Paris le décret qui assure des rentes aux compagnes
légitimes ou non des gardes nationaux morts pour la
défense des franchises municipales. Pas de demi-me-
sures ! Soyons carrées ! Nous, concubines, nous ne
pouvons souffrir plus longtemps que les femmes légitimes usurpent des droits qu'elles n'ont plus, qu'elles
n'auraient jamais dû avoir. Que le décret soit modifié !
Tout pour les femmes libres, rien pour les esclaves.

L'orateur descendit de la chaire au milieu des plus
vives félicitations. Je m'informe auprès d'un voisin : l'o-
rateur est une sage-femme qui a été somnambule dans
sa jeunesse. Mais voici que la foule s'entr'ouvre pour
faire place à un nouvel orateur : il monte l'escalier
tournant de la chaire, passe la main dans ses cheveux,
et jette un regard d'aigle sur l'assemblée : c'est le
citoyen Lhuillier.

En vérité, ce jeune homme a une physionomie très-
agréable à voir ; le front est intelligent, l'œil est doux.
On se souvient avec déplaisir des excentricités de
M. Lhuillier à l'aspect de son sympathique visage.

Mais, qu'est-ce donc ? Que se passe-t-il ? Qu'a-t-il
fait ? Qu'a-t-il dit ? J'ai entendu le nom de Drombrowski
et le nom de La Cécilia. Tout le monde se lève, s'exas-

père, s'écrie. Je vois des chaises prêtes à voler sur l'orateur. On l'entoure, on le hue : « A bas Lhuillier! vive Drombrowski ! » Quelques-uns crient : « Il a raison! » Le tumulte redouble. Calme au milieu de l'orage, le citoyen Lhuillier ne consent pas à quitter la tribune, il veut parler, il veut s'expliquer. Deux femmes — deux aimables mégères — se précipitent sur lui ; des hommes s'en mêlent : on l'enlève, on l'emporte, il se débat, il crie, on monte sur les chaises, je ne l'entends plus, je ne le vois plus. Qu'a-t-on fait du citoyen Lhuillier ?

Eh bien ! que pensez-vous de ceci, messieurs les catholiques? regrettez-vous encore les prêtres et les chantres qui officiaient et psalmodiaient naguère dans les églises de Paris? Quel homme, à l'aspect de ce public si tolérant, si intelligent, qui accueille avec reconnaissance les plus nobles leçons de morale et de politique, quel homme méconnaîtrait encore l'heureuse influence de la révolution actuelle? O innombrables bienfaits de la Commune de Paris !

Comme j'allais sortir, un gamin s'approcha du bénitier, un brûle-gueule à la main. Il prit une poignée de tabac, et dit:

— *Au nom du père !*

Il bourra sa pipe et dit :

— *du fils!*

Il l'alluma et dit:

— *Et du Saint-Esprit !*

Ma foi ! je lui ai donné une calotte.

LXXXII.

Je sortais de chez moi, naïvement, comme un homme qui ne vient pas de commettre un crime dans sa maison. Il faisait un beau soleil, la rue était gaie de cette gaieté que les choses savent garder dans les belles journées, même quand les hommes sont tristes. Je suivis, selon ma coutume, la rue Geoffroy-Marie et la rue Grange-Batelière, puis j'entrai dans la rue Drouot. Je demande pardon de ces détails inutiles, mais je tiens à spécifier l'itinéraire de ma promenade pour que les habitants des rues en question puissent certifier que je n'ai volé en passant aucun pain de quatre livres ni enfoncé la vitrine d'aucune boutique de changeur. J'allais me trouver sur le boulevard, quand un des quatre gardes nationaux qui étaient de faction, je ne sais pourquoi, au coin de la rue, me dit : « On ne passe pas ! »

Fort bien, pensai-je. Y a-t-il quelque chose de nouveau? Non, c'est tout simplement que la Commune ne veut pas que l'on passe; elle a bien raison. Revenons sur nos pas.

— On ne passe pas, me dit un autre garde national, dès que j'eus fait mine de m'en retourner.

Ceci était singulier ! La Commune ne pouvait pourtant pas exiger que je bornasse ma promenade à de mélancoliques allées et venues d'un trottoir à l'autre. Un sergent s'approcha ; je le connaissais, c'était un Espagnol qui, durant le siége, faisait partie de ma compagnie.

— Pourquoi n'êtes vous pas en uniforme? me demanda-t-il avec une brusquerie attendrie sans doute par le souvenir des londrès que je lui avais fréquemment offerts durant les nuits de garde.

A ce seul mot je compris ce dont il s'agissait et je répondis effrontément :

— Parce que je ne suis pas de service.

— Ah ! je crois bien que vous n'êtes pas de service. Il y a longtemps que vous vous reposez tranquillement tandis que les autres vont se faire tuer. C'est du propre !

Il devint évident pour moi que cet Espagnol m'en voulait à cause des cigares que je lui avais donnés.

— Enfin, de quoi s'agit-il? Finissons-en.

Il ne répondit pas, mais il fit signe à deux fédérés qui se placèrent l'un à ma droite, l'autre à ma gauche, et me dirent :

— Marchons !

Je ne demandais pas mieux, bien qu'à vrai dire cette promenade ne fût pas tout à fait celle que j'avais préméditée. Sur notre passage une femme dit: « Pauvre jeune homme ! On l'aura pris sur le fait ! » Nous arrivâmes à l'église Notre-Dame-de-Lorette, et l'on m'introduisit dans la sacristie, où se trouvaient déjà une cinquantaine de réfractaires.

Derrière une table de bois blanc, où on avait placé un encrier en liége, deux plumes d'oie, et un petit registre, siégeaient trois jeunes gens, presque des gamins, en uniforme : quelque chose comme Minos, Éaque et Rhadamante, à l'âge où ils jouaient à saute-mouton.

— Votre nom? me demanda Rhadamante.

Je n'hésitai pas un instant et je prononçai un nom

qui n'a jamais été le mien. Quelqu'un, derrière moi, éclata de rire. Je me retournai et je reconnus un de mes excellents camarades, prisonnier comme moi, et que je n'avais pas aperçu en entrant.

— Votre profession? interrogea Minos.

— Professeur de boxe.

Et, le poing sur la hanche, je me donnai un air formidable, afin de prouver que je n'usurpais pas la qualité susdite. Les autres questions obtinrent des réponses non moins satisfaisantes, et, enfin, Minos me dit:

— C'est bien; allez vous asseoir et attendez.

— Je vous demande bien pardon, mon jeune ami, mais je n'irai pas m'asseoir et je n'attendrai pas une minute de plus.

— Vous moquez-vous de nous? Nous faisons ici une chose très-sérieuse; nous risquons notre tête après tout. Allez vous asseoir!

— J'ai déjà eu l'honneur de vous dire, mon cher Rhadamante, que je ne voulais pas m'asseoir. Faites-moi donc le plaisir de me laisser sortir à l'instant même.

— Moi?

— Vous-même! affirmai-je d'une voix vigoureuse.

Les trois juges me regardèrent avec hésitation et se consultèrent à voix basse. Dame! un professeur de boxe! Je crus le moment venu de frapper le grand coup, et je tirai de ma poche une petite carte de carton vert sur laquelle je les priai de jeter les yeux. Immédiatement, Minos, Éaque et Rhadamante se levèrent, me saluèrent avec le plus profond respect, et crièrent à deux gardes nationaux debout près de la porte:

— Laissez passer le citoyen.

16

— A propos, dis-je, en désignant mon ami, monsieur est avec moi.

— Laisser passer les citoyens ! reprirent en chœur les trois gamins.

— C'est merveilleux ! me dit mon camarade, quand nous fûmes dehors. Comment avez-vous fait ?

— J'ai un laisser-passer du Comité central.

— En votre nom ?

— Non, je l'ai acheté à la veuve d'un fédéré qui était fort bien vu par le citoyen Félix Pyat.

— C'est tout un roman.

— Oui, un roman qui me permet de vivre, sans trop de péril, au milieu de la réalité. C'est égal, mon cher ami, déménageons !

LXXXIII.

Il est dix heures du soir ; je monte la rue Notre-Dame-de-Lorette. Ce quartier, maintenant, est désert à cette heure-là. Je lève les yeux, je vois des flammes hautes que le vent incline et qui éclairent la place Saint-Georges. Je hâte le pas, je suis devant la maison de M. Thiers. Près de la grille ouverte, il y a un factionnaire ; des gardes nationaux ont allumé un grand feu dans la première cour. Il ne fait pas froid, ils ont allumé du feu pour avoir le plaisir de brûler des chaises et des tableaux oubliés par les déménageurs de la Commune ; le côté droit de l'hôtel a déjà été entamé par les démolisseurs ; on voit une pioche dont le manche s'appuie à une

dalle descellée, toute la toiture s'effondre, une poutre
sort par une fenêtre, les flammes montent. Ne vaudrait-il pas mieux voir cette maison dévorée en une
heure par l'incendie que de la voir ainsi se vider et s'é-
mietter pendant de longs jours ? Il y a dans la cour des
voitures à bras, pleines de livres, de coffrets et de
linge. Un garde national s'approche du feu pour examiner un petit tableau qu'il a ramassé près de la porte.
Je tends le cou : le tableau représente un satyre qui joue
de la flûte. Tout cela est triste et cruel. Ces hommes
qui rôdent sont affreux parmi les lueurs du foyer qui les
rougit. Je m'en retourne. Je ne songe pas à l'homme
politique. Je pense à cette maison où on a travaillé, où
on a pensé, où maintenant les livres ne sont plus sur les
rayons de la bibliothèque, où le fauteuil cher à la rêverie
a été brûlé dans la cheminée même près de laquelle il
était demeuré pendant de si long jours ; je pense aux
témoins d'une longue vie, détruits, dispersés, disparus,
aux parents dont on ne trouvera plus les traces dans
les chambres aujourd'hui vides, demain écroulées ; je
songe enfin à tout ce qui se brise dans une maison qui
tombe. Moi, je n'ai pas une maison, je n'ai que quelques
chambres dans un « immeuble » qui ne m'appartient
pas, et pourtant je frémis à cette seule idée que l'on
pourrait un jour — en ce temps, hélas! tout est possible,
— entrer brusquement dans ces pauvres chambres, remuer ces meubles médiocres qui me plaisent, déchirer ces
livres, si peu nombreux, mais si connus de mes yeux
et de mon esprit, éparpiller ces vers que j'aime pour
le plaisir que j'ai pris à les faire, tuer enfin tout ce qui
est ma vie, bien plus cruellement que si quatre fédérés

me fusillaient au coin d'une rue. — Mais non, je ne suis pas un homme de parti; qui donc pourrait songer à moi, même pour me faire du mal? Je ne gêne personne avec mes sonnets amoureux, avec mes poëmes mystiques. — Que nous sommes égoïstes! c'est à mon intérieur que j'ai songé devant le désastre de la place Saint-Georges. Cette grande ruine certaine m'a surtout ému parce qu'elle éveillait en moi l'idée d'une autre ruine bien improbable et d'ailleurs si chétive.

LXXXIV.

Une anecdote :

Raoul Rigault, l'homme qui arrête, déjeunait avec Gaston Dacosta, l'homme qui démolit. Ces deux amis se valent : c'est Rigault qui a incarcéré l'archevêque de Paris, mais c'est Dacosta qui a réclamé l'honneur de donner le premier coup de pioche à la maison de M. Thiers. D'ailleurs, Rigault démolirait si Dacosta n'était pas là pour démolir, et, si Rigault n'arrêtait pas, Dacosta arrêterait.

Ils déjeunaient, ils causaient. Rigault énumérait les gens qu'il avait envoyés à la Conciergerie où à Mazas et songeait avec terreur que bientôt il ne trouverait plus personne à arrêter. Tout à coup il demeura la fourchette en l'air, et prit un air à la fois soucieux et attendri.

— Qu'as-tu donc? demanda Dacosta, inquiet.

— Ha ! dit Rigault avec des pleurs dans la voix, « Papa » n'est pas à Paris.

— Eh bien, qu'est-ce que cela te fait que ton père ne soit pas à Paris?

— Hélas! reprit Rigault en fondant en larmes, je l'aurais fait arrêter!

LXXXV.

Ce qu'on entend en mer quand le navire va sombrer, l'horrible craquement qui précède l'effondrement dans l'abîme, n'est pas un présage plus certain de la perte de l'équipage, que ne le sont de la chute des hommes de la Commune les tiraillements, les efforts contradictoires qui détraquent à cette heure le gouvernement de l'Hôtel de Ville. Écoutez! le navire craque! Tous commandent, nul n'obéit. Celui-ci se défie de celui-là; l'un dénonce l'autre, Rigault songe à les faire arrêter tous les deux. Il y a une majorité qui n'est pas unie et une minorité qui ne s'entend guère avec elle-même. Vingt et un membres se retirent; ils font bien. Je trouve avec joie parmi leurs noms ceux des quelques hommes que Paris aime encore et que, grâce à cette retraite, il n'apprendra pas à mépriser. Mais pourquoi un prétexte à leur démission? N'était-il pas plus simple et plus conforme à leur pensée de dire nettement: « Nous sortons d'ici parce que nous savons maintenant que c'est un mauvais lieu; nous avons été abusés comme vous, mais nous y voyons clair à notre tour; une bonne cause a été perdue par des fous qui l'ont follement servie; nous partons, parce qu'en restant une seconde de plus, maintenant que nos yeux sont ou-

16.

verts, nous serions criminels. » Ces paroles auraient éclairé tant de misérables qui vont à la mort et qui croient qu'ils font bien de mourir ! Quant à ceux qui restent, ils doivent bien sentir que le pouvoir leur échappe. Ils n'ont pas pu arrêter ou garder Rossel ; on dirait qu'ils n'osent pas toucher à lui, parce qu'il a eu raison non pas de dire ce qu'il pensait, mais de penser ce qu'il a dit. Pendant qu'ils hésitent, l'œuvre militaire de Versailles s'achève. Vanves pris, Montrouge démantelé, des brèches ouvertes au Point-du-Jour, à la porte Maillot, à Saint-Ouen, il ne leur restera bientôt plus qu'à choisir entre la fuite ou les épouvantables excès d'une monstrueuse agonie. Puissent-ils fuir ! Qu'ils s'en aillent, loin, bien loin, hors du châtiment, méprisés, épargnés, oubliés s'il se peut ! On raconte que le Comité central essaye maintenant de se substituer à la Commune élue selon sa volonté. Née par lui, cette révolution mourra avec lui.

LXXXVI.

Il était cinq heures du soir. La journée avait été magnifique, et le soleil enveloppait le César, encore debout sur le glorieux piédestal formé de toutes ses victoires. La foule stationnait, à partir des deux barricades de la rue de la Paix et de la rue Castiglione, et s'épaississait jusqu'aux Tuileries et jusqu'au nouvel Opéra ; il y avait là vingt ou vingt-cinq mille curieux. On causait; on s'accostait sans se connaître en s'appelant citoyen.

Les uns parlaient de cet Anglais qui avait payé trois mille francs le plaisir de monter le dernier au sommet de la Colonne. Presque tous le blâmaient; on aurait dû donner cette somme au peuple. D'autres prétendaient que le citoyen Jourde ne rentrerait pas dans ses déboursés — (trente deux mille francs, que l'ingénieur Abadie avait demandés pour abattre le grand trophée) — et on alléguait que le plâtre et la pierre était à peine recouverts d'un ou deux pouces de bronze, ce qui, sur 44 mètres de haut, ne représentait pas beaucoup de gros sous. La monnaie préoccupait les esprits. Mais la crainte principale de la secousse dominait dans les entretiens.

La chose, cependant, tardait beaucoup à s'accomplir. La grande place était presque solitaire ; il y avait trois cents personnes au plus, toutes privilégiées de cartes, ou revêtues de cordons maçonniques, ou faisant partie des états-majors. Bergeret, à une fenêtre, secouait négligemment du petit doigt les cendres de sa cigarette ; les musiques attendaient, massées aux quatre angles de la place; des femmes rectifiaient le tir de leurs lorgnettes, et riaient aux éclats, dans les embrâsures des fenêtres du ministère de la justice. Les sentinelles, impatientes, piaffaient ; les faisceaux de fusils étincelaient: des enfants bâillaient le long des trottoirs. La cérémonie était en retard : un câble d'épreuve s'était rompu. Autour du tas de fascines où devait s'étendre la statue, étaient plantés des drapeaux couleur de vengeance. Si le roi

Dans la foule, il y avait des malheureux qui frappaient du pied en mesure et en criant : « Des lampions ! »

A cinq heures et demie, il y eut des mouvements autour de la barricade de la rue Castiglione. Les écharpes rouges des membres de la Commune apparurent. Il se fit un grand silence.

L'instant d'après, le cabestan se tendit. Les cordes qui descendaient du sommet de la colonne Vendôme se roidirent ; la plaie de maçonnerie creusée à la base se referma graduellement ; la statue s'inclina dans les rayons du couchant, puis, brusquement, parcourut les airs dans un salut gigantesque et s'abattit entre les drapeaux avec un coup énorme et sourd, au milieu d'un aveuglant nuage de poussière.

Alors les musiques éclatèrent, proférant la *Marseillaise ;* le cri « Vive la Commune ! » poussé par quelques-uns, fut répété par la terreur ou l'indifférence de la multitude. Ce fut une explosion où l'on distinguait d'absurdes applaudissements. Enfin tout se calma, et si soudainement, que l'on entendit un chien effrayé qui aboyait, en courant sur la place.

Certes, ceux des membres de la Commune qui se trouvaient présider à cet attentat, durent se dire avec le frisson d'un misérable orgueil :

« César, ceux que tu salues vont vivre !... »

On voulait maintenant des morceaux, des reliques. C'était comme du temps des « souvenirs du siége, » où l'on vendait de petits morceaux de pain noir encadrés et mis sous verre. La curée allait commencer : mais les gardes nationaux croisèrent la baïonnette en travers des barricades. Personne ne passa. Et la foule se dissipa bientôt vers le dîner. «Elle est tombée! » disait-on aux arrivants! la statue est décapitée! C'a n'a tué personne! » Des « voyous » s'écriaient : « C'a a été rudement chic tout de même ! » La plupart de la foule était silencieuse.

Puis il y eut un effet magnétique, lorsque la nuit vint ; il semblait qu'il manquait une chose autour de soi, même à ceux qui ignoraient encore le grand meurtre.

LXXXVII.

Le 16, je reçus un prospectus par l'intermédiaire de ma concierge. Il s'agissait d'un concert, mêlé de déclamations : une petite fête populaire offerte aux Tuileries, une bonne œuvre. Le prix des places variait de cinq francs à cinquante centimes. Cinq francs la salle des Maréchaux, cinquante centimes « le parterre » — et le parterre devait être illuminé à la vénitienne, entre les branches des orangers; le tout accompagné, au loin, d'un grand feu d'artifice : à savoir la barricade de Courbevoie.

Je ne mis pas de gants blancs, par savoir-vivre, et m'acheminai vers le palais.

Ce n'était pas féerique ; mais c'était d'une sinistre insanité. L'essaim des marouffles et des voleurs, des chiffonniers, des chapeliers, avec quatre ou cinq galons d'or aux képis et aux manches, arpentait quatre à quatre le grand escalier d'honneur. Cela crachait et mâchait des « impérialès » en grommelant de vieux clichés de 93. Les femmes — même jolies — répugnaient un peu. Presque toutes minaudaient, d'un air modeste, avec des voix de chez Markowski. Quand Mademoiselle Caillot chanta son air du « *Maître de chapelle* » d'aucunes battirent la mesure avec leurs éventails, pour montrer qu'elles avaient appris la musique.

Le festival avait lieu sur une estrade, dans la salle des Maréchaux ; les velours rouges aux abeilles d'or, se drapaient le long des fenêtres. En haut, la galerie, d'où l'on pouvait dominer le spéctacle. Elle donne sur le balcon impérial où je vins m'accouder, un peu ému, et je regardai au fond des Champs-Élysées, sous l'immense ciel violet, par delà les jardins et les lumières, l'Arc-de-Triomphe de l'Étoile qui se voûtait sur la guerre civile.

Les détonations de Vanves et de Montrouge arrivaient jusque-là. Quand le duo du *Maître de chapelle* fut terminé, je me retournai vers la salle : l'applaudissement rauque et lointain des mitrailleuses de Neuilly, porté sur la brise de cette nuit de printemps, par la fenêtre restée ouverte, vint se mêler aux applaudissements du « public. »

Ah! ce public! les physionomies, en général, étaient véritablement patibulaires ; quelques-unes n'étaient qu'écœurantes ; toutes reflétaient la surprise, le plaisir et la peur de l'Égalité. Le menuisier Pindy, gouverneur militaire de l'Hôtel de Ville, en contait à une demoiselle de chez Philippe, membre du Comité central. L'ex-mouchard Clémence s'efforçait de grasseyer derrière l'épaule d'une ancienne égoutière, qui souriait ingénument, toute peureuse, et comme effarouchée. Le savetier Dereure regardait ses souliers d'un air profond. L'ex-cocher Brilier, commandant d'état-tmajor, sifflait les chanteurs, croyant les encourager, par un reste d'habitude hippique. On allait dire des vers ; je m'enfuis aux jardins après avoir entendu cet alexandrin étrange, à l'adresse, sans doute, de l'Assemblée Nationale :

Puis, quel aveuglement! quel non-sens politique!

Là, malgré quelques lampions, tout était noir et sombre. Les massifs étaient déjà solitaires, bien qu'il fût neuf heures et demie, à peine. Je fis un tour de promenade ; l'air était froid. Je quittai par la grille de la rue de Rivoli : il y avait presque foule à la porte pour voir « les grands seigneurs qui sortaient de la fête. »

Fête donnée par les domestiques dans la maison déserte.

LXXXVIII.

J'étais chez moi, écrivant. Tout-à-coup une effroyable détonation suivie de cent détonations encore. Les vitre tremblent. Je crois que la maison chancelle. Des détonations encore, toujours ! il me semble qu'on tire le canon dans mes oreilles. Me voilà dans la rue. Tout le monde court, interroge, s'épouvante. On pense que les Versaillais bombardent Paris de toutes parts. Sur le boulevard on me dit : « C'est le fort de Vanves qui a sauté. » J'arrive à la place de la Concorde ; des gens vont et viennent, effarés. On ne sait rien. Je lève les yeux. Je vois à une hauteur extraordinaire un nuage opaque. Mais ce n'est pas un nuage. J'essaye encore de m'informer. Il paraît certain que l'explosion a eu lieu près de l'École militaire, sans doute à la poudrière de Grenelle. Je monte l'avenue des Champs-Élysées. Il y a au loin des crépitements formidables que l'on croirait produits par une batterie de mitrailleuses. Des bouffées blanchâtres, une à une et lentement, vont rejoindre le nuage. Je ne marche plus, je cours. Du rond-point de l'Étoile, on peut voir peut-être. J'arrive, je m'oriente, je vois. C'est affreux et grandiose. De vastes nappes de fumée, mouvantes et grandissantes, se superposent jusqu'au ciel. Parfois le vent les courbe et une moitié de la ville, là-bas, à gauche, disparaît sous un moutonnement onduleux d'épaisses vapeurs. Puis, soudain, s'élance une flamme, une seule, mais énorme, intense, directe, comme celle qui sortirait d'une trappe de l'enfer brusquement ouverte, et au-dessus d'elle, la grande colonne de fumée, traversée, léchée, rougie, bleuie, illuminée par l'éruption du feu. En même temps des explosions comme de cent caissons d'artillerie sautant l'un après l'autre. Et toute cette splendide hideur m'assourdissait et m'aveuglait. J'aurais voulu m'approcher, sentir les brûlures voisines, me précipiter. J'avais le vertige de l'incendie.

Je descends vers le quai de Passy. Il y a foule. On nous crie : « N'avancez pas! le feu gagne la cartoucherie. » Au même instant une grêle de balles tombe sur les badauds. On se croit blessé, on s'enfuit. Je ne songe même pas à me retirer. D'ici, c'est encore plus épouvantablement beau. Cependant la foule, revenue de sa frayeur, se rassemble de nouveau. Des nouvelles circulent. Quatre maisons à cinq étages ont été renversées. On n'ose pas préjuger le nombre des victimes. Des corps sont tombés des fenêtres, affreusement mutilés. On a ramassé d'un côté des bras et d'un autre côté des jambes. Près de la poudrière il y a un hôpital. Il a été ébranlé des fondements à la toiture ; un instant il a chancelé comme pour tomber. Les malades, les infirmiers, les gardes, se son enfuis de toutes parts, hurlant, en démence, et çà et là, des chevaux ensanglantés, échappés des écuries, se cabraient devant les fuyards, ou galopaient emportés par le vertige de la peur.

Quant à la cause de l'explosion, les opinions varient. Les uns l'attribuent à la négligence des employés, à l'imprudence des ouvrières, d'autres croient que le feu a été mis par un obus. Une femme arrive en courant ; elle annonce qu'on vient d'arrêter dans une baraque du Champ-de-Mars un homme qui s'y cachait ; il a avoué qu'il a fait sauter la poudrière par ordre du gouvernement de Versailles. Eh ! sans doute, je m'attendais à cela. La Commune profitera de ce malheur pour attribuer un crime à ses ennemis. On arrêtera quelques innocents qui passaient par là, on les jugera tant bien que mal, on les fusillera, et, quand ils ne seront plus que des cadavres, on dira : « Vous voyez bien qu'ils étaient coupables, puisqu'ils sont morts ! »

Cependant le soir vient. Je m'éloigne. Je songe que c'en est trop enfin, que trop de colères s'appesantissent sur la cité, que c'était bien assez de la défaite et de la guerre civile, de l'infamie et de la mort, que ceci outrepasse la justice des châtiments. Par instants je me détourne et regarde encore. Maintenant, dans l'ombre, la flamme est rouge : on dirait que la Commune arbore son drapeau sur ce désastre démesuré.

17

LXXXIX.

J'ai tellement regardé que je ne sais plus voir. J'ai assisté à la lente décadence du luxe, de la joie, du bien-être sans m'apercevoir de tout ce qui se mourait peu à peu autour de moi, comme un homme, dans une salle de bal dont on éteindrait une à une les bougies, ne s'apercevrait pas de l'ombre grandissante. Pour voir réellement Paris tel qu'il est aujourd'hui, tel que la Commune l'a fait, j'ai besoin d'un effort. Fermons les yeux. Évoquons la vision ancienne de Paris vivant, joyeux, heureux dans ses tristesses même. C'est fait, je me suis souvenu, j'ai revu. Maintenant ouvrons les yeux et voyons.

Dans la rue où j'habite, pas une voiture. Des hommes, en uniformes de gardes nationaux, suivent les trottoirs. Une ménagère, sur le pas d'une porte, cause avec sa concierge. Elles parlent bas. Bien des boutiques sont fermées, d'autres à demi closes, quelques-unes ouvertes. Chez le marchand de vin du coin, une femme du peuple est debout devant le comptoir et boit.

Le faubourg Montmartre résiste à l'envahissement du silence et de l'apathie. Cette artère bat encore. Il y a des rubans derrière quelques vitrines, des femmes en cheveux qui passent et sourient, des hommes qui les regardent, et, au coin du boulevard, une sorte d'encombrement et de tumulte produits par un nombre considérable de fillettes et de gamins glapissant ou hurlant des titres

de journaux. Mais, à ce point même où la foule est presque compacte, on sent qu'il y a des vides. Il se présente
à la fois à l'esprit ces deux idées contraires : multitude
et solitude. C'est une impression étrange. Imaginez
quelque chose comme un désert où il y aurait du monde.

Le boulevard apparaît très-long. Il y avait là autrefois
des choses qui vous empêchaient de regarder au loin ;
l'œil n'y a plus de caprices, et regarde devant lui. Quelques voitures cependant, et des omnibus. Les passants
sont des passants et ne sont pas des promeneurs. On est
sorti, parce que l'on a été obligé de sortir ; sans cela on
serait resté chez soi. Les courses paraissent interminables
maintenant, et des gens qui, naguère, rôdaient du matin
au soir, vous disent à présent : « C'est très-loin, la Madeleine. » D'hommes en redingote ou en blouse, on n'en
voit guère ; les vieillards seuls se hasardent à ne point
porter l'uniforme. Devant les cafés sont assis des officiers de l'armée fédérée ; ils sont souvent sept ou huit
autour d'une table. On s'approche ; ils parlent de la démission de leur dernier commandant. Quelques femmes
çà et là, voilées, rapides. Des chapeaux sombres, des
robes éteintes. Parfois, tout à coup, retentit le galop
d'un cheval. Autrefois ce bruit se serait perdu dans les
bruits. C'est une estafette, — un garibaldien rouge ou
un vengeur de Flourens — qui chevauche un lourd cheval de charrette, dont les deux pieds de devant font le
bruit d'une planche qui s'abat. De temps en temps une
compagnie de fédérés se dirige vers la Madeleine, des
pains au bout des baïonnettes. Quand on jette un coup
d'œil à droite ou à gauche dans les rues, on voit les
pavés déserts et toute la rue dans sa longueur solitaire.

Il y a aussi des moments où, sur toute une partie du boulevard, il ne passe absolument personne. Cependant, parmi tout cela, je ne sais quel désir de réveil, mais opprimé, éteint, par l'habitude de l'apathie.

Le soir, on se révolte. On veut vivre. On veut se remuer. Il y a huit jours, il y avait des filles encore; maintenant il n'y en a plus; je n'aurais jamais cru qu'il fût possible de les regretter. On va, on vient, on parle à voix haute. Mais toute la foule se resserre de la rue Drouot à la rue du Faubourg-Montmartre. On a peur de la solitude. On demeure à côté les uns des autres pour avoir le plaisir de se coudoyer, pour se faire croire qu'on est très-nombreux. Il y a de loin en loin des badauds qui forment cercle autour d'une petite fille aux pieds nus qui chante une chanson. Un marchand, assis devant une table basse, fait brûler des pastilles du sérail; un autre vend des sucres de pomme, un autre des cartes transparentes. On serait bien content d'être gai. Les boutiques sont fermées, le gaz parcimonieux laisse l'ombre s'étendre entre les promeneurs.

Quelques-uns vont au théâtre. Les affiches étalent peu de séductions. On entre, on s'asseoit, la salle est presque vide. Les comédiens récitent vite, avec des gestes lents. Ils s'ennuient, et ils ennuient. Quand, parfois, à cause d'une farce d'un acteur comique par habitude, on éclate de rire, on devient ensuite, et tout à coup, très-sérieux. Il semble que l'on a eu tort de rire. On ne sait alors que faire. On se promène dans les couloirs. On veut rentrer dans la salle, on s'est trompé, on se trouve sur le boulevard. Il est dix heures, il est très-tard. Quelques cafés se ferment. Aux fenêtres de Brébant ou de Peters, pas une clarté. Les promeneurs se font de plus en plus rares. Il n'y a plus que des groupes d'officiers, qui sont restés tout le soir dans quelque estaminet. L'un, qui va devant, appelle les autres qui tardent. Souvent l'un d'eux est ivre. Il n'est pas gai. On se dit : « Rentrons. » Dans les rues, personne. De loin en loin un coup de sonnette : c'est quelqu'un qui fait comme vous, qui rentre. Au détour d'une rue, une femme regarde autour d'elle, s'approche et vous parle. La prostitution survit.

Et voilà, Commune de Paris, ce que tu as fait de Paris ! Les Prussiens étaient venus, Paris les avait attendus de pied ferme, en souriant. Les obus étaient tombés sur ses maisons, il avait mangé du pain noir, il avait fait la queue pour avoir trente grammes de cheval, fait la queue pour avoir trente livres de bois mouillé, il s'était battu, il avait été vaincu, on lui avait dit : Rendstoi, on l'avait livré, comme on dit à l'Hôtel de Ville, et Paris, navré, n'avait pas cessé de sourire. Or, ce sourire, sachez-le, c'était sa grandeur, c'était son antique gloire réfugiée dans une dernière protestation contre la Providence injuste, c'était le souvenir d'avoir été fier et heureux, et l'espoir de le redevenir, enfin c'était Paris disant : Je suis Paris encore. Eh bien, ce que ni la défaite, ni la faim, ni la capitulation n'avaient pu faire, tu l'as fait, toi ! Et maintenant, soit maudite, car de même que Macbeth a tué le sommeil, toi, Commune, tu as tué le sourire !

XC.

Canonnades très-proches, sifflements d'obus, fusillades multipliées. Je m'éveille, que se passe-t-il? Je sors. On me dit : « Les troupes sont entrées. » Comment? par quel côté? à quelle heure? J'interroge des gardes nationaux qui se précipitent dans la cour de la mairie Drouot, en criant : « Nous sommes trahis! » Ils savent peu de choses. Ils viennent du Trocadéro. Ils ont vu les pantalons rouges. On se bat en avant du viaduc d'Auteuil. On se bat au Champ-de-Mars. L'assaut a-t-il été donné hier soir, ou cette nuit, ou ce matin? Impossible de rien démêler de précis dans les réponses diverses. On parle d'un ingénieur civil qui aurait fait un signal aux Versaillais. C'est un capitaine de frégate qui est entré le premier. Une trentaine d'hommes envahit la rue, et crie : « Il faut faire des barricades. » Je me retire de peur d'être contraint à porter des pavés. La canonnade paraît affreusement proche. Au-dessus de ma tête, brusquement, un sifflement d'obus. J'entends dire : « Les batteries de Montmartre bombardent l'Arc-de-Triomphe. » Chose extraordinaire : une préoccupation artistique me traverse l'esprit en ce moment de panique et d'horreur; je songe que cette fois, les projectiles tomberont du côté du bas-relief de Rude. Sur les boulevards, aucun promeneur, de rares passants, qui se hâtent. Les cafés fermés, les boutiques closes. Le crépitement saccadé des mitrailleuses redouble et se rapproche. Il me semble que la bataille est là devant moi, tout près. Mille suppositions contraires m'assaillent et m'épouvantent, et ici, sur ce boulevard presque désert, personne à qui je puisse demander la vérité. Tout à l'heure, si je tourne dans quelque rue, je vais peut-être me trouver en face du combat. Je marche dans la direction de la Madeleine, entraîné par un désir plus fort que la prudence. En me rapprochant de la Chaussée-d'Antin, j'aperçois un grouillement tumultueux d'hommes, de femmes, d'enfants, qui vont et viennent, portant des pavés. On construit une barricade, elle a déjà un mètre de hauteur environ. Tout à coup, j'entends un roulement de lourde voiture; je me retourne et je vois une chose étrange : des femmes haillonneuses, livides, horribles, et superbes, le bonnet phrygien sur la tête, la robe retroussée et passée dans leur ceinture, sont attelées à une mitrailleuse qu'elles tirent en courant ; d'autres femmes poussent par-derrière ou activent la rotation des roues. Cela passe très-vite, dans un bruit rauque et lourd, avec des couleurs sombres, tachées de rouge. Je suis à grands pas la mitrailleuse; elle s'arrête un peu en avant de la barricade, accueillie par les clameurs joyeuses des insurgés. Les femmes se détellent, j'arrive à ce moment.

— Toi, me dit un jeune garçon comme on en voyait autrefois aux troisièmes galeries de l'Ambigu-Comique, tu vas me faire le plaisir de ne pas nous espionner, ou je te casse la tête comme à un Versaillais.

— Garde tes cartouches, bambin, lui répond un vieillard dont la barbe blanche est très-longue, — un ancêtre, un burgrave de la guerre civile, — garde tes cartouches, et quant au mouchard, il portera des pavés. N'est-ce pas, Monsieur, continua-t-il en me saluant avec politesse, que vous voudrez bien prendre la peine d'aller chercher les quelques pierres qui sont là-bas, au coin de la rue ? »

Je m'exécute de bonne grâce, en songeant, non sans déplaisir, que si les troupes apparaissaient en ce moment, attaquaient la barricade et la prenaient, je pourrais être fusillé avant d'avoir eu le temps de dire : « expliquons-nous. » Mais le spectacle auquel j'assiste m'intéresse malgré moi. Ces dures mégères, coiffées de rouge, se faisant passer rapidement l'une à l'autre les pierres que je leur donne, ces hommes qui amoncellent les pavés, s'interrompant parfois de leur besogne pour avaler une tasse de café que leur présente une petite fille assise à côté d'un fourneau en fer-blanc, les fusils en faisceaux, la barricade qui s'élève avec rapidité, autour de nous la solitude, parfois, à une fenêtre ou à une porte, une tête curieuse qui apparaît et disparaît, et le bruit grandissant de la bataille, et là-dessus, la clarté d'un grand soleil, tout cela a je ne sais quoi de sinistre et d'horriblement captivant. D'ailleurs, en travaillant, on parle et j'écoute. Les Versaillais sont rentrés pendant toute la nuit. La porte de la Muette et la porte Dauphine ont été livrées par le 13me et le 113me bataillon du premier arrondissement. « Ces deux 13 leur porteront malheur, » dit une femme. Vinoy s'est établi au Trocadéro et Douai au point du Jour, ils s'avancent tous les deux. Le Champ-de-Mars a été pris aux fédérés après une lutte de deux heures. Il y a une batterie à l'Arc-de-Triomphe, qui balaye les Champs-Elysées et bombarde les Tuileries. Il est tombé un obus rue du Marché-Saint-Honoré. Sur le Cours-la-Reine, le 138me bataillon a soutenu le feu avec un grand courage. Les Tuileries sont armées de canons et ripostent à l'Arc-de-Triomphe. Avenue de Marigny, les gendarmes ont fusillé douze fédérés qui s'étaient rendus; on a laissé les corps sur le trottoir, devant le débit de tabac. Rue de Sèvres, les vengeurs de Flourens ont mis en fuite tout un régiment de lignards; les vengeurs de Flourens ont juré de se faire tuer jusqu'au dernier. Maintenant, on se bat au Champs-Elysées, autour du Ministère de la guerre, et sur le boulevard Haussmann. Dombroswki a été tué au château de la Muette. Les Versaillais attaquent la gare Saint-Lazare et marchent sur la caserne de la Pépinière. On a été trahi, vendu, surpris, mais n'importe! on triomphera. « Nous n'avons plus besoin de chefs ni de généraux; derrière les barricades tout le monde est maréchal. »

En ce moment, huit ou dix hommes qui s'enfuient accourent par la rue de la Chaussée-d'Antin. Ils nous rejoignent, ils crient : « Les Versaillais sont maîtres de la caserne. Ils établissent une batterie. Delescluze a été pris au Ministère de la guerre.

— Ce n'est pas vrai! dit une cantinière, nous venons de le voir à l'Hôtel de Ville.

— Oui, oui, répètent les autres femmes, il est à l'Hôtel de Ville. Il nous a fait donner une mitrailleuse. Jules Vallès nous a embrassées l'une après l'autre. C'est un bel homme, allez! il nous a dit que tout allait bien, que les Versaillais ne sortiraient pas de Paris, qu'on les cernerait, et que tout serait fini dans deux jours.

17.

— Vive la Commune! répondent les insurgés.

La barricade est achevée. Ils s'attendent à être attaqués d'un moment à l'autre.

— Toi, me dit un sergent, tu peux filer, si tu tiens à ta peau.

Je ne me fais pas prier pour obéir à cet avertissement. Je reviens sur mes pas, le boulevard est moins solitaire. Quelques groupes devant les portes. Il paraît certain que les troupes de l'Assemblée ont remporté des succès depuis leur entrée. Les fédérés, surpris par la brusquerie et la multiplicité des attaques, ont lâché pied d'abord. Mais la résistance s'organise. Ils tiennent bon sur la place de la Concorde. Place Vendôme, ils sont nombreux et disposent d'une formidable artillerie. Montmartre tire avec fureur. Je suis la rue Vivienne; je rencontre quelques personnes en quête de nouvelles et à qui j'en demande. « Deux bataillons du faubourg Saint-Germain sont allés au-devant des troupes, la crosse en l'air. C'est un capitaine de la garde nationale qui, le premier dans ce quartier, a arboré le drapeau tricolore. Un obus a mis le feu au Ministère des finances, mais les pompiers, sous la mitraille, ont éteint ce commencement d'incendie. » Place de la Bourse, deux ou trois cents fédérés élèvent une barricade; instruit par l'expérience, je presse le pas, pour éviter la corvée des pavés. Dans les rues voisines, très-peu de monde; Paris se cache. La canonnade est de plus en plus furieuse. Je traverse le jardin du Palais-Royal. Là, quelques promeneurs ; un groupe de petites filles saute à la corde. La rue de Rivoli est pleine de mouvement. Un bataillon défile au pas de course, venant de l'Hôtel de Ville. A sa tête, un homme

très-jeune, monté sur un magnifique cheval noir.
C'est Dombrowski. On m'avait dit qu'il était mort. Il est
très-pâle. Quelqu'un dit : « Il a reçu au château de la
Muette un éclat d'obus en pleine poitrine. Il a été renversé, mais le projectile n'a pas pénétré dans la chair. »
Le bataillon passe en chantant le *Chant du départ*. Il y a
quelques femmes armées parmi les insurgés; l'une qui
marche à quelques pas derrière Dombrowski porte un
petit enfant dans ses bras. En tournant les yeux vers la
place de la Concorde, on voit des fumées qui paraissent
s'élever de la terrasse des Tuileries. Devant le Ministère
des finances, un peu avant la barricade, il y a des masses
noires ; je crois distinguer des roues. Ce sont des canons
ou des pompes. Tout autour, des remuements confus; on
entend distinctement la fusillade, mais le bruit paraît
venir des Champs-Élysées; la barricade ne tire pas. Je
me dirige vers l'Hôtel de Ville. Des estafettes, à chaque
instant, passent au grand galop. Des compagnies de fédérés, de loin en loin, sont couchées autour de leurs
fusils en faisceaux. A la hauteur de la rue du Louvre, il
a une barricade, plus loin, une autre barricade, plus
loin, une barricade encore. Des femmes, devant Saint-
Germain-l'Auxerrois, s'occupent à démolir des bancs.
Des enfants font rouler des barriques vides, et apportent
des sacs de terre. A mesure que l'on s'approche de
l'Hôtel de Ville, les barricades sont plus hautes, mieux
armées, mieux garnies de défenseurs. Tous ces hommes
ont des visages ardents, résolus, farouches. Ils parlent
peu, ils ne crient pas. Deux gardes, assis à la turque,
jouent au piquet sur le trottoir. Je poursuis mon chemin.
On me laisse passer. Ici les barricades sont achevées;

je n'ai rien à craindre quant aux pavés. Je lève les yeux.
Tous les volets sont clos. Une seule fenêtre est ouverte;
deux vieilles femmes essayent de placer un matelas dans
l'intervalle de la persienne et de la fenêtre. Une sentinelle, en faction devant le café de la Compagnie du gaz,
me crie : « On ne passe pas. » Je m'assieds devant le
café qui est resté ouvert, par ordre sans doute, et où
quelques tables sont occupées par des officiers qui causent avec animation. L'un d'eux se lève et vient à moi.
Il me demande avec rudesse ce que je fais là; je payè
d'audace; je tire mon laisser-passer de ma poche et je le
lui montre silencieusement. Il me dit : « c'est bien, »
et prend place à côté de moi. Il m'apprend, — je le sais
déjà, — qu'une partie de la rive gauche est occupée par
les troupes de l'Assemblée, mais qu'on se bat dans toutes les rues, et que l'armée, de ce côté, commence à
battre en retraitre. « La guerre des rues, voyez-vous,
c'est notre affaire. Dans ces batailles-là, un gamin de
Belleville en sait plus que Mac-Mahon. » Il ajoute : « Ce
sera terrible. L'ennemi fusille les prisonniers. (Il y a deux
mois que la Commune tient ce langage.)— Nous ne ferons
pas de quartier. » Je lui demande : « C'est Delescluze
qui désire la résistance? » Il me répond : « oui. Pen-
chez-vous un peu. Vous voyez ces trois fenêtres à gauche
du trophée? c'est le salon de l'état-major. Delescluze est
là. Il donne les ordres, signe les commissions. Il n'a pas
dormi depuis trois jours. Tout à l'heure je l'ai à peine
reconnu, tant les fatigues l'ont changé. Le Comité de salut public est en permanence dans une salle voisine,
digeant des proclamations et des décrets. »

— Ah! ah! dis-je, des décrets!

— Oui ! citoyen, il vient de décréter l'héroïsme.

L'officier me donne encore plusieurs renseignements. Il m'apprend entre autres choses que Millière, le matin même, a fait fusiller trente réfractaires, et que Rigault s'est rendu à Mazas pour « surveiller les otages. » Pendant qu'il me parle, j'essaie de voir ce qui se passe sur la place de l'Hôtel-de-Ville. Deux ou trois mille fédérés, en plusieurs troupes, sont assis par terre ou couchés. Ils paraissent discuter avec acharnement. De loin en loin, de petits barils sont posés sur des chaises renversées. Des hommes fréquemment se lèvent, s'approchent des barils, et boivent, quelques-uns dans le creux de leurs mains. Des escouades de femmes circulent en gesticulant. Les hommes crient, les femmes hurlent. Des estafettes sortent de l'hôtel et lancent leurs montures à fond de train, les uns dans la direction de la Bastille, les autres du côté de la Concorde. Ces derniers passent devant nous et nous crient : « tout va bien ! » Un instant, un homme paraît à une fenêtre de l'Hôtel de Ville et parle. Tous les fédérés, à sa vue, se lèvent avec enthousiasme. « C'est Vallès, » me dit mon voisin de table. J'ai cru le reconnaître en effet. Je le rencontrais, autrefois, du temps que j'étais étudiant, dans une petite crémerie de la rue Serpente. Il faisait des vers alors, assez médiocres d'ailleurs. Je me souviens d'un petit poëme consacré à la louange d'un habit vert. On disait qu'il avait un petit emploi dans l'administration des pompes funèbres. Son visage, à cette époque déjà, était amer et violent. Il quitta la poésie pour le journalisme et le journalisme pour la politique. Maintenant, il pérore à une fenêtre de l'Hôtel de Ville. Je ne puis entendre ce qu'il dit. Mais quand il se retire, une immense acclamation s'élève : « Vive la Commune! à bas Versailles! vaincre ou mourir! » Ces cris me font mal. Je sens que ces hommes et ces femmes veulent tuer et sauront mourir. Hélas! là-bas, que de cadavres déjà! ni la canonnade ni la fusillade ne se sont interrompues un instant. Tout à coup une troupe de femmes sort de l'hôtel, la foule s'écarte pour leur livrer passage. Elles se dirigent de mon côté. Elles sont habillées de noir. Elles ont un crêpe au bras et une cocarde rouge au chapeau. L'officier me dit : « Ce sont les institutrices qui ont remplacé les religieuses. » Puis il se lève, va vers elles et leur demande :

— Avez-vous réussi?

— Oui, dit l'une en montrant un papier, voilà notre commission. Les enfants des écoles seront employés à confectionner les sacs et à les remplir de terre. Les moins jeunes chargeront les fusils derrière les barricades. Ils recevront tous des vivres, comme les gardes nationaux. On fera une rente aux mères de ceux qui seront morts pour la République. Ils ont bien envie de se battre, allez! nous les avons fait beaucoup travailler depuis un mois : Ce sera leur récréation. »

Cette femme, qui est jeune et jolie, parle ainsi avec un très-doux sourire. Je frémis. C'est alors que deux officiers d'état-major, à cheval, venant de la place Vendôme, se précipitent au grand galop vers l'Hôtel de Ville. Un instant après, le clairon sonne. Les compagnies se forment sur la place. Une grande agitation semble régner dans l'hôtel. Des hommes entrent et sortent en courant. Les officiers qui sont autour de moi dans le café se lèvent à la hâte; ils vont se mettre à la tête de leurs hommes. Le bruit se répand que les Versaillais ont enlevé les barricades de la place de la Concorde. « Ma foi, me dit mon voisin de table en bouclant son ceinturon, je crois que vous ne ferez pas mal de rentrer chez vous, ça pourrait bien chauffer par ici dans une heure. » Je me dispose à suivre ce conseil. Je jette un dernier regard sur la place. Les compagnies fédérées, les unes par les quais, les autres par la rue de Rivoli, partent au pas de course en criant : « Vive la Commune! » Je ne sais quelle horrible joie illumine leurs fronts. Un jeune homme, presqu'un enfant, demeure un peu en arrière. Une femme bondit vers lui et lui crie en le poussant par la nuque : « Eh bien! toi, est-ce que tu ne vas pas te faire tuer avec les autres! »

Je gagne la rue Vieille-du-Temple. On construit de côté une petite barricade; j'apporte un pavé, et je passe. Bientôt je vois les boutiques ouvertes, des passants, de la vie enfin. Ce quartier de commerçants actifs essaie de survivre à Paris. On pourrait ne pas songer à la guerre civile, effroyable et voisine, si les conversations écoutées au passage ne trahissaient les angoisses des habitants vainement affairés, et si le canon qui tonne sans cesse ne criait : « M'entends-tu bien, Paris? J'effondre tes maisons. M'entends-tu bien? Je tue tes enfants. »

Sur les boulevards, des barricades encore, les unes déjà hautes, d'autres à peine commencées. Celle qu'on a construite près de la Porte-Saint-Martin est déjà redoutable. Ce lieu semble prédestiné aux sanglantes colères de l'émeute et de la répression. Je me souviens d'avoir vu, tout enfant encore, en 1852, des cadavres derrière les grilles des deux contre-portes et du sang aux barreaux. Je regagne mon quartier. Je suis profondément triste, et je vais, incapable de penser, abattu, apathique, fermant les yeux parfois, semblable à ces maisons mortes dont les volets sont clos.

Devant le Gymnase, je rencontre un ami. Nous nous serrons la main tristement. Je le croyais à Versailles.

— Quand donc êtes-vous revenu? lui dis-je.

— Aujourd'hui, derrière les troupes.

Et, marchant à côté de moi, il me raconte ce qu'il a vu.

Il avait un laisser-passer. Il est entré à Paris derrière l'artillerie et la ligne. Il est arrivé jusqu'au Trocadéro, suivant toujours les troupes qui s'y sont arrêtées pour se disposer selon les ordres de bataille. Au delà, pas un homme sur toute la longueur du quai. Au Champ-de-Mars il n'a pas vu d'insurgés. La fusillade était très-violente du côté de Vaugirard, sur le Pont-Royal et autour du Palais de l'Industrie. Il tombait des obus sur le quai, envoyés par Montmartre. D'ailleurs, il entendait seulement, il ne voyait qu'un peu de fumée au loin. Autour de lui, la solitude absolue. Ce bruit dans ce désert était affrayant. Abrité par le parapet du quai, il continua sa route. Chemin faisant, il rencontra des gamins qui taillaient de grands morceaux de chair dans un cadavre de cheval étendu sur la route. On s'était donc battu de ce côté. Sur la berge, il vit un pêcheur à la ligne. Deux obus tombèrent à quelques mètres de la route, dans l'eau. Il se dirigea alors, par prudence, vers le Palais de l'Industrie. Là, on se battait encore, mais faiblement. Les Champs-Élysées avaient un aspect lugubre. Pas

une âme! hélas! Ce mot est juste, car il y avait çà et là
des corps. Il aperçut au pied d'un arbre un lignard
étendu, le front sanglant. Il s'approcha ; l'autre, au bruit,
tressaillit, ouvrit la bouche, cligna des yeux et mourut.
Mon ami s'éloigna. Il vit des arbres rompus, des colonnes de bronze tordues. Il pilait du verre en passant près
des kiosques défoncés. De temps en temps, tournant la
tête, il voyait les obus de Montmartre tomber sur l'Arc-
de-Triomphe et l'écorner. Vers les Tuileries, un remuement confus de pantalons rouges et plus loin des fumées. Il entendit le sifflement d'une balle ; il regarda à
sa droite : une branche d'arbre tombait. D'un bout
à l'autre de l'avenue, personne. La terre était blanche
sous le soleil. Il vit beaucoup de cadavres encore. Il traversa les Champs-Élysées. Toutes les rues à gauche
étaient pleines de soldats. On s'était battu, mais on ne
se battait plus. Les insurgés avaient fui dans la direction de la Madeleine. Aux fenêtres, quelques drapeaux
tricolores déjà, et des femmes souriant aux militaires.
On voyait des lignards, on était rassuré. Les concierges
étaient assis devant leurs portes, fumant leurs pipes et
racontant à des groupes attentifs les périls auxquels ils
avaient échappé, les balles perçant les matelas, les fédérés s'introduisant dans les maisons pour se cacher.
L'un disait : « J'en ai trouvé trois qui s'étaient réfugiés
dans ma cour. J'ai prévenu un lieutenant. Il les a fait
fusiller. Mais on devrait bien les emporter. Je ne puis pas
garder des cadavres dans la maison. » Un autre causait
avec des soldats et leur désignait une maison. Quatre
hommes et un caporal se dirigèrent vers l'immeuble in-
diqué. Un instant après, mon ami entendit des détona-

tions. Le concierge se frottait les mains et clignait de l'œil d'un air sournois. Un troisième portier racontait : « Ils ne respectaient rien. Pendant la bataille ils sont entrés dans ma loge pour piller. Ils voulaient emporter mes habits, mon linge, tout ce que j'ai. Je leur disais de laisser cela, que ce n'était pas assez bon pour eux, qu'il fallait aller chez le locataire du premier, qu'ils y trouveraient des pendules, de l'argenterie, et je leur ai donné la clef. Eh bien! Monsieur, vous ne devineriez jamais ce qu'ils ont fait, les scélérats! ils ont pris la clef, et ils ont tout pillé chez le locataire.» Mon ami se remit en marche. L'agitation, tout autour de lui, était grande. Les soldats allaient, venaient, sonnaient aux portes, montaient dans les maisons, redescendaient, emmenant des prisonniers pâles. Les habitants souriaient, d'un air complaisant, mais un peu inquiet. Çà et là, des cadavres, la tête sur les trottoirs. Un homme qui tirait une voiture à bras fit passer une roue sur un cadavre. « Bah! dit-il, ça ne lui a pas fait de mal. » On emportait des morts et des blessés. D'ailleurs le canon ne cessait pas de gronder. On se battait à peu de distance, aux Tuileries sans doute. Cependant les bourgeois étaient tranquilles et les militaires dédaigneux. Il y avait là un singulier contraste : tous ces bons citadins recommençant à sourire, à jaboter, à vivre, et ces soldats paraissant éprouver le plus morne mépris pour ces gens qu'ils venaient de sauver au péril de leur vie. Mon ami arriva au boulevard Haussmann. Là les cadavres étaient très-nombreux. Il en compta une trentaine sur un espace de cent pas. Il en aperçut aussi quelques-uns sous des portes-cochères. Une femme, morte, était assise sur la première marche d'un escalier. Près de l'église de la Trinité, il vit deux pièces de canon, dont les détonations le firent bondir, et qui envoyaient des projectiles dans un établissement de bains situé rue Taitbout, en face du boulevard. Sur le boulevard même, pas un être vivant. Des points noirs, de loin en loin. Des cadavres, sans doute. Cependant, dès que les canons avaient envoyé leurs projectiles et pendant qu'on les rechargeait, des têtes s'allongeaient curieusement hors des portes, épiant les dégâts, comptant les arbres abattus, les bancs rompus, les kiosques éparpillés. Des fenêtres, çà et là, partaient des coups de feu, et s'élevaient des fumées. Mon ami, qui loge non loin de là, entra chez lui. On lui raconta que pendant la matinée on avait canonné violemment le collége Chaptal. Là s'étaient embusqués les zouaves de la Commune. La lutte ne fut pas longue. On fit quelques prisonniers, on fusilla le reste.

Mon ami s'enferma chez lui, résolu à ne pas sortir. Mais l'impatience de savoir et de voir le contraignit à descendre dans la rue. La caserne de la Pépinière était occupée par la ligne; il put arriver sans encombre jusqu'au nouvel Opéra, laissant à droite la Madeleine où l'action était engagée, terrible. Sur son chemin, des fusils en faisceaux, des soldats assis ou couchés, et partout des cadavres. Il put ensuite sans trop de péril gagner les boulevards où les insurgés, très-nombreux maintenant, n'avaient pas encore été attaqués. Il travailla quelque peu aux barricades et passa. C'est ainsi que nous avions pu nous rencontrer. Au moment où nous entrâmes dans le faubourg Montmartre, un homme racontait que des fédérés, au nombre de trois cents, s'étaient réfugiés dans l'église de la Madeleine. « Ils ont été suivis par des gendarmes, disait-il, et on s'est battu pendant plus d'une heure dans l'église. Maintenant, ajouta-t-il, si M. Deguerry rentre chez lui, il y trouvera du monde à enterrer. »

A présent, je suis chez moi. Le soir vient, j'écris ces notes, sans suite, selon le hasard des souvenirs, trop accablé pour chercher à mettre de l'ordre dans mes pensées. Le canon toujours ! la fusillade toujours ! Je plains ceux qui meurent et je plains ceux qui tuent. O mon pauvre Paris !

XCI.

Il est impossible de sortir; la nuit a été presque paisible, la matinée commence, hideuse. La fusillade, intense, multipliée, interminable, retentit tout près de moi. Je crois qu'on se bat rue du Faubourg-Montmartre. J'ouvre ma fenêtre, et je recule devant une brusque recrudescence de bruit. Dans la cité Trévise, aucun passant, les maisons sont hermétiquement closes. Au-dessous de moi, au second étage, il se fait un grand remuement de meubles, puis j'entends distinctement un sanglot, un sanglot de femme. Je me souviens que le second étage de ma maison est occupé par un membre de la Commune et sa famille. Je suis tenté de descendre pour porter secours aux femmes, en cas de péril, lorsque, de ma fenêtre, je vois entrer dans la cité, en courant, un homme qui porte un uniforme de lieutenant; je le reconnais, c'est mon concierge. Il s'arrête, regarde autour de lui, et, sûr d'être seul, prend son fusil à deux mains et le lance par de là un mur peu élevé qui forme, à cette place, le côté gauche de la cité. Cela fait, il rentre précipitamment dans la maison ; très-rapidement aussi j'ai gagné le carré de mon escalier, et, prêtant l'oreille, j'entends le concierge dire à sa femme : « La barricade est prise, donne-moi une blouse. Ils sont à Montmartre. Nous sommes flambés ! » Je reviens à la fenêtre ; le concierge doit s'être trompé, et Montmartre n'est pas encore pris, car je viens d'entendre siffler un obus qui semblait venir de la butte. D'ailleurs le vacarme, de toutes parts, redouble ; toutes ces horribles sonorités se confondent en un bruit perpétuel qui semble celui d'un million de marteaux frappant sur des enclumes. Je puis à peine tenir en place, ma main se crispe sur le rebord de ma croisée. Je me penche autant que je puis pour voir, je ne vois rien, rien sinon un peloton de lignards précédés de deux gendarmes, qui vient d'entrer dans la cité. Il s'arrête devant ma porte, quelques hommes se détachent, et bientôt j'entends, au second étage, le bruit d'une porte ouverte et brusquement fermée et des pas lourds sur le parquet. Je tremble ; cet homme qu'on vient arrêter, si on allait le fusiller, là, dans la maison, dans son appartement, devant sa femme? Mais non, les deux gendarmes reparaissent dans la rue, ayant entre eux le prisonnier à qui on a lié les mains, et autour d'eux le peloton se reforme et se remet en marche. L'homme, alors, lève avec colère ses poings rapprochés et dit : « Je n'ai qu'un regret, c'est de ne pas avoir fait sauter tout le quartier. «En même temps, au-dessous de ma fenêtre, une fenêtre s'ouvre, et je vois apparaître une femme à cheveux gris qui tend les bras en criant : « Meurs tranquille ! je te vengerai. » A ces mots, les soldats s'arrêtent, et les deux gendarmes reviennent vers la maison. Je comprends qu'ils viennent arrêter la femme après avoir arrêté le mari. Je tombe assis sur une chaise, effaré, épouvanté, fermant les yeux pour ne point voir, et m'appliquant les mains sur les oreilles pour ne plus entendre la fusillade ; mais l'horrible bruit aigu triomphe et me perce les mains.

XCII.

Non, ceux qui ne l'entendent pas — oh ! qu'ils sont heureux, ceux-là ! — ne comprendront jamais ce qu'il a d'effroyablement sinistre, ce bruit énorme, continu, prodigieux ! et se dire : chaque balle menace une poitrine, chaque boulet troue une maison ! L'épouvante tord les cœurs, l'affolement s'empare des cerveaux ; des visions de cadavres passent devant les yeux, des maisons s'écroulent, écrasant les dormeurs ; des hommes tombent en criant : « miséricorde ! » et l'on s'étonne de vivre au milieu de ces foules qui meurent.

J'ai fait quelques pas dans la rue ; une balle s'est aplatie derrière moi sur la barre de fer d'une devanture, et j'ai entendu le dispersement sur les pavés d'une vitre qui se brise. Je me suis dit : rentrons.

Mais en passant devant un débit de liqueurs entr'ouvert, où des hommes causaient, je me suis arrêté et j'ai recueilli quelques nouvelles. Montmartre est pris, les fédérés ont mal résisté, on a beaucoup fusillé dans les ruelles et dans les allées des maisons. On avait dit à sept insurgés :

« Rendez-vous, vous aurez la vie sauve. » Ils répondirent : « Nous nous rendons. » Mais l'un deux tira un coup de révolver sur un officier et le blessa à la jambe. Alors les soldats prirent les sept insurgés, les jetèrent dans la tranchée d'une maison en construction, et, d'en haut, les « canardèrent comme des lapins. » Un autre homme raconte qu'il a vu un enfant mort au coin de la rue de Rome; « une bien jolie tête, dit-il, et la cervelle par terre, à côté de lui. » Un troisième dit : « Sur la place Saint-Pierre, tout était fini, on entend un coup de feu, et un capitaine des chasseurs tombe mort. Le commandant, qui était là, lève les yeux et voit un homme qui essaie de se cacher derrière une cheminée ; les soldats s'élancent, ils l'empoignent et l'amènent sur la place. Que fait l'insurgé? Il s'approche du commandant, sourit et lui donne un soufflet. Le commandant le colle contre un mur et lui brûle la cervelle d'un coup de révolver. » Un autre insurgé, arrêté, fait un pied de nez aux soldats : on le fusille. Mais, sur les autres points de Paris, les opérations militaires ont été moins heureuses. Au faubourg Saint-Germain, l'armée avance très-lentement, si elle avance. Les fédérés se battent avec une héroïque brutalité; des coins de rue, des fenêtres, des balcons partent des coups de feu, rarement inutiles. Cette sorte de guerre fatigue les soldats que la discipline n'autorise pas à y répondre par des manœuvres analogues. A Saint-Ouen, également, la marche des troupes est arrêtée ; la barricade de la rue de Clichy tient bon et tiendra longtemps. Mais dans mon quartier, l'avantage des Versaillais est évident, la barricade du carrefour Drouot a été enlevée. On résiste encore çà et là, mais en fuyant.

Tout cela est-il vrai? ce sont les bruits qui circulent. En m'en allant, je tourne quelquefois la tête. Rue Geoffroy-Marie, près du faubourg Montmartre, il y a un homme, un garde national, il est seul, au milieu de la rue, rien ne l'abrite, il charge son fusil et tire, il le charge et tire encore. Il tire, coup sur coup, trente-deux fois. Puis, le fusil tombe, l'homme chancelle et tombe aussi.

XCIII.

Le 23, au matin, après un combat de trois heures, la barricade de la place Clichy n'était pas encore enlevée. Cependant deux batailllons de la garde nationale des Batignolles avaient mis la crosse en l'air au début de l'attaque, et fraternisaient avec l'armée près de la place de la Mairie, à cent cinquante mètres de la lutte. Le pétillement des feux de peloton, l'explosion des bombes et le bruit des mitrailleuses remplissaient l'air, et l'odeur de la poudre commençait à prendre à la gorge ceux qui habitaient les alentours. Puis des cris affreux s'élevaient, provenant de blessures plus âpres, et les sifflements des projectiles qu'envoyaient les batteries de Montmartre passaient, rapidement, par-dessus les toits de toutes les rues environnantes. « Au-dessous, me dit l'habitant des Batignolles qui me communique ces détails, au-dessous, dans la ville, c'était comme un ouragan de tonnerres. «

La charge battait, se mêlant, avec des sonneries de

trompettes furieuses, à ce tumulte monstrueux, et, par intervalles, se perdait au fond des détonations.

Vers une heure et demie, cela diminua tout à coup. La barricade était prise. Les insurgés se repliaient sur La Chapelle et Belleville, en désordre ; la ligne se répandit dans l'avenue de Clichy comme un torrent, laissant derrière elle, sur les tas de pavés écrasés, un drapeau tricolore.

Çà et là, dans les rues, on fusillait. Rue Blanche, un coup de fusil partit d'un rez-de-chaussée ; l'homme fut pris et passé par les armes contre sa fenêtre. L'artillerie défilait par la rue Chaptal, vers Montmartre et La Chapelle. Il faisait un soleil brûlant ; on donnait à boire aux canons, pour les rafraîchir. Les jeunes gens qui rentraient étaient provisoirement faits prisonniers, car on craignait les enfants, le pétrole, les revolvers, les vengeances, le délire du sang. Un coup de fusil isolé tonnait quelquefois, aux environs, suivi, une minute après, de cinq ou six autres. Justice était faite.

Comme les quartiers de Belleville et de Clichy se désemplissaient de troupes, à quatre heures du soir, pendant un moment de silence, deux insurgés passèrent, rue Léonie, l'un devant l'autre, sur un trottoir. Celui qui marchait derrière prit son fusil et tira, au hasard, vers les fenêtres ; la détonation fit tressaillir, comme le bruit d'un obus, tant la rue était sonore ; on entendit un carreau se briser. L'insurgé qui marchait devant le tireur ne tourna même pas la tête ; ces hommes n'étaient déjà plus de la vie et semblaient devenus sourds.

Ce que l'on redoutait le plus, c'étaient les fusils à vent. On voyait tout à coup se dessiner un trou dans un mur, avec un petit bruit sec. Alors les officiers ajustaient leurs longues-vues; le plus souvent on ne distinguait rien. Mais si une ombre disparaissait derrière un rideau, le cri : « Fouillez cette maison ! » retentissait. On n'exécutait pas dans les appartements mêmes. On faisait sortir quelques habitants, et ceux-là ne rentraient plus.

XCIV.

Au milieu de la nuit, je suis éveillé en sursaut. Ma vitre est toute rouge. J'ouvre la fenêtre. Tout le ciel, à gauche, est un pêle-mêle de sombre fumée et de lueurs sanglantes; on dirait un immense remûment de monstres noirs, aux langues de feu : c'est l'incendie! l'incendie de Paris! Je sors à la hâte. Au coin de la rue de Trévise, une sentinelle me crie : « On ne passe pas! » Je suis tellement troublé que je ne sais pas si ce factionnaire est un fédéré ou un soldat. Que faire? où aller? Malgré les balles qui sifflaient encore, il y a une heure, il y a des gens à toutes les croisées. « C'est le ministère des finances qui brûle! c'est la rue Royale! c'est le Louvre! » Le Louvre! J'ai peine à retenir un cri. En une minute, j'ai mesuré l'énormité du désastre. O chefs-d'œuvre sans nombre, dévorés, consumés, anéantis ! Les murs s'effondrent, les toiles se détachent des cadres et se recroquevillent. Les *Noces de Cana* brûlent! Raphaël se tord dans l'horrible brasier. Léonard de Vinci n'est plus. Ah! ceci était inattendu vraiment, et le sort nous a ménagé d'abominables surprises ! Mais non, ces bruits sont faux sans doute. Comment ces personnes, qui habitent dans le quartier où j'habite, sauraient-elles ce que je ne sais pas? Au-dessus de nos têtes, pourtant, la nuit est rouge et noire. J'aspire une odeur étrange, pareille à celle d'une lampe à pétrole qu'on vient d'allumer. Ce mot : pétrole, me fait frémir. Une fois, très-distinctement, j'entends le bruit sourd d'une grande chose qui s'éboule et se brise. Ne pas pouvoir s'informer, connaître, savoir! et autour de l'incendie, pendant que le jour, peu à peu, se lève, la canonnade tonne, la fusillade claque; c'est un enfer qui a la mort pour ceinture. Devant moi, un coin de façade, tout blanchi de clartés, est traversé par des tirebouchons de fumée, reflets lointains de la combustion. Je m'enfuis. Je veux rentrer, me cacher, dormir, oublier. Dans ma chambre, à travers les rideaux blancs, jaillissent des éclairs. J'ai peur. Je regarde. Ce sont les lettres d'or d'une enseigne, en face de ma maison, à qui les flammes du ciel rouge arrachent des cris de lumière.

XCV.

Ah ! certes, je n'avais plus d'illusion. Ce que vous aviez fait, messieurs de la Commune, m'avait éclairé sur votre valeur et sur la pureté de vos intentions. Vous voyant mentir, voler, tuer, je vous avais dit : « Vous êtes des menteurs, des pillards et des meurtriers; » mais, en vérité, malgré le citoyen Félix Pyat, qui est lâche, et le citoyen Miot, qui est bête; malgré Millière, qui a fait fusiller les réfractaires, et Philippe, qui a fait fermer les maisons de joie pour assurer une nombreuse clientèle à celle dont il est le patron dans le deuxième arrondissement ; malgré Dacosta, qui faisait cette farce d'aller dire aux Jésuites à la Conciergerie : « Attention ! on va vous fusiller dans une heure, » et, une heure après, leur disait : « J'ai réfléchi, ce sera pour demain ; » malgré Johannard, qui a fait passer par les armes un enfant de quinze ans, coupable d'avoir vendu un journal supprimé ; malgré Rigault, qui, en tapant sur la joue du fils de Chaudey, lui disait en riant : « Eh bien ! petit, c'est donc demain qu'on va fusiller papa ; » malgré tant de fous et d'énergumènes qui étaient la Commune de Paris, et qui, après plus d'extravagances qu'il n'en faut pour mettre un homme à Charenton et plus d'escroqueries qu'il n'en faut pour lui ouvrir les portes de Sainte-Pélagie, en étaient arrivés, de bassesse en bassesse, d'excès en excès, à faire de Paris — de Paris ! — un esclave épouvanté et morne de leur épouvantable pouvoir ; malgré tout enfin, je n'aurais pas pu croire que ces niais sinistres pourraient aller jusqu'à cet inconcevable attentat de brûler Paris après l'avoir ruiné. Érostrates de banlieue ! Sardanapales ivres de vitriol ! Ah ! pour vous engloutir, il vous fallait ce cratère, et, pour mourir, il vous fallait ce bûcher ! Au lieu de torches autour de votre convoi mortuaire, vous avez voulu les Tuileries en flammes, la bibliothèque du Louvre brûlée, le palais de la Légion d'honneur flambant, la rue Royale, longue fournaise où s'écroulent des murs, où des femmes sont enterrées vives dans les débris rouges et fumants, et la rue de Lille semblable à l'intérieur d'un Vésuve !

Il vous a plu que les familles fussent ruinées, grâce aux papiers évanouis dans le ministère des finances et dans la Caisse des depôts et consignations incendiés ! En voyant le musée du Louvre demeuré intact et la grande bibliothèque préservée, vous avez dû frémir de rage. Comment ! Notre-Dame ne brûle pas encore ? la Sainte-Chapelle ne brûle pas ? N'avez-vous plus de pétrole ni de mèches incendiaires ? « Aux armes ! » ne suffit pas, criez : « Au feu ! » Consumez la cité entière, et, ensevelis sous ses ruines, vos restes méprisés pourront s'énorgueillir, comme le corps d'un avorton mort-né qui aurait l'Hymalaya pour sépulcre !

Ne dites pas : « Ce n'est pas nous qui avons fait cela. Le peuple s'est vengé. Nous n'y sommes pour rien. Nous sommes doux comme des agneaux. Ranvier n'écraserait pas une mouche. » Ne dites pas cela. Vous étiez sur le balcon des Tuileries, avec vos écharpes rouges, donnant des ordres. La populace, trompée par vous, n'a fait qu'obéir. Est-ce que toutes les circonstances de ce prodigieux attentat ne révèlent pas un plan conçu, élaboré, déterminé longtemps à l'avance ? Ne lisait-on pas, presque tous les jours, dans votre journal officiel, cette note : Les détenteurs de pétrole sont invités à faire immédiatement la déclaration des quantités de pétrole qu'ils ont en leur possession ? » N'a-t-on pas éteint, dans le quartier des Invalides, une mèche qui allait communiquer la flamme aux barils de poudre placés depuis longtemps dans les égouts ? Oui, ce qui a eu lieu, ce qui aura lieu encore, vous l'avez voulu. Si le désastre n'a pas été plus grand, c'est que, surpris par la brusque arrivée des troupes, vous n'avez pas eu le

18.

temps d'achever vos préparatifs. Oui, les coupables, c'est vous. C'est Eudes qui a distribué le pétrole aux pétroleuses. C'est Félix Pyat qui a tordu les mèches. C'est Tridon qui a dit : « Il faut avoir soin de ne pas laisser les fioles débouchées. » Le comité d'incendie public a bien fait son devoir. Ah ! lugubres criminels ! infâmes insensés ! Le ciel m'est témoin que mon **cœur** abhorre les représailles et s'est toujours senti incliné **au** pardon, mais, cette fois, quel châtiment serait assez grand pour excéder la justice, et quel cri de repentir pourriez-vous pousser, en tombant sous les balles, **qui** pût être entendu par Dieu ?

XCVI.

Je regarde. Je suis, avec trois amis, sur le faîte d'une maison de la rue Labruyère. Le spectacle est tel que l'horreur paralyse tout sentiment, même celui de la conservation de soi-même : c'est la consternation dans une flamboyante atmosphère d'épouvante. L'Hôtel de Ville brûle. La fumée, rouge par instants, empêche de distinguer autre chose que des silhouettes d'immenses murailles. Puis, sur des bouffées de vent, une odeur sombre — une odeur de chairs brûlées peut-être — donne la nausée et le vertige. D'un autre côté, les Tuileries, la Légion d'honneur, les ministères de la guerre et des finances flambent encore comme les cinq cratères d'un volcan gigantesque. Paris en éruption.

Seule, une masse noire se détache au milieu du sinistre universel, comme une malédiction : c'est la tour Saint-Jacques.

Un des trois amis qui sont avec moi sur le toît de la maison, a pu, il y a une heure, se rapprocher de l'Hôtel de Ville.

Il me parle ainsi :

« Au moment où j'arrive, les flammes jaillissent de toutes parts des fenêtres de l'Hôtel de Ville, et l'épouvante la plus intense affole tous les habitants cernés des quartiers adjacents, car une nouvelle s'est répandue depuis quelques jours : on prétend que les souterrains contiennent plus de cinquante mille livres de poudre ! Les incendiaires ont dû répandre le pétrole au hasard et à flots dans les salles, par les escaliers, depuis la salle du Trône jusqu'aux combles. L'incendie, comme un enfer, éclaire Paris de reflets sanglants : sur le quai de l'Institut on peut lire une lettre comme en plein jour. Est-ce la fin de la vieille capitale, que les infâmes amis du Comité de salut public ont ordonnée dans la lâcheté de leur agonie ? Oui, c'est la ruine de tout ce qui fut grand, généreux, rayonnant et consolateur pour la Patrie, qu'ils décident et consomment avec des rires épais, où la terreur et la férocité le disputent à l'abrutissement.

« Au milieu de l'effroi circulent des révélations confuses : on dit que le terrain va propager la chaleur jusqu'aux caves. Et alors, que deviendra tout un quartier s'écroulant à la fois, sautant avec ses habitants et ses richesses ? La chaleur est insupportable entre les Tuileries et l'Hôtel de Ville, c'est-à-dire dans un espace d'environ deux kilomètres. Les deux barricades de la rue de

Rivoli, de la rue de la Coutellerie, où se trouvent les succursales de l'Hôtel de Ville, c'est-à-dire les services des boulangeries, de l'éclairage, des promenades publiques, de l'octroi, des eaux et égouts, etc., seront enlevées trop tard, malgré l'énergie de l'armée. On craint que le feu ne gagne aussi, par les flammèches, tous les magasins environnants. Les barricades du quai ne sont qu'entamées ; il faut encore une heure peut-être pour les prendre, et d'ailleurs le service des pompes déjà en mouvement de tous côtés sera insuffisant. Il faudrait des tonnes de solutions ammoniacales projetées dans l'Hôtel de Ville pour combattre le pétrole qui coule sur la place comme une lave ; et, chose terrible, le reflet de l'incendie rougit à tel point les eaux de la Seine voisines de l'Hôtel de Ville, que le fleuve semble positivement chargé d'une rivière de sang et parait charrier des caillots qui se brisent contre les arches des ponts ! »

Je recueille ces impressions en contemplant le désastre. Ce qu'on me dit, il me semble que je le vois. Un irrésistible désir d'être proche m'attire, me dévore. Je me penche en avant. Je tends les bras. Je pourrais tomber, n'importe ! Il me semble que mes yeux absorbent tout l'incendie.

XCVII.

Elles marchent d'un pas rapide, le long des murs. Elles sont pauvrement vêtues. Ce sont en général des femmes de quarante à cinquante ans, le front ceint d'un serre-tête à carreaux rouges, que dépassent des mèches de cheveux sales. La face est rougeâtre, l'œil cligne. Elles vont, regardant à leurs pieds. Les unes ont la main droite dans une poche ou dans le baillement de leurs corsages ; les autres portent à la main une petite boîte de fer blanc, de ces boîtes où on porte le lait. Elles y mettent du pétrole. Quand elles passent devant un poste de lignards, elles sourient et saluent. Quand on leur parle, elles répondent : « Mon bon monsieur ! » Si la rue est solitaire, elles s'arrêtent, consultent un chiffon de papier qu'elles ont dans la main, s'arrêtent un instant devant un soupirail de cave, puis elles continuent leur chemin sans trop se presser. Une heure après, une maison est en flammes, dans la rue où elles ont passé. Paris les appelle les pétroleuses. On a vu, rue Truffault, une pétroleuse, prise en flagrant délit, tirer cinq ou six coups de revolver sur les soldats et tuer deux hommes avant d'être passée par les armes. On a vu, devant une porte cochère de la rue de Boulogne, tomber, percée de balles, une jeune fille ; quelque chose s'échappa de sa main et se brisa : c'était un flacon plein de pétrole. Quelquefois elles ont avec elles un petit garçon ou une petite fille à qui elles donnent la main. Dans ce cas, c'est l'enfant qui porte l'incendie dans sa poche, à côté d'une toupie.

XCVIII.

On ne circule, vers sept heures du soir, qu'avec d'extrêmes difficultés. Les rues sont sillonnées de patrouilles. Les régiments de la ligne campent sur les boulevards extérieurs : ils dînent, fument et bivouaquent, trinquent avec les citadins, sur le seuil des maisons. Au loin, on entend la résistance désespérée de Belleville et de la Villette ; à chaque pas, au ras des habitations, de longues taches blanches et carrées apparaissent : ce sont les soupiraux des caves qui ont été murés. De longues files de prisonniers, parmi lesquels des femmes en furie et des enfants, passent, les mains liées derrière le dos, entre les chaussées du boulevard, et sont dirigés sur Neuilly. La nuit vient. Pas un bec de gaz n'est allumé. Les rues se font désertes à mesure que le ciel se fait sombre. A neuf heures, la solitude. Au loin, le bruit d'une crosse de fusil qui tombe sur un trottoir. Çà et là une sentinelle, et les lumières se font rares derrière les fenêtres.

XCIX.

Les heures, les jours s'écoulent et se ressemblent affreusement. Ecrire l'histoire de ces calamités n'est pas encore possible. Chacun ne voit qu'un coin du tableau, et les récits qu'on recueille sont indécis ou contradictoires. Ce qui paraît probable, c'est que l'insurrection touche à sa fin. On disait que le fort de Montrouge était pris ; il lance encore des obus sur Paris. Il vient d'en tomber plusieurs dans le quartier de la Banque. On se bat encore aux Halles, au Luxembourg, à la Porte-Saint-Martin. Ni la canonnade ni la fusillade n'ont cessé, les oreilles se sont accoutumées à ce tonnerre continu. Mais malgré l'héroïsme barbare des fédérés, les forces de la résistance s'épuisent. Que sont devenus les chefs ?

J'écris ce qu'on me raconte. Assy a été pris aux environs du nouvel Opéra. Il faisait une ronde : il était presque seul.

— Qui vive ? cria une sentinelle.

— Vous auriez dû crier plus tôt, dit Assy, croyant avoir affaire à un fédéré.

Il fut enveloppé, saisi, désarmé, emporté ; mais cette histoire est peu vraisemblable. Assy ne savait pas que l'Opéra était au pouvoir des Versaillais !

De Delescluze, on dit qu'il a fui ; de Dombrowsky, qu'il est mort dans une ambulance ; de Millière, qu'il est prisonnier à Saint-Denis ; ces bruits circulent, dénués de preuves. Ce qui est certain, c'est qu'on fouille de toutes parts ; aux abords de la ruine fumante qui a été l'Hôtel de Ville, on a pris le citoyen Ferraigu, inspecteur des barricades ; il a avoué qu'il avait reçu du Comité de salut public des ordres particuliers pour incendier le magasin du Bon-Diable. L'un de ces Messieurs, commis autrefois, avait-il eu à se plaindre de son patron ? Ferraigu avait du pétrole dans sa poche ; on l'a fusillé. On affirme qu'au théâtre du Châtelet, un conseil de guerre est établi sur la scène. On amène les fédérés, vingt par vingt ; on les condamne ; conduits sur la place, les mains liées derrière le dos, on leur dit : « Tournez-vous. » A cent pas, il y a une mitrailleuse ; ils tombent vingt par vingt. Méthode expéditive. Dans une cour, rue Saint-Denis, il y a une écurie remplie de cadavres ; j'ai vu cela de mes propres yeux. Le théâtre de la Porte-Saint-Martin est en ruine ; un poste est établi près des décombres. On a fusillé là, ce matin, trois prétroleuses ; on voit encore les cadavres sur le boulevard. Je regarde passer, entre quatre soldats, deux insurgés : l'un vieux, l'autre presque enfant. Le vieux dit à l'enfant : « Vois-tu, tout le malheur vient de là : nous avions des armes. En Quarante-huit, nous n'avions pas d'armes, nous sautions sur celles des soldats, alors ils ne pouvaient plus rien faire. Aujourd'hui, il y a plus de massacre et moins de besogne. » Après ces mots, ils disparaissent dans la rue Hauteville, et peu de temps après, j'entends des coups de feu. Jours horribles ! On est la proie d'un écrasement profond ; on voudrait bien que ce fût fini. La ville est lugubre ; partout où on ne se bat pas, on se cache ; les rues désertes, les fenêtres closes, un passant qui s'esquive ; de temps en temps, un homme entre des soldats : c'est affreux ! Dans les rues les plus voisines de la bataille, les volets ne sont pas fermés ; chaque fois que les soldats entrent dans un quartier, ils crient : « Fermez les fenêtres, ouvrez les volets. » Voici pourquoi : si on tire des croisées, les volets étant ouverts, on peut voir celui qui a tiré. Pour moi, je vais, au milieu de ces tristesses, comme un fou dans la nuit. Le bruit se répand que les otages ont été fusillés à Mazas. L'archevêque de Paris a été passé par les armes ; l'abbé Deguerry a été assassiné, Chaudey a été assassiné. C'est Rigault qui a présidé à ces exécutions. Peu après il a été pris, et il est tombé en criant : « A bas les assassins ! » Cela fait songer à un Dumollard qui dirait aux jurés : « Canaille ! » On dit aussi que Millière a été fusillé, place du Panthéon ; on voulait qu'il se mît à genoux ; il s'est redressé, l'œil fier. Il y a une chose extraordinaire, c'est que ces lâches sont braves.

Pendant ce temps, la Commune agonise. Comme les dragons de la légende, elle meurt en expectorant des flammes. La Villette est en feu, des maisons brûlent à Belleville et sur les Buttes-Chaumont. La résistance tend à se concentrer, d'une part, au cimetière Lachaise ; de l'autre, au cimetière Montparnasse. L'insurrection était maîtresse de Paris ; l'armée est venue étendant peu à peu ses longs bras, l'un de l'Arc-de-Triomphe à Belleville, l'autre du Champ-de-Mars au Panthéon. Resserrée dans cette étreinte, essayant de la rompre, fuyant ici, résistant là, l'émeute a reculé enfin ; elle est là-bas maintenant, dans deux cimetières ; elle guette derrière des tombes, elle appuie le canon de son fusil sur le bras d'une croix, elle établit une batterie entre deux sépulcres. Les obus de l'armée tombent dans le funèbre enclos, fouillent le sol, déterrent les morts. Une rondeur noire roule dans une allée ; on croit que c'est un boulet, c'est un crâne. Que doivent penser ces hommes qui tuent et qui sont tués dans ces cimetières ? Mourir parmi les morts, c'est terrible. Mais ils ne songent pas à cela ; le vertige sanglant de la destruction ne les laisse penser qu'à une chose : « Tuons. » Ou bien, ils sont gais, car ils sont braves. C'est cela qui désole, qui navre ! Ces misérables sont héroïques ! Il y a eu, derrière des barricades, des traits de valeur forcenée. Un homme, à la Porte-Saint-Martin, tenait un drapeau rouge ; il était debout sur un tas de pavés : audacieux défi ! car les balles pleuvaient ; il s'appuyait indolemment contre une tonne qui était derrière lui. « Fainéant ! » lui cria un camarade. « Non, répondit-il, je m'appuie pour ne pas tomber quand je serai mort. » Ils sont ainsi : ils ont pillé, incendié, assassiné ; mais ils sont braves. Ils n'ont du cœur que d'une façon. A présent encore, ils sourient en succombant. Les cantinières se laissent embrasser devant la porte d'un caveau ; un blessé trinque avec un camarade, et se verse du vin sur sa blessure, en disant : « C'est bon de boire. » Et voilà cependant que, dans une heure peut-être, dans ces cimetières, que la mitraille atteint déjà, les soldats entreront, ivres de rage aussi, et alors, horrible, commencera la lutte à la baïonnette, corps à corps, entre les tombes, le guet derrière les tertres, la fuite derrière les monuments, et tout ce qu'éveille de profanatoire et d'effrayant dans l'esprit cette idée lugubre : Une bataille dans un cimetière !

C.

L'incendie est éteint : considérez les ruines. La Commune est vaincue ; voyez Paris morne, immobile, nu. C'est là que nous en sommes. L'accablement est sur tous les esprits, comme la solitude est dans toutes les rues. Nous n'avons plus ni colère ni pitié ; nous sommes brisés, résignés, hagards ; nous voyons passer, sans les regarder, les convois de prisonniers qu'on conduit à Versailles. Pas une bouche ne dit : « Misérables ! » ou : « Pauvres gens !.» Les soldats eux-mêmes sont silencieux. Vainqueurs, ils sont tristes ; ils ne boivent pas, ils ne chantent pas. Paris a l'air d'une ville prise d'assaut par des muets ; on ne s'irrite pas et on ne pleure pas. Ces drapeaux tricolores, qui flottent à toutes les fenêtres, étonnent les regards ; on n'a pas l'air de savoir pourquoi on a mis des drapeaux aux fenêtres. Ce n'est pas que, dans les derniers temps surtout, le triomphe de Versailles n'ait été ardemment souhaité par la plus grande partie de la population ; mais on est si fatigué qu'on n'a pas le loisir d'être content. Songez donc ! le siége, la famine, l'ennui, les parents absents, la misère, et puis, l'insurrection de Montmartre, la surprise, les hésitations, le canon nuit et jour, la fusillade au loin sans relâche, les mères en pleurs, les fils poursuivis, toutes ces calamités ont fondu sur la malheureuse cité. C'était Rome sous Tibère, c'est Rome après les barbares. On a tiré le canon dans Sybaris. Tant d'émotions et de malheurs ont exténué cette voluptueuse, et puis tout ce sang, tant de sang ! Des cadavres dans les rues, des cadavres sous les portes, des cadavres partout ! Oh ! certes, ils étaient coupables, ces hommes qu'on a pris, qu'on a tués ; elles étaient criminelles, ces femmes qui versaient l'eau-de-vie dans les verres et le pétrole dans les maisons ! Mais, dans les premiers moments du zèle, ne s'est-on jamais trompé ? Étaient-ils coupables, tous ceux qu'on a tués ? Puis, la vue de ces supplices, mérités ou non, est toujours cruelle. Les innocents s'attristent pendant que justice se fait. Oh ! oui, Paris est tranquille à cette heure, tranquille comme un champ de bataille le lendemain d'une victoire, tranquille comme la nuit et la tombe. Une horrible lassitude nous opprime. Sortirons-nous de cette ombre et de cette apathie ? Paris, ennuyé, accablé, se détourne avec tristesse du passé et n'ose pas encore lever les yeux vers l'avenir.

FIN.

TABLE DES MATIÈRES

Pages.

Paris, imprimerie de Paul Dupont, rue J.-J.-Rousseau, 41. (1393.6.1)